JN035035

日本語／日本語教育研究

[8]

2017

Studies in Japanese Language and
Japanese Language Teaching

日本語／日本語教育研究会

ASSOCIATION OF JAPANESE LANGUAGE AND
JAPANESE LANGUAGE TEACHING

知覚されていない〈過程〉と
その言語化
——「ある／いる」「している」「した」の
選択可能性をめぐって

佐藤琢三

♣要旨

本稿は、話者が眼前の〈状態〉に至る〈過程〉を知覚していないにもかかわらず、これを言語化する現象をとりあげる。話者がある領域に存在する人や対象を知覚した際、これを単純に〈状態〉として述べる場合（存在動詞の「ある／いる」）、〈過程〉を経たうえでの〈状態〉として述べる場合（「結果状態の「している」）、単に〈過程〉として述べる場合（過去形の「した」）がある。知覚されていない〈過程〉が言語化されるためにはさまざまな要因があるが、特に話者にとっての対象の知悉度が高く、状況全体を整合的に理解できる条件が整っている場合に〈過程〉の言語化可能性が高くなることなどを指摘する。

♣キーワード
過程、状態、存在、知覚

♣ABSTRACT

This paper investigates phenomena in which speakers encode unperceived "PROCESS" which precedes their perceived "STATE". When a speaker perceives a person or an object in a certain domain, it may be encoded in three ways; a) encoded with an existential verb ("ARU" or "IRU"), b) with a resultative state ("SHITEIRU"), or c) with a simple past form ("SHITA"). It is assumed that various factors are involved in encoding unperceived "PROCESS". This paper specifically argues that "PROCESS" is highly possible to be encoded when the speaker is familiar with the object that he is able to have a consistent grasp of the whole situation.

♣KEY WORDS
process, state, existence, perception

Encoding "PROCESS" without Perception

TAKUZO SATO

1 はじめに

1.1 問題の所在

われわれは身の回りのあり方をさまざまな身体的経験を通して知覚し、それを自分なりに理解・解釈する。話者は知覚された事態をそのまま言語表現化していると考えるのが普通であると思われるが、実際には同じ事態を知覚しても、その言語化のあり方には複数の可能性がある。このようなことは、特に複数の言語の観察を通して自覚されることが多い。

しばしば、日英対照の観点から、日本語は「過程重視」、英語は「状態重視」の傾向が指摘されている。すなわち、話者が同じ事態を経験したり、知覚したりしても、日本語話者はそれを過程の表現として言語化し、英語話者は状態として言語化する傾向が認められる。

(1) 遅くとも10時までにはここに来（てい）なさい。(*いなさい) さもないと汽車に遅れますよ。／ Be here by ten o'clock at the latest, or you will miss the train. （吉川 1979: 400）

(2) 魚が終わってしまいました。／ We have only chicken. But very nice chicken. （三宅 2002: 9）

(3) （授業の始めに先生が）前はどこまで行きましたか？／ Where are we now? （影山 1996: 10）

(1) において、日本語では「来る」という過程の動詞を用いて表現しているが、英語はbe動詞を伴う状態の表現として言語化している。(2) は飛行機の中で乗務員が食事を配っている場面である。魚とチキンの2種類のメニューのうち、先に魚が切れてしまった。日本語において乗務員は、「魚が終わる」という発話時の状態に至る過程を言語化しているが、英語では発話時の状態のみを言語化している。

吉川 (1979: 402) は、英語では「目前の存在なり状態なりをそのまま静として

言語表現のカメラにおさめていく」のに対し、日本語では「出来事の変化過程の時間的分布をながめる際そもそもの事態の初めに起った変化や動作を過去に遡って、ビデオテープを巻き戻し^{原文ママ}でも追っていく」と、両言語の視点のあり方の違いを指摘している。つまり、日本語においては、ある状態が知覚された場合、話者はその状態に至る過程を読み込み、それを言語化する傾向があるということを述べている[注1]。

1.2 考察の範囲と目的

われわれが森羅万象をとらえて、それをどのような表現の型に振り分けて言語化するのかという問題は、言語研究の深遠なテーマである。池上（1981）の言う「する」と「なる」の問題は、動的事象内部の問題として自動詞的表現と他動詞的表現の対立に関わるものであると言えよう。これに対し上述の（1）〜（3）のような現象は、動的事象と静的事象の対立に関わるものである。

本稿は、日本語において知覚されていない過程の言語化可能性にどのような要因が関与しているのかという点について、その一端を明らかにしようとするものである。われわれがある領域内に何らかのヒトやモノの存在を認めた場合、それを言語化するには次の3つの方法がある。

(4) a. 〈客ガイル〉型＝単純状態型：知覚された状態を単純な1つの静止像としてとらえる。

　b. 〈客ガ来テイル〉型＝過程解釈型①（複合型）：知覚された状態を事態の推移過程の1つの断面としてとらえる。

　c. 〈客ガ来タ〉型＝過程解釈型②（単純過程型）：知覚された状態に至る推移過程そのものを言語化する。

話者が家に戻ったとき、そこに客の存在を認めた。その際に、「客がいる」（＝（4a））と知覚した状態のみを言語化するのが1つの方法である。また、「客が来ている」（＝（4b））と結果状態の表現を用いて、知覚した状態とともにそれに至る過程も合わせて言語化することもできる。ただし、この設定では客が家に来るという過程自体は知覚されたものではなく、話者が読み込んだもので

ある。さらに、「客が来た」（＝（4c））と単に過程を表す動詞の過去形を用いて表現することもある。この場合、話者は知覚した状態は言語化せず、あえて知覚していない過程のみを言語化したことになる。

　（4a）のように、話者が知覚した状態をそのまま言語化することは当たり前のことと受け止めることができる。しかし、（4b）や（4c）の形式が選択された場合、そこには知覚していない過程が言語化されているわけであり、われわれの事態に対する解釈が深く関与している。このような、知覚されていない過程の言語化可能性には、どのような要因が関与しているのだろうか。

2　先行研究

　ここでは、陳（2009）についてとりあげる。陳（2009）は、日本語教育の観点から、日本語母語話者と中国語を母語とする学習者のそれぞれにおける、存在動詞の表現や結果状態のテイル表現の選択傾向を問題にしたものである。これによれば、日本語話者が圧倒的にテイルの表現を用いる傾向があるのに対し、中国語母語の学習者の多くは存在表現を用いる場合がある、ということである。

　例えば、アンケート調査によって（5）のような場面を提示し、空欄に言語形式を記入させたところ、（6）のような結果が得られたことを報告している。

（5）　放課後、家に帰ると……
　　　あなた：「ただいま。（玄関に見たことのない靴がある）」
　　　お母さん：「（玄関に迎えに来て）お帰り。」
　　　あなた：「お客さん＿＿＿＿＿＿＿。」
　　　お母さん：「うん、お父さんの友達よ。」

（6）

	日本語話者	学習者
テイル形	<u>87.6%</u>	3.3%
タ形	0%	10.8%
ル形	0%	4.2%
いる／いた	2.9%	<u>50.0%</u>
いらっしゃる	1.0%	15.8%

| いらっしゃった | 0% | 3.3% |
| その他 | 8.6% | 12.5% |

　陳（2009）は10の場面を設定して調査を行っている。場面により、母語話者と学習者の回答の傾向は異なるが、上のように日本語話者の多くが結果状態を用いるのに対し、学習者の多くが単なる状態の表現を用いる場合があるとされる。この点について陳（2009）は、「中国語母語話者にとって、「移動」を表す動詞の「結果状態のテイル」は、「変化の結果の持続」という概念より、むしろ「存在」のほうに近い」（p.12）という、興味深い指摘をしている。

　上記を本稿の観点からとらえ直すならば、日本語母語話者の方が知覚されていない過程の読み込みをより積極的に行っている、ということになる。もちろん、上記の結果は、話者の伝達・発話の意図、状態をとらえた際の状況などの諸要因によって大きく左右されるものであろう。以下、本稿では日本語内部の問題として、知覚されていない過程が言語化されることを可能にする諸要因について考察していく。

3 日本語における過程の言語化可能性

3.1 過程の言語化を促す積極的要因と消極的要因

　本稿は話者が知覚していない過程を言語化することについて、換言するならば（4a–c）に示した3つの表現形式の選択可能性について、どのような要因が関与しているのか、その一端を明らかにしたい。知覚していない過程を言語化するということは、話者が当該の状態に至る過程を推論しているということであり、そこにはそれを可能にするための要因が働いているはずである。ただし、後述するように、過程が言語化されるにあたっては、推論を生じさせやすくするための積極的な要因と、存在表現（状態）をとりにくいために結果として過程の言語化が促される消極的要因があるようである。以下の3.2と3.3では積極的要因について、3.4では消極的要因についてとりあげる。

3.2 状況の理解可能性

3.2.1 対象の知悉度：「している」の選択可能性

ここでは、「している」が選択可能な状況と不可能な状況の対比について考える。われわれがある領域内に何らかのヒトやモノの存在を認めたとき、その状態に至る過程を読み込むためには、とらえられた状態が容易に理解可能なものでなければならない。逆に言うと、とらえられた状態がよくのみこめないとき、その状態に至る過程を整合的に推論するのが難しい。

（7）（大学のキャンパスの中を歩いていたところ、いかにも怪しげな風貌の見知らぬ男が
　　　立っているのを発見。）
　　　あっ、変な人が ｛いる／*来てる／*来た｝。

（8）（大学のキャンパスの中を歩いていたところ、タヌキを発見。）
　　　あっ、タヌキが ｛いる／*来てる／*来た｝。

上の（7）と（8）は、話者が何かを発見した状況であるが、話者にとってはその人物なり動物なりに対する知悉度が低い。つまり、当該の対象がどこの誰（何）であるかを知らない。そのような場合、過程の言語化はほぼ不可能である。他方、その存在の理由はわからずとも、（9）の「首相」や（10）の「お父さん」のような知悉度のある対象の場合、「している」に関しては自然である。

（9）（自分の通う大学のキャンパスの中を歩いていたところ、首相がSPらとともに本部
　　　棟の前に立っているのを発見。来訪の予定などは知らなかった。）
　　　あっ、安倍首相が ｛いる／来てる／?来た｝。

（10）（自分の通う大学のキャンパスの中を歩いていたところ、自分の父親が事務室の前の
　　　椅子に座っているのを発見。父親の来訪することは聞いていなかった。）
　　　あっ、お父さん、｛いる／来てる／?来た｝。

このように、対象の知悉度は過程の前景化と関わる[注2]。このことは、次の（11）（12）にも表れている。

（11）今日、学校に {お母さん／都知事／ *痴漢／ *タヌキ} が来た。

（12）今日、学校に {*お母さん／ *都知事／痴漢／タヌキ} が出た。

「来る」も「出る」も非状態の動詞であり、その意味でともに過程を表す動詞とみることができるが、「来る」が起点から着点に至る過程全体に関わるのに対し、「出る」は話者の知覚領域に入った瞬間しかとらえていない。知悉度の高い対象は過程の前景化と関わり、低い対象はこれと関わらない。これは、知悉度の高い対象の方が当該の領域に存在するに至った経緯を解釈しやすいからである。対象がどこのどのような存在であるかわかるということは、その対象が当該の領域に至ったプロセスの推論を容易にする方向に作用するのである。

3.2.2 状況把握の度合い：「した」の選択可能性

3.2.1でみた対象の知悉度という要因は、「している」の選択可能性を生じさせるが、（9）（10）にみるように、それだけでは「した」を選択させるのは難しい。過去形の選択可能性の問題については先行研究の蓄積がある。井上（2001:107）は、「「シタ」を用いるためには、デキゴトが実現された経過（少なくともその一端）を具体的な形で把握していなければならない」という指摘をしている。

（13）a. （コンロにかけておいたお湯がいつの間にか沸騰状態にある（沸騰した瞬間は見ていない））

　　　お、沸いた。／お、沸いてる。

　　b. （給湯室の前を通ったら、誰が沸かしたかはわからないが、やかんの中のお湯が沸騰状態にある）

　　　あれ、お湯が沸いている。／ ?? あれ、お湯が沸いた。　　（井上2001:106）

（13a）において、話者は「沸く」という過程を知覚したわけではないが、そのプロセスに深く関わっている。（13b）においては、話者は「沸く」というプロセスにまったく関わっていない。このような場合は「した」の使用はかなり不自然である。

　簡単に言えば、話者は過程を知覚してはいなくても、過程に深く関わってい

れば、「した」を使用する可能性が出てくる。次の（14）において、話者は父の存在を知覚する前から「来る」という過程の発生可能性について認識していた。この場合は（10）と異なり、「来た」も自然である。

（14）（前の日に父親が娘の留学の件で学長に直談判したいと言っていた。）
　　　あっ、お父さん、{いる／来てる／来た}。

また、発話が知覚の現場から切り離された場合も「した」の選択可能性が生じる。

（15）（（9）の経験を家で母親に話す。）
　　　何でかよく知らないけど、今日、学校に安倍首相が {いた／来てた／来た} んだよ。
（16）（（10）の経験を家で母親に話す。）
　　　何でかよく知らないけど、今日、学校にお父さんが {いた／来てた／来た} んだよ。

　現場における発見を表現する（9）と（10）において「来た」の使用にやや不自然さが感じられるのに対し、現場から切り離された場で発話される（15）（16）では「来た」もごく自然である。（15）と（16）において、話者は一連の出来事の生じた時空間からは明確に切り離された場に身をおいており、話者にとってそれらが過去のことであることが明白である。話者は一連の出来事をその外部から鳥瞰的に把握できる立場にあると言ってもよい[注3]。
　このように、話者にとって状態に至る過程も含めた出来事全体を把握できる度合いが高いとき、「した」の選択可能性が生じると言えるだろう[注4]。

3.3 原因の局面への関心

　3.3では、ヒトがある領域に存在することについて、それがなぜかを問う場合について考える。ある対象がそこに存在する目的を問う場合、状態の表現と過程の表現のいずれもが可能であるが、原因や動機を問う場合、過程の表現の

みが自然である。原因や動機は、その領域に至る過程により直接的に関わるからである。

(17)（とても優秀な学生が自分のゼミを選んだ動機を知りたい。）
　　a. 君、何でウチのゼミに {来た／入った／ ??いる} の？
　　b. 君がウチのゼミに {来た／入った／ *いる} 動機は何だったの？

(18)（ゼミの時間中、終始居眠り。課題も出さない学生に対して。）
　　a. 君、そんなんじゃ、意味ないじゃないか。何のためにウチのゼミに
　　　{来た／入った／いる} んだ？
　　b. 君がウチのゼミに {来た／入った／いる} 目的は何なの？

(19)a. 言語学を勉強しようと思って、このゼミに {来た／入った／ *いる}。
　　b. 言語学の研究者になるために、このゼミに {来た／入った／いる}。

　(17) はある学生が所属するゼミを選択した動機を問題にするものである。この場合、状態の「いる」は不自然である。他方、(18) は目的を問題にするものである。すなわち、当該の人物がその領域に存在することによって、その後、何を成し遂げようとしているかが問われている。このような場合、過程の表現とともに存在の表現も可能である。(19a) と (19b) の対比も同様である。
　ちなみに、日英の間には次のような傾向の違いが指摘できる。

(20)a. 君、わざわざニュージーランドまで何で来たの？
　　b. Why are you here?

　(20a) は筆者が実際に学生に対して発したものである。語学研修先で、「和食党だからホームステイ先になじまない」と訴える学生を諭そうとしたものである。この発話は過程の「来る」が用いられている。「どうしてここにいるの？」と状態の表現を使ったとしたら、根本的な存在理由を問うかなりきつい質問になっていただろう。(20b) は同席していた母語話者のコーディネーターの発話である。英語では、この状況で存在表現を用いるのがむしろ自然であろう。
　また、モノの存在を問題にする場合も、原因の局面に関心がある場合、過程

13

を表す「した」が選択される。

(21) a. ポテトチップスの袋の中に異物が {入った／*入ってる} 原因。
　　　b. 1万円の福袋の中に10万円超の商品が {?入った／入ってる} 理由。

3.4　空間属性の叙述（消極的要因）

　次に、空間属性の叙述という観点から過程の言語化について考える。これまでの議論は、話者が知覚していない過程をあえて読み込んで言語化するための積極的要因について論じたものであるのに対し、ここでの議論は消極的な要因に基づいて過程が言語化されると考えられるものについてである。

　次の（22）〜（24）はいずれもある空間内におけるヒトの存在を問題にしているが、（22）の教室の場合は状態で言語化され、（23）のトイレや（24）の着ぐるみでは「している」という形で言語化される。

(22)　（グループ学習をしたいので、空いていそうな教室のドアをノックした。）
　　　　誰か {*入りました／*入ってます／います} か。
(23)　（用を足したいので、トイレのドアをノックした。）
　　　　誰か {*入りました／入ってます／??います} か。
(24)　（パンダの着ぐるみに向かって話しかける。）
　　　　誰か {*入りました／入ってます／*います} か。

　これは空間の空間らしさの度合いの問題として理解することができる。ヒトの存在する空間として典型的な教室の場合、（22）のように存在動詞「いる」が選択され、空間らしさが落ちる（23）の「トイレ」や（24）の「着ぐるみ」の場合、「入っている」が選択される。空間の空間らしさについては、例えば（25）のようなスケールを想定することができるだろう。また、このことは（26）〜（28）のような言語事実に反映される。

(25) 空間らしさの度合いのスケール

　　　教室・部屋等＞トイレ・電話ボックス・浴室等＞着ぐるみ・袋等

(26) a. 教室に人が {入っている／いる}。

　　　b. 教室の中に人が {入っている／いる}。

(27) a. トイレに人が {入っている／?いる}。

　　　b. トイレの中に人が {入っている／いる}。

(28) a. 着ぐるみに人が {入っている／??いる}。

　　　b. 着ぐるみの中に人が {入っている／?いる}。

　もっとも空間らしい「教室」の場合、(26a) のように空間らしさを付与する「の中」がなくとも「いる」が自然である。空間らしさの度合いがやや落ちる「トイレ」の場合、(27b) のように「の中」を伴ってはじめて「いる」が完全に自然となる。空間らしさの度合いが最も低い「着ぐるみ」の場合、(28b) にみるように「の中」を伴ってもなお「入っている」の方がより自然であろう[注5]。

　なお、空間らしさが落ちるトイレの場合であっても、話者に本来の意味での使用意図がなく、ヒトの存在にのみ関心がある場合は「いる」が自然である。

(29) (地震発生後、半壊した建物の現場に救助隊が到着。トイレのドアをノックした。)

　　　誰か {*入りました／??入ってます／います} か。

　普通、ヒトがトイレをノックするのは、その空間が使用可能な状態か否かという、当該時点おける空間の属性に関心があるはずである。それに対し、(29) において、話者はヒトの有無以外には関心がない。また、空間の属性という点に関して、次の例も参照されたい。

(30) (見知らぬレストランの前をたまたま通りかかったところ、中は多くの客で賑わっている。)

　　　たくさん人が {*入った／入ってる／?いる} な。

(31) (見知らぬレストランの前をたまたま通りかかったところ、開店祝いの来賓や関係者らしき人たちが大勢つめかけている。)

15

たくさん人が {*入った／?入ってる／いる} な。

　（30）の文において問題にされているのは、単にレストランという空間における ヒトの存在の有無という物理的な問題ではなく、そのレストランが店として繁盛しているか否かという属性の問題であろう。この場合、選択される形式は「入っている」である。他方、（31）においては、単に物理的な空間としてのレストランにヒトが存在するか否かという問題である。この場合選択されるのは、存在の「いる」であろう。

　それでは、なぜ、空間らしくない場合や空間の属性に関心が高い場合に、「入っている」が選択されるのだろうか。この点については、存在文のスキーマについて考えてみる必要がある。存在文のスキーマとは（32）のようなものであると思われる。すなわち、ニ格に示される場所名詞句はあくまでground（地）であり、話者にとっての関心の中心ではない。話者の関心の中心であるfigure（図）は、あくまでガ格におかれる対象名詞句であろう。

（32）存在文のスキーマ
　　　〈場所〉ニ　〈対象〉ガ　アル・イル
　　　ground　　　figure

話者の関心が空間の属性そのものである場合、（32）の存在文のスキーマは適用しにくい。なぜならば、空間がgroundであることができないからである。

　以上のように、空間が空間らしくない場合や話者の関心が空間の属性にある場合、「いる」は避けられ「入っている」という形で過程が言語化される。しかしながら、この場合、知覚されていない過程が言語化されているのは、過程の存在を推論させる積極的な動機があったからというよりも、単に存在文を使用しにくいという消極的要因によって結果的に過程が言語化されたとみるべきであろう。その証拠に、（23）（24）（30）などにおいて、「入っている」が自然な一方で「いる」は不自然である。状況の理解可能性（3.2）や原因の局面への関心（3.3）のような積極的要因によって過程の言語化可能性があった例において、「している」や「した」とともに「いる（ある）」も自然であることとは対

照的である。

4 おわりに

　本稿は、話者が知覚していない過程を言語化することにどのような要因が関与しているのかという点について、その一端を明らかにした。より具体的には、「いる（ある）」「している」「した」という諸形式の選択可能性について考えた。本稿がとりあげた状況の理解可能性、原因の局面への関心という要因はいずれも状態に至る過程の言語化を積極的に可能にする要因である。われわれにとって、状況をより整合的に理解しやすい場合、その状態に至った過程を読み込むことが容易になるし、状態に至った原因の局面への関心が高ければ当然、過程は言語化されやすくなる。また、過程が言語化されるのは過程を推論しやすいという積極的要因によるものばかりでもない。話者の関心が空間属性にある場合、存在表現が用いにくく、結果として過程が言語化される消極的要因による場合もある。

　ただし、本稿はあくまで過程が言語化されるための諸要因の一端を垣間見たに過ぎない。過程の言語化のための要因は他にもさまざまなものがあるだろう。例えば、話者がある状態をとらえてその状態に有標性を感じとった場合、過程が言語化されやすくなるかもしれない。われわれはそこに存在して当然のものについては存在表現を使うであろうが、当然でないものについてはさまざまな推論が喚起されよう。また、本稿では言及していないが、聞き手の存在を念頭においた場合、話者の伝達の意図などによっても過程の言語化可能性が異なってくることも考えられる。

　本稿は、陳（2009）と同様に、結果状態の「している」を存在動詞の「いる」「ある」と一種の類義関係にあるものとしてこれらの関係について論じたものでもある。文法の基礎的研究の観点から、「する」と「している」、「する」と「した」の対立のあり方が論じられるのは当然である。しかしながら、話者は実際の言語使用において、当該の状況を「ある」「いる」も含めてより多様な形式のうちからの選択を迫られている。その意味において、本稿における過程の言語化可能性の動機を探る研究は、このような問題に対しても意義を有するもの

である。

　ところで、寺村（1984:136）は知覚されていない過程の読み込みという点について、「いわゆる動作の継続（つまり事象の始まりの結果の存在）の場合は、眼前の情景をそのまま写したものであるが、いわゆる結果の状態の場合は、眼前の状態を、ある過去の事件の結果であると解釈する思考が介在している。この型の表現が成立するためには、上のような解釈を誘発するような状況がなければならない」（傍点は本稿の筆者）という示唆的な指摘をしている。本稿の議論は、まさに寺村の言う「解釈を誘発する状況」について考えたものである。

　さらに言うならば、本稿は「知覚はされていないものの実際には存在したと思われる過程」の読み込みについて考えたものである。しかしながら、われわれの言語表現の中には、「知覚もされていないし、実際にも存在しえなかった過程」を読み込んだものもある。

（33）　駅前に町の主だった建物が集まっている。　　　　　（国広 1985: 10）

（34）　町の一角には土産物店がかたまっている。　　　　　（国広 1985: 10）

　国広（1985）はこれらを「痕跡的表現」として、実際の動き（過程）を表すものではなく、心の動きを表すものであるという見方を示した。本稿の論じた問題は、これらのような諸問題ともつながりをもつものである[注6]。

〈学習院女子大学〉

付記

本稿は、言語学ワークショップ（2017年3月27日、筑波大学東京キャンパス）において、「日本語における〈過程〉と〈状態〉の言語化―英語との対照を通して」と題して口頭発表した内容の基幹部分に基づくものである。

注

[注1] ……… 表現類型のレベルの他に、語彙化のレベルにおいても日本語が過程重視であるのに対し、英語が状態重視であることが指摘されている。影山（1990）、三宅（2002）を参照されたい。

[注2] ……… 次の例にみるように、同じ事態が繰り返し経験された場合、元々は知悉度の低かった対象に関しても、過程の言語化が可能である。
  （i）（先日も見かけた不審な男を再び発見。）
  　　あっ、あの変な人、また {いる／来てる／来た}。
  （ii）（先日も見かけたタヌキを再び発見。）
  　　あっ、あのタヌキ、また {いる／来てる／来た}。

[注3] ……… ただし、現場から切り離された場で発話されていても、対象の知悉度が低い場合は過程の言語化は難しいようである。
  （i）（（7）の経験を家で母親に話す。）
  　　何でかよく知らないけど、今日、学校に変な人が {いた／?来てた／?来た} んだよ。

[注4] ……… 生越（1997: 150）は、「日本語は目の前の状況が関わる出来事のすべてがわからないと過去形が使えない。一方、朝鮮語は目の前の状況がある出来事の結果だということさえわかれば過去形が使える。」として次のような例をあげている。
  （i）（買ってきたミカンを食べようとしたところ、腐っているのに気づいて）
  　　a. 썩었네／?썩어 있네
  　　b.?腐った／腐ってる。　　　　　　　　　　　　　　　　生越（1997: 139）

[注5] ……… 「の中」の使用可能性については、張（2001）を参照されたい。

[注6] ……… 佐藤（1999, 2005）は自動詞「なる」のテイル形に問題を特化させて、実際には生じていない変化について叙述する「なっている」の文として、次のようなタイプが認められることを指摘している。
  （i）サッカーのゴールポストの側面は丸くなっている。
  　　　　　　　　　　　　　　　　　　　〈原因・理由の含意〉（佐藤 1999: 2）
  （ii）小さな森の繁みがこの屋敷の境になっている。
  　　　　　　　　　　　　　　　　　　　　　　〈機能の叙述〉（佐藤 1999: 2）
  （iii）すべすべに磨きをかけてある御影石の墓は、閃光に当った面だけざらざらに焼け爛れ、光の当らなかった方は元のまま滑らかになっている。
  　　　　　　　　　　　　　　　　　　　　　　〈構成の叙述〉（佐藤 1999: 2）

参考文献

池上嘉彦（1981）『「する」と「なる」の言語学』大修館書店
井上優（2001）「現代日本語の「タ」―主文末の「…タ」の意味について」つくば言語文化フォーラム（編）『「た」の言語学』pp.97–163．ひつじ書房
生越直樹（1997）「朝鮮語と日本語の過去形の使い方について―結果状態形との関係を中

　　心に」国立国語研究所『日本語と外国語の対照研究Ⅳ　日本語と朝鮮語』pp.139–152.
　　くろしお出版

影山太郎（1990）「日本語と英語の語彙の対照」玉村文郎（編）『講座日本語と日本語教育
　　7　日本語の語彙・意味（下）』pp.1–26.　明治書院

影山太郎（1996）『動詞意味論』くろしお出版

国広哲弥（1985）「認知と言語表現」『言語研究』88, pp.1–19.　日本言語学会

定延利之（2001）「情報のアクセスポイント」『言語』30(13), pp.64–70.

佐藤琢三（1999）「ナッテイルによる単純状態の叙述」『言語研究』116, pp.1–21.　日本言
　　語学会

佐藤琢三（2005）『自動詞文と他動詞文の意味論』笠間書院

鈴木重幸（1979）「現代日本語の動詞のテンス―終止的な述語につかわれた完成相の叙述
　　法断定のばあい」言語学研究会（編）『言語の研究』pp.5–59.　むぎ書房

張麟声（2001）「「（の）中」の基本的意味とその分布について」『日本語教育』108, pp.51–
　　59.　日本語教育学会

陳昭心（2009）「「ある／いる」の「類義表現」としての「結果状態のテイル」―日本語母
　　語話者と中国語を母語とする学習者の使用傾向を見て」『世界の日本語教育』19,
　　pp.1–15.　国際交流基金

寺村秀夫（1984）『日本語のシンタクスと意味Ⅱ』くろしお出版

益岡隆志（1987）『命題の文法』くろしお出版

三宅知宏（2002）「「過程」か「結果」か―日英対照研究の一視点」『比較文化研究』4,
　　pp.1–14.　鶴見大学比較文化研究所

吉川千鶴子（1979）「状態表現の日英比較」林栄一教授還暦記念論文集刊行委員会（編）『英
　　語と日本語と』pp.381–403.　くろしお出版

研究論文

二者会話場面における
日本語の「この」「その」「あの」の選択
——日本語母語話者と中国人上級日本語学習者の比較

杉村 泰

✤要旨

本稿は日本語の指示詞「この」「その」「あの」の選択について、日本語母語話者と中国人上級日本語学習者の違いを比較したものである。特に話し手と聞き手が隣同士並んで会話をしている場面で、眼前の指示物を指す場合について分析した。その結果、①実際の事物を指す場合、日本人も中国人も遠くにあるものは「あの」を選択しやすいが、近くにあるものに対しては「この」「その」「あの」の選択に揺れが生じること、②画面の中の人物を指す場合に日本人は「この」を選択しやすいが、中国人は「あの」を選択しやすいこと、③音やにおいを指す場合に、日本人も中国人も発生源が見えると「あの」の選択率が高くなり、発生源が見えないと「この」の選択率が高くなることなどを指摘した。

✿キーワード
指示詞、コソア、現場指示、文脈指示、
中国人日本語学習者

✤ABSTRACT

The purpose of this paper is to clarify the difference of the choice of Japanese demonstrative "*kono*", "*sono*" and "*ano*" in conversations between native speakers of Japanese and Chinese superior level learners of Japanese. A speaker and a listener were talking next to each other. The survey results suggested as follow: (1) For indicating a real object, both native Japanese speakers and Chinese learners of Japanese choose "*ano*" if it exists in distance, but choose "*kono*", "*sono*" and "*ano*" if it exists near to the speaker. (2) For indicating a person in the picture or a screen, native Japanese speakers had a tendency to choose "*kono*", but Chinese learners of Japanese had a tendency to choose "*ano*". (3) For indicating invisible sound or smell, both native Japanese speakers and Chinese learners of Japanese choose "*ano*", if the source of sound or smell was visible, but choose "*kono*", if it was invisible.

✿KEY WORDS
Japanese demonstratives, *ko so a*, deictic references, anaphoric reference, Chinese Learners of Japanese

On Choice of Japanese Demonstrative
"Kono", *"Sono"*, *"Ano"* in the Conversation
between a Speaker and a Listener
A comparison between native speakers of Japanese and Chinese superior level learners of Japanese

Yasushi Sugimura

1 はじめに

　本稿は日本語の指示詞「この」「その」「あの」の選択について、日本語母語話者（以下「日本人」と呼ぶ）と中国語を母語とする上級日本語学習者（以下「中国人」と呼ぶ）の違いを比較したものである。このうち、特に二人の人が隣同士並んで会話をしている場面において、眼前の指示物（音やにおいも含む）を指す場合について論じる。

　日本語の指示詞（コソア）は大きく分けて次のように分類できる。

　　Ⅰ．現場指示（①融合型、②対立型）
　　Ⅱ．非現場指示（③文脈指示、④記憶指示）

　現場指示（融合型、対立型）は話し手または聞き手の眼前にある指示物を指す用法で、非現場指示は会話や文章の中に現れる指示物を指したり（文脈指示）、記憶の中にある指示物を指したり（記憶指示）する用法である。このうち、現場指示（融合型）は図Aのように話し手と聞き手が融合した立場に立つもので、両者に近いものを「コ」、両者から遠いものを「ア」、そのどちらでもないものを「ソ」で表す。一方、現場指示（対立型）は図Bのように話し手と聞き手が対立した立場に立つもので、話し手の領域に属するものを「コ」、聞き手の領域に属するものを「ソ」、そのどちらにも属さないものを「ア」で表す。

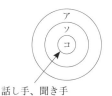

図A　現場指示（融合型）　　　**図B**　現場指示（対立型）

以上のことは先行研究ですでに指摘されていることであるが、日本語教育の

観点から見ると、次の点においてなお検討の余地があると思われる。

(A) 心理的な遠近の判断基準を探る必要がある。
    (1)［映画館で一緒に映画を見ながら］
        （この、その、あの）女優の名前、何て言うの？
        ……日本人は近称の「この」を選択する人が多いが、中国人は遠称
           の「あの」または中称の「その」を選択する人が多い。
(B) 融合型と対立型の選択基準を探る必要がある。
    (2)［相手の口の口紅を見て］
        （この、その、あの）口紅、すてきだね。
        ……日本人は対立型の「その」を選ぶ人がほとんどであるが、中国人
           は「その」を選ぶ人だけでなく融合型の「この」を選ぶ人もいる。
(C) 現場指示と非現場指示の選択基準を探る必要がある。
    (3)［友達の部屋で一緒にBの子供の写真を見ながら］
        A：（この、その、あの）子、最近見ないけど、今どうしてるの？
        B：（この、その、あの）子は、去年交通事故で死んじゃったの。
        ……Bにおいて「この」は現場指示、「その」は文脈指示、「あの」は
           記憶指示を表す。いずれも使えるが、日本人は「この」と「その」
           の選択が多く、中国人は「この」と「あの」の選択が多い。

  指示対象を遠いと見るか近いと見るか、融合型と捉えるか対立型と捉える
か、現場指示と捉えるか非現場指示と捉えるかということは必ずしも自明のも
のではなく、母語話者ごとの違いがあると思われる。本稿はそれを解明するた
めの基礎研究として位置付けられる。

2　先行研究

  日本語の指示詞に関しては、佐久間（1951）、高橋（1956）などの先駆的な研
究に始まり、多くの研究がなされている[注1]。これには庵（2007）、陳（2015）な
ど非現場指示の用法について論じたもの、迫田（2001）など学習者の習得過程

について論じたもの、木村（1992）、王（2004）、単（2011）、金井他（2011）など対照研究の観点から論じたもの、張（2001）など誤用研究の観点から論じたものなどがある。これらの多くはコソアの選択が相対的に複雑な非現場指示の解明に焦点が置かれ、コソアの選択が比較的単純な現場指示についてはあまり焦点が置かれていない。しかし、現場指示の用法も学習者にとっては必ずしも自明のものではないため、さらなる検討が必要である。

　このような中で現場指示について興味深い考察を行った研究に李（2010）がある。李（2010）は「筆者は実体験で、一緒に映画館で映画を見ている友人（日本人）が、映画の出演者を指差し「この人、誰？」というのを聞いて、なぜ映画の中の人物は物理的には遠いところにあるのに「あの」ではなく「この」という近称の指示語を使うのだろうかと疑問に思ったことがある」（p.178）と述べ、「本研究の目的は現場指示（特に融合型）の使用実態調査により、韓国語母語話者と日本語母語話者の指示対象の捉え方、その認識のあり方（物理的・心理的遠近感覚）を把握し、両者の共通点及び相違点を探ることで、その成果を指示語の指導に貢献できる資料としたい」（p.178）として、表1の場面における日本語と韓国語の近称（コ、이）・中称（ソ、ユ）・遠称（ア、저）の選択傾向の違いについて論じている。

　李（2010）は、仮説Aではテレビを指す場合とテレビの中の人物を指す場合

表1　仮説に基づいた分類基準（李2010の表3）

現場指示の融合型				
場面の状況	問	場面	指示対象	仮説
目に見える指示対象	問1	6畳の部屋	テレビ	A：実際の事物と画面の中の人物の差
	問2	6畳の部屋	テレビの中の人物	
	問3	映画館	映画に出ている人物	B：障害物の有無の差
	問4	バス	バスの窓の外の大型スクリーンに映っている人	
	問9	タクシー	20メートルくらい離れている建物	D：動的な空間と静的な空間の差
	問10			
目に見えない指示対象	問5	友達の家	音楽	C：①回想文と推量文の差 ②推量文の中での事物の特性や種類による差
	問6	友達の家	物が割れる音	
	問7	友達の家	動物の鳴き声	
	問8	友達の家	赤ちゃんの泣き声	

では違いがあると予想した結果、日本語も韓国語もテレビの中の人物を指す場合の方が遠称（ア、저）の選択率が高くなり、韓国語の方がその程度が高いことや、中称（ソ、그）はほとんど選択されないことなどを指摘している。また、仮説Bでは障害物の有無によって違いがあると予想した結果、韓国語では両者に差がないが、日本語では障害物のある方が遠称（ア、저）の選択率が高くなることを指摘している。しかし、映画館とバスでは状況がかなり違うので、同じ大型スクリーンで比較するなど、なるべく似た条件で障害物の有無の差を見たほうがよいと思われる。また、映画館の場合はむしろ、仮説Aのテレビの場合と比較したほうがよいと思われる。

　仮説Cでは音を指示対象にして、回想文と推量文では違いがあると予想した結果、日本語も韓国語も推量文の方が遠称（ア、저）の選択率が高くなること、回想文の場合は韓国語の方が遠称の選択率が高くなるが、推量文の場合は日本語と韓国語で差がないことなどを指摘している。しかし、李（2010）は回想文と推量文を比較しているのか、音楽と物が割れる音を比較しているのかよく分からない設定なので、音の種類を統一して比較する必要がある。また、音源が見えるかどうか（見えなくても音源の位置が特定される場合も含む）も重要な要素であると思われる。さらに音だけでなくにおいの場合も比較したい[注2]。

　その他、李（2010）は話し手一人の発話しか見ていないが、それを受けた聞き手の反応も見ると、第一話者と第二話者の違いを見ることができる。さらに母語話者だけでなく学習者も調査すれば、言語教育に貢献する研究となる。

3 アンケート調査の概要

　本研究では李（2010）の研究をもとに、例（4）のような二者会話場面を32場面設定し、日本人と中国人にアンケート調査を行った。各設問には場面設定がしやすいように、問題文のすぐ横に次のような挿絵を付けた。

（4）［映画館で一緒に映画を見ながら］
　　　A：（この、その、あの）女優の名前、何て言うの？
　　　B：（この、その、あの）女優の名前は深田恭子だよ。

中国人用のアンケートでは場面設定の部分を［在電影院一起看電影］（映画館で一緒に映画を見ながら）のように中国語で提示した。この32場面の指示対象と分類基準を表2に示す。これを以下の被験者に与え、「この」「その」「あの」のうち最も適当なものを一つ選択してもらい、その選択率を比較した。

・日本語母語話者（日本人）：名古屋大学の学生112名（2016年5月に実施）
・中国語を母語とする上級日本語学習者（中国人・N1合格者）：上海師範大学、南国商学院、大連工業大学、西安外国語大学の日本語学科の学生79名（2016年5、6月に実施）

表2　32場面の指示対象と分類基準

	指示対象	分類基準
視覚	部屋の掛け時計 部屋のテレビ	実際の事物と画面の中の人物 ・垂直方向か水平方向か ・相対的に近いか遠いか ・話し手の質問の違い
	テレビの中の人物（3問） 映画の中の人物（3問）	
	直接見た大型スクリーンの人物 バスの窓から見た大型スクリーンの人物	・障害物の有無
	上空を飛ぶ鳥 上空にある星座	実際の事物 （空をスクリーンに見立てる）
	近くを歩いている犬 遠くを歩いている犬	話し手や聞き手からの距離（遠近） ・話し手や聞き手に付着していない
	話し手が抱いている子供 聞き手が抱いている子供	所持物：人間・物・身体の一部 ・話し手または聞き手に付着している ・話し手の領域か聞き手の領域か
	聞き手が持っているバッグ 聞き手の口の口紅	
	子供の写真（2問） 夫の写真（2問） 先生の写真（2問）	写真の中の人物 ・聞き手と指示対象との関係の違い ・聞き手の反応の違い
聴覚	音楽（＋窓の外の演奏者）推量	・音源が見えるかどうか ・音源が聞き手かどうか
	音楽（＋窓の外の音源が見えない）推量	
	音楽（＋窓の外の音源が見えない）記憶	
	泣き声（＋窓の外の音源が見えない）推量	
	音楽（＋話し手の隣の演奏者）記憶	
嗅覚	匂い（＋窓の外の料理）推量	・においの発生源が見えるかどうか ・においの発生源が聞き手かどうか
	匂い（＋窓の外の料理が見えない）推量	
	匂い（＋話し手の隣の調理人）記憶	

4 指示詞選択の分析

　本稿では3節で示した32場面のうち、以下の図1〜図18の場面について論じる。図1〜図18は「この」「その」「あの」の選択率を百分率で示したもので、「日」は日本人、「N1」は中国人（上級日本語学習者）、「A」は第一話者、「B」は第二話者を表す。以下、4.1では「指示対象の遠近感覚」、4.2では「実際の事物と画面の中の人物」、4.3では「障害物の有無」、4.4では「融合型と対立型」、4.5では「音の場合」、4.6では「においの場合」について論じる。

4.1 指示対象の遠近感覚

　まず実際の事物に対する話し手の遠近感覚について見る。現場指示（融合型）の場合、話し手と聞き手の両者に近いものを「コ」、両者から遠いものを「ア」、そのどちらでもないものを「ソ」で表すのが基本である。しかし、これは話し手の心理的な遠近感覚によるため、その実態を明らかにする必要がある。

　図1の「上空を飛ぶ鳥」や図2の「夜空の星」のように指示対象が話し手や聞き手の領域外にある場合、日本人は、第一話者（以下「A」と呼ぶ）はほぼ全員が「あの」を選択しているが、第二話者（以下「B」と呼ぶ）は「あの」の選択率が90%前後と下がり、「その」が10%前後選択されている。このことから、Bも現場指示（融合型）で「あの」と言うのが基本であるが、Aの発話を受けて文脈指示で「その」と言う人も1割ほどいることが分かる。

　一方、中国人Aは「あの」を選択する人が80%前後と多いが、「その」を選択する人も15〜20%ほどいる。しかし、「この」はほとんど選択されていない。このことから、遠くの指示物を「あの」で指すという感覚はかなり身に付いているものの、「その」との区別が少し難しいことが分かる[注3]。これに対し、中国人Bは「あの」の選択率が55%ほどしかなく、40%弱の人は「その」を選択している。この場合、単に現場指示（融合型）の「あの」と「その」を混同しただけであれば、Aと同じような選択率になるはずである。しかし、Aに比べてBは「その」の選択率がかなり高いため、別の要因があると考えられる。すなわち、Bで「その」を選んだ人は、現場指示（融合型）の「あの」と「その」

27

を混同した可能性もあるが、Aの発話を受けて文脈指示で「その」を使っている可能性もあると考えられる。

　次に図3と図4を比較する。遠くを歩く犬の場合、上空を飛ぶ鳥や夜空の星と同じように日本人も中国人も「あの」が選択されやすい。一方、近くを歩く犬の場合は、日本人も中国人も「この」だけでなく「その」や「あの」も選択されている。このことは近くと言っても話し手の手元になければ、人によって距離感に違いのあることを示している。あるいは、図4に付けた絵を見て、犬が聞き手側にいると捉えて「その」を選んだ人もいたかもしれない。以上のように物理的に明らかに遠い指示物は心理的にも遠く感じるのに対し、近くの指示物は人や状況によって遠近感に差が生じることが分かる。

　次に図5と図6を比較する。日本人は自分が抱いている子供には「この」を使い、相手が抱いている子供には「この」も「その」も使う。相手が抱いている子供の場合、指示物が自分の近くにあると捉えれば「この」（融合型）が選択され、指示物が相手領域にあると捉えれば「その」（対立型）が選択されると考えられる。一方、中国人は図6では日本人と同じような選択率になるのに対し、図5では日本人と違い、AもBも「この」の選択率が70%前後になっている。これは図6のAとBの絵の順番が会話の順番と逆で分かりにくかったためであると思われる。

4.2 実際の事物と画面の中の人物

　次に図7〜図10を比較する。図7のように数メートル先の距離にあるテレビの場合、日本人も中国人も指示対象を近くに感じ、「この」の選択率が60〜70%と最も高く、「その」は20〜30%、「あの」は10%に満たない数字となる。

　これに対し、図8のようにテレビの中の人物の場合、日本人Aは登場人物を身近に捉えて「この」を選択する人が約80%と多いが、テレビの向こう側の人物として遠くに捉え、「あの」を選択する人も約20%いる。しかし、テレビ本体と違い「その」はほとんど選択されていない。一方、中国人Aは「この」が50%ほどしかなく、「その」が30%弱出現している。これは中国語では遠称と中称の区別がなく、「あの」と「その」の区別が付きにくいためであると考えられる。また、日本人Bはテレビ本体を指す場合とコソアの選択率がほぼ同

図1 ［上空を飛んでいる鳥を見て］
　　A：（この、その、あの）鳥の名前は何ですか？
　　B：（この、その、あの）鳥の名前はコンドルです。

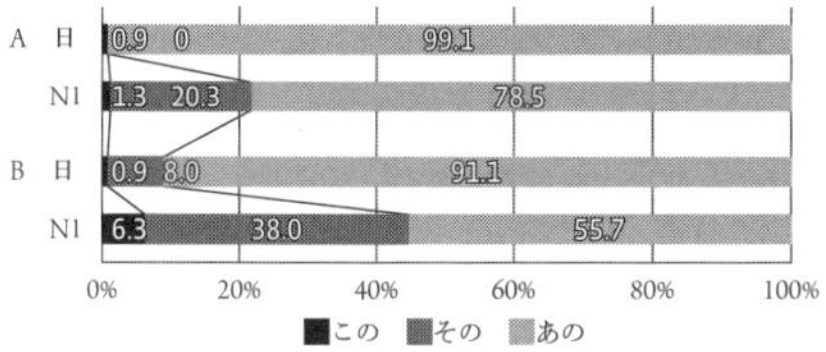

A	H	0.9 0	99.1
	N1	1.3 20.3	78.5
B	H	0.9 8.0	91.1
	N1	6.3 38.0	55.7

0%　20%　40%　60%　80%　100%
■この　■その　■あの

（図1の挿絵）

図2 ［夜空の星を見て］
　　A：（この、その、あの）星座の名前は何ですか？
　　B：（この、その、あの）星座の名前はオリオン座です。

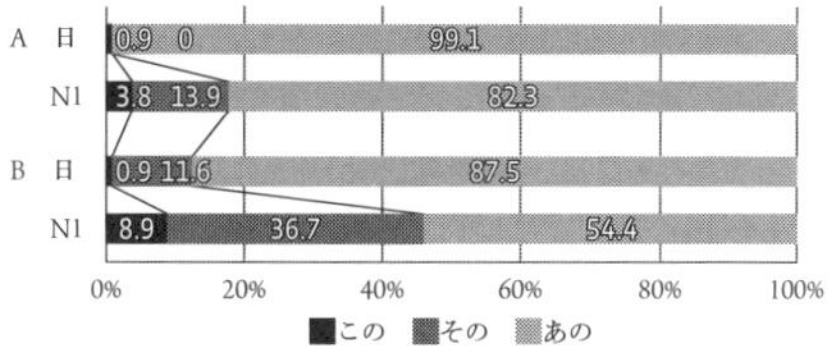

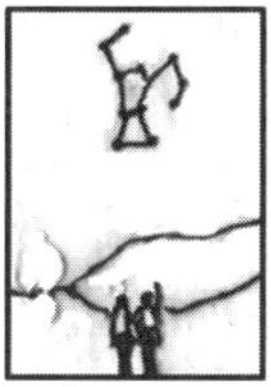

A	H	0.9 0	99.1
	N1	3.8 13.9	82.3
B	H	0.9 11.6	87.5
	N1	8.9 36.7	54.4

0%　20%　40%　60%　80%　100%
■この　■その　■あの

（図2の挿絵）

図3 ［遠くを歩いている犬を見て］
　　A：（この、その、あの）犬の名前は何ですか？
　　B：（この、その、あの）犬の名前はプードルです。

A	H	0 3.6	96.4
	N1	1.3 19.0	79.7
B	H	0 11.6	88.4
	N1	7.6 30.4	62.0

0%　20%　40%　60%　80%　100%
■この　■その　■あの

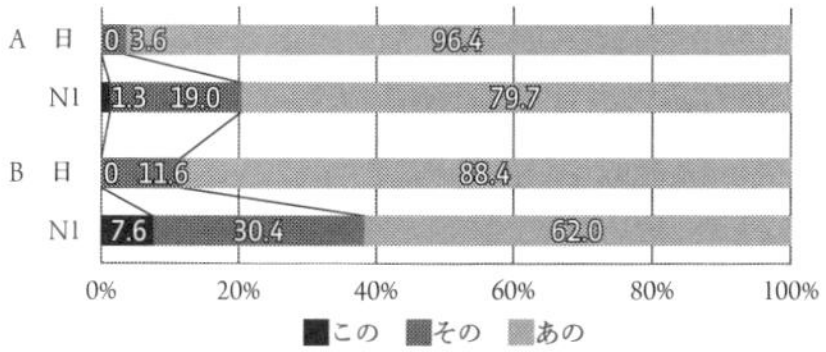

（図3の挿絵）

図4 ［近くを歩いている犬を見て］
　　A：（この、その、あの）犬の名前は何ですか？
　　B：（この、その、あの）犬の名前はプードルです。

A	H	46.4	25.0	28.6
	N1	48.1	34.2	17.7
B	H	44.6	33.0	22.3
	N1	34.2	53.2	12.7

0%　20%　40%　60%　80%　100%
■この　■その　■あの

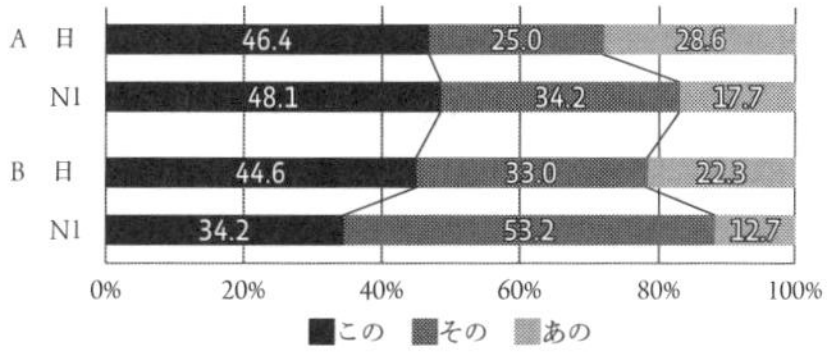

（図4の挿絵）

図5 ［Aが抱いている子供を見て］
　　A：（この、その、あの）子はどこの子ですか？
　　B：（この、その、あの）子はうちの子です。

A	H	93.8		6.3 0
	N1	65.8	31.6	2.5
B	H	47.3	52.7	0
	N1	73.4	24.1	2.5

0%　20%　40%　60%　80%　100%
■この　■その　■あの

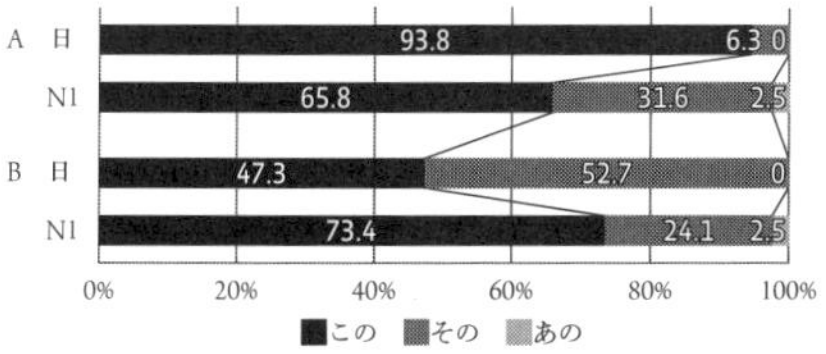

（図5の挿絵）

図6 ［Bが抱いている子供を見て］
　　A：（この、その、あの）子はどこの子ですか？
　　B：（この、その、あの）子はうちの子です。

A	H	42.0	58.0	0
	N1	51.9	46.8	1.3
B	H	95.5	4.5 0	
	N1	92.4	6.3 1.3	

0%　20%　40%　60%　80%　100%
■この　■その　■あの

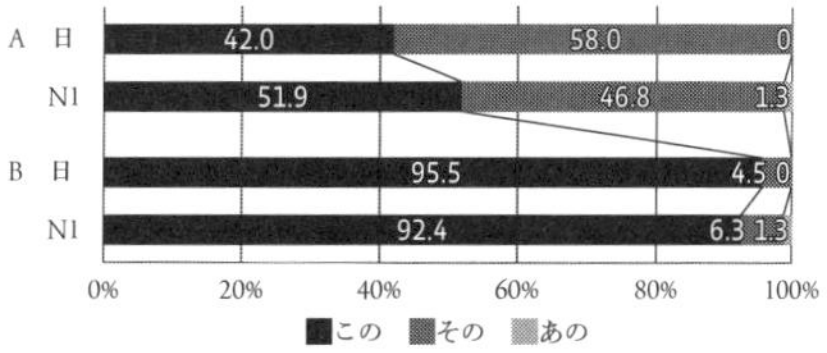

（図6の挿絵）

じであるが、中国人Bはテレビ本体を指す場合より「その」の選択率が高くなり、中国人Aの約2倍となっている。このことから、中国人Bは中国人Aの発話を受けて文脈指示で「その」を使っている可能性があると考えられる。

　一方、図9、図10のように映画の登場人物の場合は、指示対象が物理的に遠くに見えるため、日本人も中国人もテレビの場合より「あの」の選択率が高くなる。しかし、それでも日本人はAもBも中国人より「この」の選択率がかなり高い。このように中国人は物理的に遠ければ遠いと捉えやすいのに対し、日本人は物理的に遠い人物であっても、その人を身近に感じて心理的に近く捉えやすいという違いが見られる。ただし、図10のように映画の登場人物がBの知り合いの場合は、そうでない場合に比べて中国人Bの「この」の選択率が高くなる。これはその人物を心理的に近く感じるためであると考えられる。しかし、この場合に日本人Bの選択率は図9でも図10でもあまり変わらない。

　ところで、テレビや映画の中の人物の場合、「この」は現場指示であるとも考えられるが、テレビ番組や映画のストーリーを先行文脈とした文脈指示であるとも考えられる。このことは、図11、図12のビルの大型スクリーンのようにストーリー性が弱いと「この」の選択率が低くなることから推察される。

4.3　障害物の有無

　次に図11と図12を比較する。李（2010）は、日本人は話し手と指示対象の間に障害物がない場合は「あの」も「この」も選択するが、障害物がある場合は「あの」しか選択しないことを指摘している。しかし、李（2010）は映画館とバスの窓から見た大型スクリーンを比べたものであり、必ずしも障害物の有無だけを比べたものではない。そこで本調査では同じビルの大型スクリーンを指示対象にして障害物の有無を比べたところ、両者にほとんど差はなかった。日本人も中国人も映画の場合より「あの」の選択率が高いのは、ビルの大型スクリーンは一時的に見るのが普通で、ストーリー性が弱く、文脈指示の「この」よりも現場指示（遠称）の「あの」に傾きやすいためであると考えられる。この場合もテレビや映画と同様に中国人Bは「その」の選択率が高くなっている。

図7 ［友達の部屋で新品のテレビを見つけて］
　　　Ａ：（この、その、あの）テレビ、どこで買ったの？
　　　Ｂ：（この、その、あの）テレビは秋葉原で買ったんだよ。

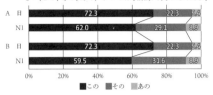

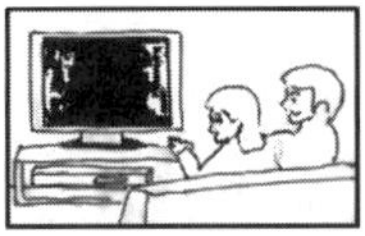

		この	その	あの
A	H	72.3	22.3	5.4
	N1	62.0	29.1	8.9
B	H	72.3	22.3	5.4
	N1	59.5	31.6	8.9

（図7の挿絵）

図8 ［友達の部屋で一緒にテレビを見ながら］
　　　Ａ：（この、その、あの）女優の名前、何て言うの？
　　　Ｂ：（この、その、あの）女優の名前は深田恭子だよ。

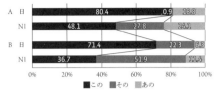

		この	その	あの
A	H	80.4	0.9	18.8
	N1	48.1	27.8	24.1
B	H	71.4	22.3	6.3
	N1	36.7	51.9	11.4

（図8の挿絵）

図9 ［映画館で一緒に映画を見ながら］
　　　Ａ：（この、その、あの）女優の名前、何て言うの？
　　　Ｂ：（この、その、あの）女優の名前は深田恭子だよ。

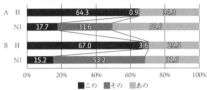

		この	その	あの
A	H	64.3	0.9	34.8
	N1	17.7	31.6	50.6
B	H	67.0	3.6	29.5
	N1	15.2	53.2	31.6

（図9、10の挿絵）

図10 ［映画館で一緒に映画を見ながら］
　　　Ａ：（この、その、あの）女優、演技がうまいね。
　　　Ｂ：うん、実は（この、その、あの）女優、私の高校の後輩なのよ。

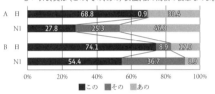

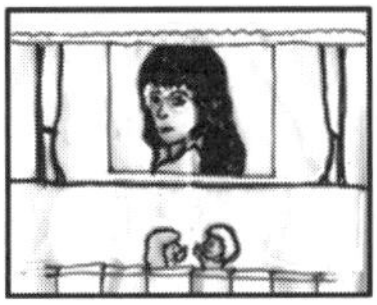

		この	その	あの
A	H	68.8	0.9	30.4
	N1	27.8	25.3	46.8
B	H	74.1	8.9	17.0
	N1	54.4	36.7	8.9

図11 ［通りの向かいのビルの大型スクリーンを見て］
　　　Ａ：（この、その、あの）俳優の名前、何て言うの？
　　　Ｂ：（この、その、あの）俳優の名前は櫻井翔だよ。

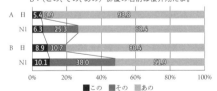

		この	その	あの
A	H	5.4	0.9	93.8
	N1	6.3	25.3	68.4
B	H	8.9	10.7	80.4
	N1	10.1	38.0	51.9

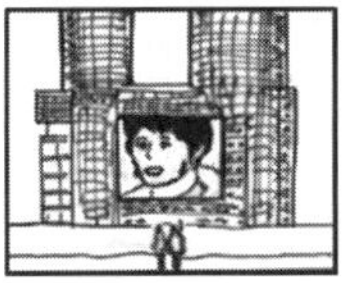

（図11の挿絵）

図12 ［バスの窓からビルの大型スクリーンを見て］
　　　Ａ：（この、その、あの）俳優の名前、何て言うの？
　　　Ｂ：（この、その、あの）俳優の名前は櫻井翔だよ。

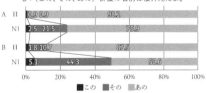

		この	その	あの
A	H	0.9	0.9	98.2
	N1	2.5	21.5	75.9
B	H	1.8	10.7	87.5
	N1	5.1	44.3	50.6

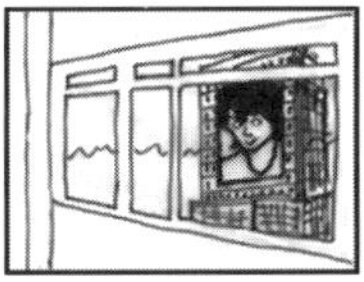

（図12の挿絵）

4.4 融合型と対立型

次に図13と図14について見る。張（2001）は中国人に「あなたの*この（→
その）口紅、すてきね」という誤用が見られることを指摘して、「相手の近くに
あって日本語ならば普通「そ」しか使えないものも、腕を伸ばして指して言え
ば、中国語では次の例（4）（引用者注：“这包是外国货把。”（そのかばん、外国製でし
ょう。））のように「这」でも構いません」（p.5）と述べ、「この発想で学習者は
タイトルである「あなたのこの口紅、すてきね」のような言い方を口にしてし
まうのです」（p.6）と論じている。

これに関して本稿の調査では、日本人はほぼ全員、Aでは「その」、Bでは「こ
の」を選択するのに対し、中国人は、Bでは日本人と同様に「この」を選択す
るものの、Aでは「その」だけでなく「この」を選択する人も25〜30％ほど
いた。このことから相手の所持物や身体を指す場合、日本人は相手の領域にあ
るものとして対立型で捉えるのに対し、中国人の中には自分の近くにあるもの
として融合型で捉える人もいることが分かる。これは張（2001）でも論じられ
ているように、中国語では相手のものでも話し手のすぐ近くにあるものは近称
の“这”で表すことができるという母語転移によるものであると考えられる。

ところで、図13、図14と図6を比べると、日本人も中国人もバッグや口紅
より子供の方が「この」の選択率が20ポイント以上高くなっている。これは
バッグや口紅に比べ、子供は相手の所有物であるという感覚が弱くなり、相手
領域を表す「その」の選択率が低くなるためであると考えられる。この点につ
いては今後所有傾斜の観点から分析したい。

4.5 音の場合

次に図15と図16を比較する。日本人も中国人も音源が見えると「あの」の
選択率が高くなり、音源が見えないと「この」の選択率が高くなる。これは音
源が見えると遠くにある対象物に視点が行きやすいのに対し、音源が見えない
と話し手のイマ・ココにある音に視点が行きやすいためであると考えられる。
日本人に比べて中国人の方が「この」の選択率が低く、「その」の選択率が高
くなっている理由については、今後明らかにしていきたい。

図13［相手の持っているバッグを見て］
　　　A：（この、その、あの）バッグはどこで買ったんですか？
　　　B：（この、その、あの）バッグはイタリアで買いました。

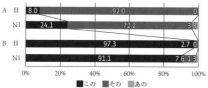

（図13の挿絵）

図14［相手の口の口紅を見て］
　　　A：（この、その、あの）口紅、すてきだね。
　　　B：ありがとう、（この、その、あの）口紅はパリで買ったのよ。

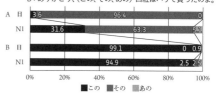

（図14の挿絵）

図15［窓の外で誰かが楽器を鳴らしているのを見ながら］
　　　A：（この、その、あの）音は何ですか？
　　　B：（この、その、あの）音は、夏祭りの練習をしている音です。

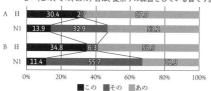

（図15の挿絵）

図16［窓の外から泣き声がするのを聞いて］
　　　A：（この、その、あの）泣き声は何ですか？
　　　B：（この、その、あの）泣き声は、隣の赤ちゃんの泣き声です。

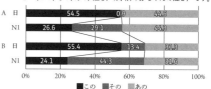

（図16の挿絵）

図17［窓の外で誰かが料理をしているのを見ながら］
　　　A：（この、その、あの）匂いは何ですか？
　　　B：（この、その、あの）匂いは、カレーを作っている匂いです。

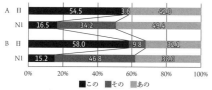

（図17の挿絵）

図18［窓の外から漂ってくる匂いを嗅いで］
　　　A：（この、その、あの）匂いは何ですか？
　　　B：（この、その、あの）匂いは、カレーの匂いです。

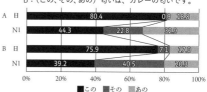

（図18の挿絵）

33

4.6 においの場合

　最後に図17と図18を比較する。日本人も中国人もにおいの発生源が見える
と「あの」の選択率が高くなり、においの発生源が見えないと「この」の選択
率が高くなる。これはにおいの発生源が見えると遠くにある対象物に視点が行
きやすいのに対し、においの発生源が見えないと話し手のイマ・ココにある
においに視点が行きやすいためであると考えられる。また、音の場合と同様に日
本人に比べて中国人の方が「この」の選択率が低く、「その」の選択率が高く
なっている。

　以上のように音やにおい、さらに光の場合も話し手や聞き手と指示対象との
様々な関係によって、指示詞コソアの選択に違いが見られる。この点について
は今後さらに明らかにしていきたい。

5　まとめ

　以上、本稿では二者会話場面における日本語の「この」「その」「あの」の選
択について、日本人と中国人の違いを見た。その結果を表3に整理する。

表3　日本人と中国人の日本語の指示詞（コソア）の選択傾向

指示対象	日本人（母語話者）	中国人（上級日本語学習者）
実際の事物 ・話し手から離れている 　場合（テレビ、犬、鳥）	現場指示（融合型）	現場指示（融合型） ・「ソ」の過剰使用（Bの場合は文脈指示 　の可能性がある）
・話し手または聞き手に 　接している場合（子供、 　バッグ、口紅）	現場指示（対立型） or現場指示（融合型） 　（バッグ、口紅は融合型になりにくい）	現場指示（対立型） or現場指示（融合型） 　（バッグ、口紅も融合型が可能）
画面の中の人物 （テレビ、映画）	現場指示（融合型） or文脈指示の「コ」 ・「ソ」が少ない	現場指示（融合型） ・日本人より「ア」や「ソ」が多い
（ビルの大型スクリーン）	現場指示（融合型） ・本調査文では障害物の有無による差は 　見られない	現場指示（融合型） ・「ソ」の過剰使用（Bの場合は文脈指示 　の可能性がある）
音、におい	現場指示（融合型） ・音源やにおいの発生源が見えると「ア」の選択率が高くなり、それが見えないと「コ」 　の選択率が高くなる ・日本人に比べて中国人の方が「この」の選択率が低く、「その」の選択率が高い	

従来、非現場指示に比べて現場指示の研究はあまり進んでいなかったが、話し手の認知的・心理的捉え方の違いという観点からなお研究の余地がある。今後、話し手や指示対象の数、位置、状態など様々な場面設定をして、心理的な指示詞選択の基準を明らかにしていきたい。　　　　　　　　　〈名古屋大学〉

付記
本稿は平成28–32年度日本学術振興会科学研究費基金（基盤研究（C））「中国人日本語学習者におけるポートフォリオ型学習データベースの構築と文法習得の研究」（研究代表者：杉村泰、課題番号16K02809）による研究成果の一部である。

注
[注1] ……… 指示詞の研究史に関しては森塚（2003）に詳細な記述がある。
[注2] ……… 聴覚や嗅覚と違い、味覚の場合は遠くの味を味わうという場面設定が難しいため、分析対象から外すことにする。
[注3] ……… 日本語が近称・中称・遠称の3体系であるのに対し、中国語は英語と同様に近称の"这"（thisに相当）と遠称の"那"（thatに相当）の2体系であることによると考えられる。

参考文献
李賢淑（2010）「現場指示使用に見られる認識の差に関する韓日対照研究―現場指示の融合型を中心に」『日語日文學』45, pp.177–196.　大韓日語日文學會
庵功雄（2007）『日本語におけるテキストの結束性の研究』くろしお出版
王亜新（2004）「文脈指示における日本語と中国語の指示詞の相違―日文中訳作品の実例分析」『東洋大学紀要「言語と文化」』4, pp.83–98.　東洋大学言語文化研究所設置準備委員会
金井勇人・金善花・ジョセップ・プラウィタ（2011）「日本語と諸言語の対照について―インドネシア語・韓国語・中国語と」『国際交流センター紀要』5, pp.17–34.　埼玉大学国際交流センター
木村英樹（1992）「中国語指示詞の「遠近」対立について―「コソア」との対照を兼ねて」大河内康憲（編）『日本語と中国語の対照研究論文集（上）』pp.181–211.　くろしお出版
佐久間鼎（1951）「指示の場と指す語―「人代名詞」と「こそあど」『現代日本語の表現と語法（改訂版）』厚生閣［金水敏・田窪行則（編）（1992）『（日本語研究資料集）指

示詞』pp.32–34.　ひつじ書房　所収]

迫田久美子（2001）「学習者独自の文法」『日本語学習者の文法習得』pp.3–23.　大修館書店

単娜（2011）「日中両言語におけるダイクシス指示表現の比較対照―認知言語学的な観点
　　による一考察」『東京成徳大学研究紀要―人文学部・応用心理学部』18, pp.123–133.
　　日中対照言語学会

高橋太郎（1956）「「場面」と「場」」『国語国文』25(9).　京都大学文学部国語国文学研究
　　室［金水敏・田窪行則（編）（1992）『（日本語研究資料集）指示詞』pp.38–46.　ひつ
　　じ書房　所収]

張麟声（2001）『日本語教育のための誤用分析―中国語話者の母語干渉20例』スリーエー
　　ネットワーク

陳海涛（2015）「ア系文脈指示詞と聞き手の存在認知に関する研究」『芸術工学研究』24,
　　pp.1–12.　九州大学大学院芸術工学研究院

森塚千絵（2003）「日本語の指示詞コソアとその習得研究の概観」『言語文化と日本語教育』
　　2003年11月増刊特集号, pp.51–76.　日本言語文化学研究会

韓国語母語話者、中国語母語話者の「勘どころ」を押さえた記述とは
——「スルようになる」を例に

植松容子

❀要旨

本稿は、学習者の母語により「勘どころ」（白川2002）を押さえた文法記述が異なるということを、学習者の母語との対照分析、学習者の書き言葉データ・話し言葉データにおける使用状況分析に基づいて論じたものである。韓国語は「ようになる」に相当する形式（"ge doeda"）が存在するため過剰使用が起こりやすい。したがって、"ge doeda"では言えるが「ようになる」では言えない場合の例示が必要になる。一方、中国語には「ようになる」に相当する形式がないため非用が起こりやすい。したがって、副詞（例「だんだん」）の付加だけでは変化は表せないこと、「始める」や「ている」と「ようになる」との違いを明示し、非用を未然に防ぐための記述が必要になる。

❀キーワード
韓国語母語話者、中国語母語話者、「ようになる」、対照分析、誤用分析

❀ABSTRACT

This paper discusses how the vital points of description (Shirakawa 2002) are different depending on the learner's first language, based on an analysis of Advanced JSL learner writing and speaking data. Korean speakers are more likely to overuse 'yoo-ni-naru', because Korean has a sentence pattern 'ge doeda', similar to 'yoo-ni-naru'. Accordingly, we need to show examples of when 'ge doeda' can not be translated into 'yoo-ni-naru'. On the other hand, Chinese speakers are more likely to underuse 'yoo-ni-naru' because Chinese does not have a grammatical structure corresponding to 'yoo-ni-naru'. Therefore, in order to prevent the underuse of 'yoo-ni-naru', it is necessary to explain that 'change' cannot be expressed just by using adverbs such as 'dan-dan'. And we need to teach them the difference between 'yoo-ni-naru', 'hajimeru', and 'te-iru'.

❀KEYWORDS
Korean Speaker, Chinese Speaker, "yoo-ni-naru", Contrastive Analysis, Error Analysis

What are the Vital Points of Description for Korean and Chinese Speakers?
Using 'suru-yoo-ni-naru' as an example

YOKO UEMATSU

37

1 はじめに

次の誤用をご覧いただきたい。

(1) 彼は交通事故で命にかかわる重大な手術を受ける<u>ようになった</u>。

(韓国語母語話者、『日本語誤用辞典』p.530)

(2) 日本に行く<u>ようになる</u>（→行ける）のチャンスを探して、日本大使館へ行って、文部省の奨学金を見つける<u>ようになりました</u>（→見つけることができました）。

(中国語母語話者、『日本語誤用辞典』p.530)

　これらは韓国語母語話者と中国語母語話者による「ようになる」の誤用である。「ようになる」は初級で学習する文法項目であり、市川（2005: 240）では「「状態の変化」を表しますが、時間をかけて習慣・能力が身に付くという意味合いを持つことが多い」と説明されている。また、変化の含意がある動詞に「ようになる」を付加する際には、「×今日は忙しくて疲れるようになった」と言うことはできず、「○このごろちょっと働くと疲れるようになった」のように、1回性の出来事ではない場合に使用するという説明も見られる（例：『進学する人のための日本語初級教師用指導書』pp.108–109）。しかし、「ようになる」はレベルが上がっても誤用や非用が見られる[注1]。教科書や文法解説書で「ようになる」の運用上の注意が記されているのにもかかわらず、誤用が生み出されるのはなぜだろうか。その理由の1つとして、「ようになる」の説明が学習者の「勘どころ」（白川2002）を押さえた記述になっていないということが考えられる。

　「勘どころ」を押さえた記述とは、「「なるほど、この形式はこういう時に使うのか」と合点できるような、使用に結び付く生きた文法知識を提供すること（非用を生まない記述）であり、また、放っておけば生じかねない「勘違い」を予測して「言えそうだが言えない」表現を未然に回避すること（誤用を生まない記述）」である（白川2002: 73）。「勘どころ」を押さえた記述をするための方法としては、「誤用・非用からの発想」、「対照研究からの発想」、「教材分析からの発想」（白川2002: 73–76）の3つがあげられている。また、井上（2005）においても、文

法説明は学習者の母語の感覚に合わせるべきであり、そのためにも言語の対照研究を「学習目的の実現のために学習者の母語をどう考慮するか」という観点から考えることの重要性が指摘されている。

　以上のことから本稿では、韓国語母語話者と中国語母語話者における「ようになる」を例に、学習者の「勘どころ」を明らかにすることを目的とする。まず、両言語における日本語の「ようになる」を含む変化の表現を整理した上で、学習者の使用状況を観察し、母語により「勘どころ」がどのように異なるのかを示す[注2]。

2　韓国語と中国語における変化表現の整理

2.1　韓国語における変化表現

　日本語の「動詞＋ようになる」は、韓国語において「動詞＋게 되다 (ge doeda)」で表されることが多い。たとえば、『J.Bridge for Beginners Vol.2』における「ようになる」の文法解説の韓国語訳には「ー게 되다（筆者注：ge doeda）」(p.237)とある。また、韓国・国立国語院 (2012:25) の見出し「ー게 되다 (ge doeda)」の日本語訳は、「～するようになる、～くなる、～になる」となっている。

　このように、韓国語の変化の表現については部分的には記述はあるものの、日本語と対応させた全体像は不明である。そこで、日本語を学習している韓国語母語話者3名（N1取得済み）を対象に、日本語の変化表現に対応する韓国語について、質問紙調査を行った。その結果をまとめ、日本語の研究に携わっている韓国語母語話者1名、韓国語に詳しい日本語母語話者（日本語研究者・日本語教育従事者）1名の協力を得て、表1のとおり整理した。

表1　日本語の変化表現と韓国語の表現（「되다」は網掛けで表示）

品詞	日本語例文	韓国語例文	韓国語における「되다」の使用
名詞	10時になりました	10시가 되었습니다.	名詞＋가／이 되다
形容詞	顔が赤くなりました	얼굴이 빨개졌습니다.	形容詞＋게 되다、 形容詞＋어／아／여지다
ことになる	来年結婚することになりました	내년에 결혼하게 되었습니다. [注3]	動詞＋게 되다
ようになる	日本に来てから、料理をするようになりました	일본에 와서, 요리를 하게 되었습니다.	

表1を見ると、形容詞のみ「어／아／여지다」という形式が使われることがあるが、全てに共通して「되다（doeda）」という形式が使われることが分かる。特に注目すべきなのは、「ことになる」と「ようになる」が同じ形式で表されているという点である。

2.2 中国語における変化表現

中国語において、変化は「了」で表される。中国語の「了」には2種類あり、「了1」は動詞の後ろにつけて動作の完了を表し、「了2」は文末に置き、事態に変化が起きたこと（起きること）を認めて文を完結する働きを持つ（呂主編 1992）。また、植松（2016: 30）によると、「ようになる」文が日本語教科書の中国語対訳版および中国で発行されている日本語の教科書においてどのように翻訳されているかを調査した結果、採取した23例のうち16例（70%）に「了」が使われているとのことである。しかし、中国語においても「変化表現」としてまとめられた記述は管見の限り見当たらない。そこで、日本語を学習する中国語母語話者（N1取得済み）4名に、日本語の変化表現に対応する中国語について質問紙調査を実施し、日本語の研究に携わっている中国語母語話者1名の協力を得て、日本語と中国語の変化表現について表2のとおり整理した。

表2　日本語の変化表現とそれに対応する中国語の表現（「了」は網掛けで表示）

品詞	日本語例文	中国語例文	中国語における「了」の使用
名詞	10時になりました	十点了.	文末に「了」
形容詞	顔が赤くなりました	脸变红了.	文末に「了」
ことになる	来年結婚することになりました	我们决定明年结婚.	「了」は使われていない
ようになる	日本に来てから、自分で料理をするようになりました	来了日本之后，开始自己做饭了.	文末に「了」

表2を見ると、「ことになる」以外の例には全て「了」が使われている[注4]。木村（1997: 169）においても「了」は「一定量のまとまりをもった限界性のある動作が完遂された段階や、何らかの具体的な変化が実現に至った段階」において使われることにより、「完了」を意味すると説明されている。

ただし、注意しなければならないのは、表2は全てタ形であり、「ことになる」以外の例において、当該事象は発生済みであるという点である。その点も

考慮し、質問紙調査の時点では非過去形（「～る」）の文も入れていたのであるが、非過去形でも文末に「了」が現れることが多いことが分かった。たとえば、「眼鏡をかければ、黒板の字が見えるようになります」の場合は「如果戴眼镜的话，就能看见黑板的字」と文末に「了」が現れないが[注5]、「赤ちゃんは1歳を過ぎると、歩けるようになります」は「婴儿满了一岁的话，就会走路了」、「毎日練習すれば、自転車に乗れるようになります」は「每天练习的话，就会骑自行车了」というように、非過去形でも文末に「了」が現れる。

3 調査方法

　本研究の目的は「レベルが上がっても適切に使用することが難しい初級文法項目を対象に、学習者の「勘どころ」を押さえた記述を考える」ことである。そのため、初級や中級ではなく上級学習者を対象にすることにした。また、調査にあたっては書き言葉と話し言葉の両面から見ていくことにした。

　書き言葉の調査には、金澤編（2014）「YNU書き言葉コーパス」を使用した。「YNU書き言葉コーパス」とは、日本人大学生30名と留学生60名（韓国語母語話者、中国語母語話者それぞれ30名）に対し、12種類のタスクを課すことによって得た計1080編の作文を、コーパスの形にまとめたものである。留学生60名のレベルは、中国語母語話者30名のうち26名（87％）がN1取得済みでSPOTの平均点は61.3点、韓国語母語話者30名のうち19名がN1取得済みでSPOTの平均点は63.1点である[注6]。学習者による書き言葉コーパスは他にもあるが、本研究で「YNU書き言葉コーパス」を使用した理由は、「現実にあり得るタスク（言語活動、読み手、文章のスタイル、など）を与えた作文になっている」ためである[注7]。日本語学習者の産出における問題点を探るためには、できる限り実生活における言語運用を意識した課題設定になっていることが望ましい。その点において本コーパスは、使用実態を探るのに適していると言えよう。

　話し言葉の調査には、国立国語研究所による「日本語学習者会話データベース」を使用した。「日本語学習者会話データベース」とは、日本語学習者と日本語母語話者である面接者（インタビュアー・テスター）による、1データあたり約30分の会話を集めたものである。全てのデータにOPIによるレベル判定が

なされており、学習者の日本語レベル、年齢、性別、出身国、母語、職業、日本滞在期間等からデータの検索ができるようになっている[注8]。本研究では上級学習者の使用を観察するため、OPIの判定結果が上級下・上級中・上級上・超級の者という条件設定をした。その結果、韓国語母語話者69名、中国語母語話者21名のデータを観察対象とすることになった。

　なお、データの整理にあたっては、植松（2014, 2016）において「可能形＋ようになる」よりも「辞書形＋ようになる」が問題になると指摘されていることから、「ようになる」に前接する形式別に整理を行った。

4 韓国語母語話者における「ようになる」の使用状況

4.1 データの概観

　韓国語母語話者の書き言葉・話し言葉における「ようになる」の使用状況（正用・誤用）をまとめると表3のようになる。YNU書き言葉コーパスにおいて韓国語母語話者は「ようになる」を計42例使用しており（植松2014: 341–343）、このうち否定形接続は3例であった。したがって、書き言葉は総数の42例から否定形接続の3例を除いた39例を対象とした。また、日本語学習者会話コーパスにおいて韓国語母語話者は「ようになる」を34例使用しており、このうち否定形接続は5例であった。したがって、話し言葉は総数の34例から否定形接続の5例を除いた29例を対象とした。

表3　韓国語母語話者における「ようになる」の使用状況

		正用数	誤用数	合計
辞書形接続	書き言葉	13	14	48
	話し言葉	12	9	
可能形接続	書き言葉	12	0	20
	話し言葉	8	0	
合計		45	23	68

　表3からは2つのことが指摘できる。1点目は、辞書形接続の使用が多いこ

とである。使用総数68例のうち、48例（71%）が「辞書形＋ようになる」の形で使用している。植松（2012a）では日本語教科書に提出される例文のうち、約80%が「可能形＋ようになる」であったことを報告しているが、それとは異なる傾向であることが分かる。2点目は、誤用は辞書形接続に多く、可能形接続には現れていないことである。辞書形接続は使用総数48例のうち23例（約48%）が誤用であるのに対し、可能形接続は使用総数20例全てが正用である。そこで、以下では「辞書形＋ようになる」に焦点を当ててみていくことにする。

4.2 韓国語母語話者における「辞書形＋ようになる」の正用と誤用

誤用を観察する前に、「辞書形＋ようになる」の正用例を見ておきたい。正用例25例を動詞の性質に注目して観察すると、「分かる」「思う」「考える」等の思考や理解を表す動詞に「ようになる」を接続させている例（＝（3））が13例と約半数を占める。

（3）【話し言葉・正用】
（テスターから、友達というのはどういう存在かと問われて）
I：んー、そうですねー、あそれは、年をなるっといつも考えが変わりまっす（中略）本気で、んー相手を考える、深い関係がほんとうの友達じゃないかなっと、思う<u>ようになりました</u>。　　　（K0158）

次に誤用を観察してみると、2つのパターンがあることに気づく。1つは、動作動詞に「ようになる」を付加して1回性の出来事を表したために誤用になるパターンである。

（4）【話し言葉・誤用】
（テスターから自己紹介をするように促されて）
I：（前略）そのあと、会社を辞めて、日本、語を勉強しながら、あの、におーんについてあのこきしんが、できて、んー、におんに来る、<u>ようになって</u>、今日本で勉強しています。　　　（K0159）

（5）【書き言葉・誤用】

(必要な文献が図書館になく、友人が持っていることを知ったので、貸し出し依頼の
メールを書くというタスクで)

レポートを書くのに必要なんですが、図書館にはなかったので、困っ
ていたところ周りの人から鈴木さんは持っているということを聞かれ
て、連絡するようになりました。　　　　　　　　　　　　　(Task2, K012)

　もう1つは、進展的な事態を表す動詞句に「ようになる」を付加したために
誤用になるというパターンである（＝（6）、(7)）[注9]。これらは「年を取る」、「ナ
ベが沸く（沸騰する）」という無意志的な事態であり、「～てくる」で言い換え
ることができる。「ようになる」運用上の注意点として、「もともと変化を表す
意味を持つ動詞はこの文型では使わない」（『みんなの日本語初級Ⅱ教え方の手引き』
p.110）という説明はよく見られるのであるが、このような誤用は上級レベルに
なっても産出されるようである。

（6）【書き言葉・誤用】

(教員に対して早期英語教育についての意見を表明するというタスクで)

人はどんどん年を取るようになって記憶が下がる一方で勉強したくて
も他の要因によってできない場合は、多いからです。　　　　(Task10, K005)

（7）【書き言葉・誤用】

(自分の国の代表的な料理を紹介するというタスクで)

ナベが沸くようになったら、ニンニク、長ネギ、玉ネギを入れ、フタ
を閉じてから加熱し続けます。　　　　　　　　　　　　　(Task9, K005)

5　中国語母語話者における「ようになる」の使用状況

5.1　データの概観

　中国語母語話者の書き言葉・話し言葉における「ようになる」の使用状況（正
用・誤用）をまとめると表4のようになる。YNU書き言葉コーパスにおいて中

国語母語話者は「ようになる」を計25例使用している（植松2016: 32）。この25例には否定形接続が見られなかったため、25例全てを分析対象とした。また、日本語学習者会話コーパスにおいて中国語母語話者は「ようになる」を7例使用していた。この7例から否定形接続の1例を除き、計6例を分析対象とした。

表4　中国語母語話者における「ようになる」の使用状況

		正用数	誤用数	合計
辞書形接続	書き言葉	11	3	20
	話し言葉	2	4	
可能形接続	書き言葉	11	0	11
	話し言葉	0	0	
合計		24	7	31

　表4を見ると、中国語母語話者も韓国語母語話者と同様に「辞書形接続の使用が多い」、「誤用は辞書形接続に多く、可能形接続には現れていない」という傾向が観察できる。

5.2 中国語母語話者における「辞書形＋ようになる」の正用と誤用

　誤用を観察する前に、「辞書形＋ようになる」の正用例を見ておきたい。正用例13例における「ようになる」に前接する動詞の性質に注目した場合、韓国語母語話者と異なるのは、動作動詞の場合も正しく使えている例（＝（8））が9例見られることである。

（8）【書き言葉・正用】
　　（国を代表する料理を1つ選んでその作り方を紹介するというタスクで）
　　数百年前から中国人が餃子を食べる<u>ようになった</u>。　　　　　　　（Task9, C047）

　次に誤用を観察してみると、誤用例が7例と少ないこともあり、韓国語母語話者に見られたような一定の傾向は見出しにくい。ただ、韓国語母語話者と誤用の傾向が異なるということは言える。韓国語母語話者は【動作動詞に「ようになる」を付加して1回性の出来事を表した誤用】と【進展的な事態を表す動

詞句に「ようになる」を付加した誤用】という2つのパターンが見られたが、中国語母語話者の誤用には同様のパターンは見られない。強いて言えば、【知覚や思考を表す動詞に「ようになる」を付加して1回性の出来事を表した誤用】が5例ほど見られる。

(9) 【書き言葉・誤用】
　　(教員から早期英語教育に対する意見を聞かせてほしいというメールがあり、その返信メールに)
　　話を聞いて、すごく興味が持ち<u>ようになりました</u>。私は個的に賛成です。
(Task10, C013)
(10) 【話し言葉・誤用】
　　(テスターに大学院に進学するつもりがあるかどうか問われて)
　　Ⅰ：んー、わからないですねー、今、まあこれからもその、まあもっと調べて、知る<u>ようにな</u>って、まあ決めるつもりです。　　(C0311)

　(9)はメールの返信という状況設定であるため、通常は、早期英語教育についての話を聞いてからそれほど時間がたっていないと考える。たとえば、「1か月前に話を聞いて、それ以降ずっとそのことを気にかけて情報収集をしている」という状況設定であれば、「（あの時に）話を聞いて、（徐々に）興味を持つようになりました」と言うことは自然であるが、(9)の状況においては、「ようになる」を使わずに「興味を持ちました」と言うのが自然である。また、(10)は「知るようになって」ではなく、「よく知ってから」と言うのが自然である。

5.3 中国語母語話者における「ようになる」の非用

　韓国語母語話者は話し言葉の対象データ69名中21名（30%）が「ようになる」を使用していたのに対し、中国語母語話者は話し言葉の対象データ20名中3名（15%）しか「ようになる」を用いていない。植松（2016: 32–34）において、中国語母語話者の書き言葉に「ようになる」の非用が観察されることが指摘されているが、会話データにおいても同様の傾向が見られることが予想できる。そこで、話し言葉において「ようになる」の使用が見られなかった中国語母語話者

17名の会話データ全てに目を通し、「ようになる」の非用を観察した。その結果、17名中8名に「ようになる」の非用と判断される例が見られた。「ようになる」の非用の特徴、すなわち「ようになる」の代わりにどんな形式を用いているかを観察した結果、次の3つの特徴が観察された。

1つは、「ている」の使用である。植松（2016）で、中国語母語話者は「ようになる」の代わりに「ている」を使用する場合があることが指摘されているが、今回の調査でもその結果が支持されたと言える[注10]。

(11)【話し言葉・非用】
  （テスターから日本語学習について聞かれて）
  Ⅰ：（前略）あとは、日本語がっこに入って、一生懸命勉強してあのーどんどん日本語<u>なれてますから</u>（→慣れてきましたから／話せるようになりましたから）　　　　　　　　　　　　　　　　　　　　(C0198)

2つ目は、動詞「始める」の使用である。たとえば「料理を作るようになった」というのは「料理を作ることを始めた」と言い換えることができるため、一種の類似表現であると言える。このような例は合計3例見られた。

(12)【話し言葉・非用】
  （食事について聞かれて）
  Ⅰ：料理は、んー、スーパーで野菜を買って、自分の、寮のキッチンで作ります
  Ｔ：わーすごいですね
  Ⅰ：いいえ日本へ来てから ｛笑｝<u>始めたんですけど</u>（→作るようになったんですけど）　　　　　　　　　　　　　　　　　　　　　　(C0134)

3つ目は、副詞「だんだん」の使用である。(13)は、「できる」ではなく「できるようになった（あるいは「できるようになってきた」）」とする必要がある。もしこの文から副詞「だんだん」を除けば、「最近はほとんどの人が大学に入ることができる」のように、「ようになる」を付加せずに言うことができる。し

かし、（13）のように「だんだん」を使って漸次的な変化を表す場合は、文末に「ようになる」等の変化を表す表現を付加する必要がある。

(13)（大学への進学率について話していて）

  Ｉ：（前略）でも最近はだんだん、たぶんほとんどの人は大学、大学に入ることが<u>できる</u>（→できるようになった）、だから、たぶんみんなはそう思わないと思います

（C0306）

6 結果と考察

6.1 韓国語母語話者の「勘どころ」を押さえた記述をするために

韓国語母語話者は辞書形＋「ようになる」の使用が多く、誤用も多い。その誤用を観察すると、【動作動詞に「ようになる」を付加して1回性の出来事を表した誤用】と【進展的な事態を表す動詞句に「ようになる」を付加した誤用】という2つのパターンが見られた。これらは、日本語の教科書や文法解説書において注意事項として記述されているにもかかわらず、誤用が発生している。これらの誤用の背景には、韓国語における「ようになる」に相当する「－게 되다 (ge doeda)」の振る舞いが関係していると考えられる。韓国語の「－게 되다 (ge doeda)」は「ようになる」と重なる部分もあるが、「ようになる」よりも表せる範囲が広い。たとえば、「様々な経緯を経て、それをするという運びになった（例「先生にメールを送るようになりました」）」ということや、「それをするしかなかった（例「会社を辞めるようになった」）」ことなどの1回性の出来事も表すことができる（植松2012b）。

 したがって、韓国語母語話者の「ようになる」の誤用を防ぐためには、韓国語の「－게 되다 (ge doeda)」の感覚だと言えそうな例をあげ、日本語においては「ようになる」が使えないことを明示するなどの工夫が必要になるだろう。

6.2 中国語母語話者の「勘どころ」を押さえた記述をするために

中国語母語話者における「ようになる」の使用状況の特徴的な点として、使

用数の少なさがあげられる。そこで、第5節で中国語母語話者が「ようになる」の代わりに何を使用しているか分析した結果、「〜ている」の使用、「始める」の使用、「だんだん」等の副詞を使用する傾向があることが分かった。この結果から、中国語母語話者は「どんな時に「ようになる」を使用する必要があるのか」が分かりにくいと言える。そのため、副詞という目に見えやすい形（「だんだん」）で漸次的な変化を表したり、変化の開始（「始める」）や変化後の状態の描写（「〜ている」）によって変化を表そうとするのではないだろうか。

　では、なぜ中国語母語話者にとって「ようになる」は分かりにくい表現なのだろうか。その要因の1つとして考えられるのが、中国語に「ようになる」に相当する形式がないことである。2.2で見たように、日本語の「ようになる」は中国語の「了₂」で表される場合が多いことに加え、必ずしも「了₂」が表示されるとは限らない。それゆえ、現状の「ようになる」の説明では「なぜ「ようになる」を使わなければならないのか」が分かりにくく、非用が起こるのではないだろうか。

　したがって、中国語母語話者の「勘どころ」を押さえた記述をするには、「ようになった」と「始めた」を類似表現として記述することや、「ようになる」の文法説明をする際に、漸次的な変化であることを目に見える形で示しやすい副詞「だんだん」を一緒に取り上げ、文末に変化表現が必須となることを示すなどの工夫が必要になるだろう。

7 おわりに

　本稿では上級の韓国語母語話者と中国語母語話者における「ようになる」を例に、母語の情報・使用状況の分析に基づいて、学習者の「勘どころ」（白川2002）は母語によって異なることを具体的に示した。日本語教育の教材は、教科書や教師用指導書、文法解説書などが充実してきているが、まだ学習者の「勘どころ」を押さえた、運用に結び付きやすい記述になっているとは言い難い。学習者の母語や使用状況（正用・誤用のパターン、非用の場合は代わりに何を使用しているのか）を分析することにより、日本語母語話者には気づくことができない学習者の視点を発見することができる。そしてその「勘どころ」を文法記述

に反映させることにより、白川（2002: 79）でも述べられているように、日本語教育のみならず日本語学にも寄与することができると考えられる。今後は、本稿で明らかにした「ようになる」の「勘どころ」に基づいて文法記述を試み、学習者の反応を調査して、運用に結び付く記述の具現化に向けて進めていきたい。

〈昭和女子大学〉

謝辞
本稿の執筆にあたり、調査にご協力くださった方々に感謝申し上げる。また、韓国語については金蘭美氏（横浜国立大学）と永谷直子氏（相模女子大学）に、中国語については熊鶯氏（北京郵電大学）にチェックしていただいた。記して感謝申し上げる。本研究は、JSPS25770192の成果の一部である。

注
[注1] ……… 非用というのは当該文法項目を使用しないこと、表面化しない誤用例のことを表す（水谷1985: 14）。非用も誤用の1つとして捉えることも可能だが、本稿では当該文法項目を不適切に使用しているものを誤用、当該文法項目を使用しないもの（意識的か否かは問わない）を非用として区別する。
[注2] ……… 本稿では、学習者の母語を学習者情報の1つと捉え、母語における振る舞いを文法記述に有効に反映させるという目的で対照分析を行う。したがって、学習者の母語の転移の有無については立ち入らない。
[注3] ……… 韓国語母語話者への聞き取り調査によると、これは非文とは言えないが、自分のことを報告する際には使わないとのことである。たとえば、ある人物の経歴を述べる（〜という経緯により、〇〇年に結婚することになった）場合など、状況設定によっては自然になるとのコメントが得られた。
[注4] ……… 査読者の方から「日本に来てから、自分で料理をするようになりました」を「来日本后就一直自己做饭」のように「了」を使わずに表せるという指摘を受けた。ここでは、あくまでも今回の調査において「了」を付加した人が多かったという事実を示しているに過ぎず、「ようになる」が必ず「了」で翻訳されるわけではないという点に留意する必要がある。
[注5] ……… 中国語母語話者によると、文末に「了」を入れても自然なようである。
[注6] ……… SPOTとは筑波大学留学生センターが開発した、日本語の運用能力を測る言語テストのことである。詳細はhttp://ttbj.jpn.org/を参照されたい。
[注7] ……… 本コーパスの特徴の詳細は金澤編（2014: 5–6）を参照されたい。

| [注8] | ……… | OPIとはOral Proficiency Interviewの略で、ACTFL（The American Council on the Teaching of Foreign Language）が開発した口頭遂行能力を測るテストのことである。詳細はhttp://www.actfl.org/を参照されたい。 |

[注8] ……… OPIとはOral Proficiency Interviewの略で、ACTFL（The American Council on the Teaching of Foreign Language）が開発した口頭遂行能力を測るテストのことである。詳細はhttp://www.actfl.org/を参照されたい。

[注9] ……… 進展的な事態とは、「変化前の状態が連続的につながっているものと捉えられるタイプ」（安達1997: 72–73）の変化のことを指す。安達（1997）において、進展性の有無は「だんだん」のような副詞との共起、「てくる」との共起が自然かどうかで判断している。

[注10] ……… 植松（2016: 32–34）ではYNU書き言葉コーパス（金澤編2014）において日本語母語話者30名中18名（60%）が「ようになる」を使用していた文脈を例にとり、同じ文脈を中国語母語話者と韓国語母語話者がどのように表しているのかについて分析している。その結果、中国語母語話者にのみ「ている」の使用が見られたとのことである。

参考文献

安達太郎（1997）「「なる」による変化構文の意味と用法」『広島女子大学国際文化学部紀要』4, pp.71–84. 広島女子大学

市川保子（2005）『初級日本語文法と教え方のポイント』スリーエーネットワーク

市川保子（編著）（2010）『日本語誤用辞典』スリーエーネットワーク

井上優（2005）「学習者の母語を考慮した日本語教育文法」野田尚史（編）『コミュニケーションのための日本語教育文法』pp.83–102. くろしお出版

植松容子（2012a）「日本語教育における「ようになる」の扱い―韓国語母語話者を対象とした文法記述のために」『学苑』864, pp.30–37. 昭和女子大学

植松容子（2012b）「「ようになる」の文法記述―韓国語母語話者を対象とした場合」『日本語／日本語教育研究会第4回大会発表予稿集』pp.44–51.

植松容子（2014）「韓国語母語話者における動詞変化構文の使用状況―母語の感覚に合う記述のために」金澤裕之（編）『日本語教育のためのタスク別書き言葉コーパス』pp.329–251. ひつじ書房

植松容子（2016）「中国語母語話者は「ようになる」と何を類義表現として捉えるか―対照研究と誤用観察から分かること」『学苑』910, pp.27–36. 昭和女子大学

金澤裕之（編）（2014）『日本語教育のためのタスク別書き言葉コーパス』ひつじ書房

韓国・国立国語院（2012）『標準韓国語文法辞典』アルク

木村英樹（1997）「動詞接尾辞"了"の意味と表現機能」『大河内康憲教授退官記念 中国語学論文集』pp.157–179. 東方書店

白川博之（2002）「記述的研究と日本語教育―「語学的研究」の必要性と可能性」『日本語文法』2(2), pp.62–80.

水谷信子（1985）『日英比較 話しことばの文法』くろしお出版

呂叔湘（主編）（1992）『中国語文法用例辞典―《現代漢語八百詞増訂本》日本語版』東方書店

参考資料

小山悟（2008）『J.Bridge for Beginners Vol.2』凡人社

スリーエーネットワーク（編著）（2001）『みんなの日本語初級II　教え方の手引き』スリーエーネットワーク

国際学友会日本語学校（編）（1997）『進学する人のための日本語初級教師用指導書』国際学友会

ヒンディー語を母語とする日本語学習者の格助詞ヲの習得
——述語の他動性という観点から

チョーハン アヌブティ

❋要旨

本研究では、ヒンディー語を母語とする日本語学習者の書記資料における格助詞ヲの誤用傾向を示すとともに、誤用の原因を述語の他動性というマクロ的な観点と母語転移というミクロ的な観点から分析する。

格助詞ヲの使用例を、（1）動作が対象に及ぶ度合いと（2）述語の格枠組みという他動性の側面を反映する述語階層によって分類し、それぞれの誤用率を調べた。その結果、学習期間を問わず、（1）が高ければ、誤用率が低く習得が容易である傾向が見られた。また、母語の影響が窺える誤用は、①両言語の格枠組みの不一致と②意志性の強弱に左右される場合があり、また、他動性の概念と関係なく、③同じ格標識が担う意味役割の多様さによる誤用もあった。特に①と③の誤用は、他動性が比較的低い述語カテゴリーに特に多かった。

🔖キーワード
格助詞ヲ、他動性、ヒンディー語母語話者、母語転移

❋Abstract

This paper presents an analysis of errors concerning the case particle 'wo' found in writing tasks produced by Hindi speaking learners of Japanese from the perspective of predicate transitivity and L1 transfer.

Both correct and erroneous usages concerning 'wo' were categorized into a hierarchy of predicates that reflects two aspects of transitivity: (1) affectedness of patient and (2) predicate's case frame. Calculating the error percentage for each category revealed that there was a positive correlation between the degree of (1) and ease of learnability irrespective of the length of learning period. Errors attributed to L1 transfer were influenced by ① differences in the case frame of predicates in Hindi and Japanese, ② agent's intentionality, and ③ the multiple semantic roles performed by the same case marker in Hindi. Errors ① & ③ were concentrated in predicates placed relatively lower in the hierarchy.

🔖Key words
Case particle 'wo', transitivity, Hindi speaking learners of Japanese, L1 transfer

Acquisition of Case Particle 'wo' by Hindi Speaking Learners of Japanese
From the perspective of predicate transitivity

Anubhuti Chauhan

1 問題提起

　日本語学習者にとって習得が難しく、誤用が頻繁に見られるものとしてしばしば挙げられるのが、格助詞である。格助詞に関する習得研究では、「ハ・ガ」、「ヲ・ニ」、「ニ・デ」、「ヲ・ガ」の混同が多く挙げられており、誤用傾向や習得順序、誤用につながる学習者ストラテジーなどが指摘されてきた（八木1996, 杉本1997, 今井2000, 市川2010など）。

　格助詞ヲに関して、「ヲ・ガ」の混同に関する記述には、「ガ＋他動詞」、「ヲ＋自動詞」の誤用を指摘したもの（杉本1997, 坂口2004など）や動詞の自他と関係なく現れる誤用を指摘したもの（永井2015）がある。また、「ヲ・ニ」の混同に関しては、場所用法と対象用法の類似性を取り上げる先行研究が見られる（今井2000など）。しかし、先行研究の多くが、誤用の種類に焦点を絞ったものであり、誤用の出現を体系的に説明し、習得の難易度を予測する習得研究は少ない。さらに、ヒンディー語を母語とするインド人日本語学習者（HJL）の格助詞を焦点にした研究は、管見の限りChauhan（2015）のみである。

　Chauhan（2015）は、第二言語習得の分野にプロトタイプ理論を応用し、ある文法項目を学習する際に学習者はよりプロトタイプ性の高いものから習得していくという仮説を立て、HJLにおける対象を表す格助詞ヲとニの習得状況を調査した。その結果、「動作が対象に及ぶ度合い」が格助詞の選択に影響を与えていることを示した。即ち、受影性が高く原型的な述語カテゴリーにおいてはヲの誤用が最も少なく、原型から離れていくとヲ以外の助詞の誤選択が多くなる傾向が見られた。さらに、HJLの誤用は日本語ヒンディー語間における他動表現の格枠組みの不一致から生じているということが示唆された。しかし、調査方法は穴埋め式テストであり、学習者の実際の言語運用を調査していないという問題点があった。そのため、HJLの書記資料における格助詞ヲに関する誤用及び正用を量的に分析し、母語転移の可能性も含め、格助詞ヲの習得過程を探る必要がある。

2 研究課題

具体的な研究課題は以下の3つである。

(1) HJLにおける格助詞ヲの誤用傾向を明らかにする。
(2) 格助詞ヲの誤用を「動作が対象に及ぶ度合い」という観点から分析する。
(3) 母語転移の可能性が窺える誤用を予測し、どのような場合に起こりやすいのかを探る。

3 研究対象及び資料

本研究では、128名のHJLの書記資料（273編）における格助詞ヲの正用と誤用を分析対象とする。書記資料は、作文対訳データベース（以下、対訳DB）から抽出した作文、及びインドの日本語教育機関で収集したものである。対訳DBから抽出した作文は、学習期間12ヶ月〜36ヶ月のヒンディー語話者40名によって書かれた67編である。インドで収集した書記資料は、日本語を主専攻としている大学生・大学院生（2〜6年次、全87名）及び日本語学校の中級コースに所属する学習者（11名）に課された作文、手紙、内容理解問題の解答文、翻訳文、感想文、小論文の206編からなっている。データの概要を表1にまとめる。

表1 データの概要

群	学習歴（平均年）	書記資料数（編）	文字数（字）	総文数（文）
下位群（78名）	1.7	117	60,072	2,003
中位群（38名）	3.1	100	74,752	2,237
上位群（20名）	4.8	56	32,406	841

4 調査方法

学習歴を基に、下位・中位・上位の3群に分け[注1]、計273編の書記資料をテキスト化し[注2]、格助詞ヲの正用数と誤用数を調べた。誤用判定は筆者以外に、

大学院で日本語教育・言語学を専攻としている6名の日本語母語話者で分担して行った。分担は、一つの書記資料を2名の母語話者によって判定されるように行った。誤用の判定がずれた場合は、調査対象外とした。

4.1 調査カテゴリー

HJLの正用・誤用を、共起する述語の意味タイプによって以下の9つのカテゴリーに分類した。

表2 調査カテゴリー

カテゴリー	説明	述語の例
1.作用	動作が対象に及び、かつ変化を起こす	殺す、作る、飲む
2.動作	動作が対象に及ぶが、変化を起こさない*	a.読む、やめる、（掃除を）する
		b.捨てる、使う、掃除する
3.知覚	感覚器官に与えられた刺激作用を通して、外界の事物・事象を掴む働きを示す	見る、聞く、見付ける
4.社会的相互作用	相手に向けられる動作・発言のような行為や授受関係を示す	褒める、頼む、話す 送る、与える、渡す
5.追求	対象を追い求める働きを示す	訪ねる、追う、待つ
6.知識	対象を理解し、認識する働きを示す	考える、忘れる、理解する
7.感情	気持ち・感情などのような心理的動きを示す*	a.愛する、疑う、安心する
		b.脅かす、喜ばす、引付ける
8.関係	所属・類似関係を示す	持つ、含む、（問題を）抱く
9.移動	通過点・経路・起点と移動の目標を示す	飛ぶ、通る、出発する

*影響を受けるのが動作主（＝主体）か、または被動作主（＝対象）かによってさらに二分できる。

　表2の調査カテゴリーは、世界の諸言語における述語の格枠組みを調査した角田（1991）の二項述語階層とMalchukov（2005）の二次元の階層に基づいたものである。角田（1991）は、形式的側面（＝述語の格枠組み）と意味的側面（＝動作が対象に及ぶ度合い）の両方を基準に、7つの類から構成される述語階層を提案した。類の並び順は、「直接影響（変化・無変化）」[注3] ＞「知覚」＞「追求」＞「知識」＞「感情」＞「関係」＞「能力」という、より他動詞的な類からより自動詞的な類へと並ぶようになっている。言い換えれば、「直接影響（変化）」は他

動性が最も高く、原型的な他動詞とみなされるが、右へ行くほど動作が対象に及ばなくなり、述語の他動性が低くなっていく。

この階層は、動作主に関する意味側面と被動作者に関する意味側面を合成しているのに対し、Malchukov（2005）の下位階層は、この二つの特徴を区別した、二次元的なものである。上の下位階層は、他動詞目的語の「被動作主らしさ」が右へ行くほど下がり、「直接影響（変化）」（＝作用）＞「接触」（＝動作（対象））＞「追求」＞「移動」の順になっているのに対し、下の下位階層は、他動詞主語の「動作主らしさ」が右へ行くほど下がり、「直接影響（変化）」（＝作用）＞「被影響動作主」（＝動作（主体））＞「知覚」＞「知識」＞「感情」の順になっている。また、角田の階層にはない「社会的相互作用」は、「動作主関係」と「被動作者関係」の両方の特徴を示すため中央に位置づけられ、「関係」は扱われていない。

本稿では、Malchukov（2005）の下位階層に従い、表2に示した調査カテゴリーにおける動作が対象に及ぶ度合いを以下の図1のように捉える。なお、「関係」については、意味側面を「動作主関係」と「被動作者関係」に明確に区別することが難しいため、「被動作者関係」と同様に、中央に位置づけた。さらに、「感情」については、感情述語の経験者が被動作主か主体かによって、「感情（対象）」と「動作（主体）」に二分した。

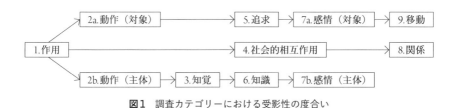

図1　調査カテゴリーにおける受影性の度合い

4.2 誤用の予測

4.2.1 動作が対象に及ぶ度合い

Chauhan（2015）の結果を援用し、上記の階層を言語習得に対応させると、動作が対象に及ぶ度合いの強さに相関して学習者における格助詞ヲの習得が容易になることが予測される。即ち、「被動作主関係」の下位階層では、「1.作用」

＞「2a.動作（対象）」＞「5.追求」＞「7a.感情（対象）」＞「9.移動」の順に習得の度合いが低くなっていき、「動作主関係」の下位階層では、誤用率が、「1.作用」＞「2b.動作（主体）」＞「3.知覚」＞「6.知識」＞「7b.感情（主体）」の順に低くなっていくことが予測できる。また、「4.社会的相互作用」と「8.関係」に関しては、前者は誤用が比較的少ないことが予測できる。

4.2.2 母語転移

　母語転移が原因と思われる誤用として、①両言語における述語の格枠組みの不一致、②両言語における意志性の違い、及び③「ko」が担う意味役割の多様さの3つに関わる誤用が考えられる。それぞれについて以下で説明する。

　①両言語における述語の格枠組みの不一致：ヒンディー語は、日本語と同様にSOV型言語であり、日本語における助詞の文法機能を名詞に後接する接語が果たしている。また、日本語における典型的他動詞構文「N_1＋が N_2＋を V」に対応するヒンディー語の構文は「N_1＋φ N_2＋ko V」であり、対象を示す格標識（＝対格）はそれぞれ、格助詞ヲと接語「ko」である。ただし、述語によっては、片方の言語だけで他動詞構文を取り、もう片方では他動詞構文を取らないという例も多く、学習者が混乱しやすい。例えば、日本語のヲに対応する接語は、対格の「ko」以外に、主格の「φ（無標示）」、具格・奪格の「se」、所格の「par・me」、属格の「k-」などと様々であり、「太郎が花子に（→を）信じた」のような誤用が予測できる。反対に、ヒンディー語の「ko」に対応する格助詞は、ヲ、ニ、ニツイテなどであり、「将来を（→に）影響する」のような誤用が予測できる。

　②両言語における意志性の違い（意志性の強弱）：角田（1991）の述語階層に基づき、両言語における典型的他動詞構文を比較すると、日本語では、意志性の強弱と関係なく、他動性の高い出来事を描写するために使用される典型的な他動詞構文が「関係」まで使用される。その一方、ヒンディー語では、意志性が重要な要因であるために他動詞構文で表現されるものが日本語ほど広くはなく、他動詞構文が「知識」まで使用される。即ち、日本語では、意志性は自動詞文と他動詞文を区別するものではなく、「日焼けを嫌う」や「勇気を持つ」のような他動詞表現が可能である（角田1991: 86）。それに対し、ヒンディー語で

は、意志性が典型的な他動詞文に反映し、無意志動詞は他動詞にならない（Pandharipande 1981, Mohanan 1992, バルデシ 2007）。そのため、HJLは意志性の強弱に左右されやすいことが予測できる。このような要因から起こる誤用は、母語では典型的な他動詞構文にならないために、母語の格標識に影響されて起こる誤用と、母語の格標識と関係なく、文脈上意志性が読み取れないために「×が→○を」が出現してしまう誤用の二つに分けられる。前者は上記の①で、後者は②で取り上げることにする。

　③「ko」が担う意味役割の多様さ：接語「ko」は、対格のみならず、与格も示している。与格としての意味役割は、「受領者」、「経験者」、「必要・願望や義務を表す文の動作主」の3つである。従って、「ko」は、対象のヲ、ニ、ニ ツィテ以外に、受益者・授与者・動作の相手のニ、動作主のガなどにも対応しており、「太郎が二郎を（→に）本をあげた」、「太郎を（→が）お腹がすいた」や「花子を（→に）この本が必要だ」のような誤用が予測される。

5 調査結果

　全調査対象者の総誤用数・総正用数を基に、上・中・下の3群に分けたところ、表3の結果となった。なお、表中の誤用率は、ヲの総使用数（正用数と誤用数の合計）に対する誤用数の割合を示している。

表3　格助詞ヲの正用数と誤用数（誤用率）

	上位群	中位群	下位群	総数
使用数	557	1255	994	2806
正用数	511	1105	855	2471
誤用数（誤用率）	46（8.25%）	150（11.95%）	139（13.98%）	335（11.93%）

　下位群では格助詞ヲの誤用率が最も高く、中位群では少し下がり、上位群ではさらに下がっていたが、学習期間が長い上位群においてもその割合はおよそ8%と高かった。

　次に、HJLにおける誤用をヲ使用による誤用（混同と誤追加）とヲ不使用による誤用（混同と脱落）に分け、誤用数が10例以上観察された誤用を表4に示す[注4]。

表4　種類別誤用数（誤用率）

誤用の種類	上位群	中位群	下位群	総合
×ヲ→○ニ	11 （1.97%）	34 （2.62%）	26 （2.62%）	71 （2.53%）
×ニ→○ヲ	9 （1.61%）	14 （1.11%）	15 （1.51%）	38 （1.35%）
×ヲ→○ガ	3 （0.53%）	25 （1.99%）	20 （2.02%）	48 （1.71%）
×ガ→○ヲ	8 （1.43%）	26 （2.07%）	12 （1.21%）	46 （1.64%）
×ヲ→○φ	- （0.00%）	5 （0.39%）	2 （0.20%）	7 （0.24%）
×φ→○ヲ	4 （0.71%）	18 （1.43%）	17 （1.71%）	39 （1.39%）
×ヲ→○ノ	1 （0.17%）	2 （0.15%）	2 （0.20%）	5 （0.17%）
×ノ→○ヲ	3 （0.53%）	11 （0.87%）	9 （0.90%）	23 （0.82%）
×ヲ→○ト	1 （0.17%）	1 （0.07%）	5 （0.50%）	7 （0.24%）
×ト→○ヲ	1 （0.17%）	3 （0.23%）	8 （0.80%）	12 （0.42%）
×ヲ→○ハ	- （0.00%）	1 （0.07%）	3 （0.30%）	4 （0.14%）
×ハ→○ヲ	2 （0.35%）	2 （0.15%）	4 （0.40%）	8 （0.28%）

　HJLの誤用は、複数の助詞に分散しているが、割合の高い順に挙げると、「×ヲ→○ニ （2.53%）」＞「×ヲ→○ガ （1.71%）」＞「×ガ→○ヲ （1.64%）」＞「×φ→○ヲ （1.39%）」＞「×ニ→○ヲ （1.35%）」＞「×ノ→○ヲ （0.82%）」であった。

6　動作が対象に及ぶ度合いとの関係

　以下の表5-1 ～ 5-3は、HJLの誤用率を調査カテゴリー別にまとめたものである。表5-1は、「動作主関係」の下位階層であり、「動作が対象に及ぶ度合い」の高いカテゴリーから順に並べられている。

　全体的には、調査カテゴリーを正用率の高い順から並べると、「作用」＞「動作（主体）」＞「知覚」＞「感情（主体）」＞「知識」の順になっており、予測通りの結果であった。ただし、3群別に見てみると、予測した順序とのずれも見られた。具体的には、「作用」と「動作（主体）」の差が全体的に極めて少なく、中位群では逆の順になっていた。また、「知識」と「感情」にも同様の傾向が見られ、上・中位群では、「知識」の誤用率が「感情」より高かった。

表5-1 「動作主関係」の下位階層

	上位群		中位群		下位群		計	
	正用	誤用	正用	誤用	正用	誤用	正用	誤用
作用	114	6 / 5.00%	200	15 / 6.97%	201	13 / 6.07%	515	34 / 6.19%
動作（主体）	103	6 / 5.50%	259	16 / 5.81%	148	13 / 8.07%	510	35 / 6.42%
知覚	25	-*	82	12 / 12.76%	135	13 / 8.78%	242	25 / 9.36%
知識	36	2 / 5.26%	59	22 / 27.16%	22	12 / 35.29%	117	36 / 23.52%
感情（主体）	21	1 / 4.54%	38	9 / 19.14%	9	11 / 55.00%	68	21 / 23.59%

*今回の調査では用例が見られなかったことを意味する（以下同様）

表5-2 「被動作主関係」の下位階層

	上位群		中位群		下位群		計	
	正用	誤用	正用	誤用	正用	誤用	正用	誤用
作用	114	6 / 5.00%	200	15 / 6.97%	201	13 / 6.07%	515	34 / 6.19%
動作（対象）	85	6 / 6.59%	223	25 / 10.08%	146	12 / 7.59%	454	43 / 8.65%
追求	9	3 / 25.00%	12	-	12	2 / 14.28%	33	5 / 10.81%
感情（対象）	-	-	13	-	15	5 / 25.00%	26	5 / 16.12%
移動	8	3 / 27.27%	26	6 / 18.75%	23	8 / 25.80%	57	17 / 22.97%

表5-3 中央に位置づけられるカテゴリー

	上位群		中位群		下位群		計	
	正用	誤用	正用	誤用	正用	誤用	正用	誤用
作用	114	6 / 5.00%	200	15 / 6.97%	201	13 / 6.07%	515	34 / 6.19%
社会的相互作用	51	10 / 16.39%	143	27 / 15.88%	102	22 / 17.74%	296	59 / 16.61%
関係	48	4 / 7.69%	42	3 / 6.66%	37	8 / 17.77%	127	15 / 10.56%

中位群における「作用」と「動作（主体）」のずれは、「作用」に関する誤用の特徴と、「動作（主体）」に関する正用の特徴に起因していると考えられる。下位群の誤用のおよそ半数が「吸う」に関する誤用であったのに対し、多様な述語を使用していた中位群の誤用は「吸う（3例）」以外の述語も多く、誤用が増加していた。また、「作用」では正用数・誤用数には大きな差がなかった一方、「動作」の正用数が上・下位群のおよそ2倍（259例）と多かった。この259例のうちおよそ6割が「勉強をする」、「仕事をする」などのように「VNを+する」形のサ変動詞であった。さらに、「VNを+する」に関する誤用が非常に少なく、使用が定着していたことは「作用」に比べて誤用率が低い要因の一つと考えられる。

　「知識」においては、中位群に見られる「N₂を分かる」の誤用が11例と多く、他のカテゴリーと違って同一述語に集中していたことが特徴的であった。

　一方、「被動作主関係」の下位階層の場合は、予測通りの結果であった。

　全体的には、正用率の高い順から並べると、「作用」＞「動作（対象）」＞「追求」＞「感情（対象）」＞「移動」の順になっていた。また、下位群でも同傾向が見られ、上位群では、感情を除き、予測通りの結果であった。だが、中位群においては、「追求」と「感情（対象）」に対する使用例が少なく、誤用例が見られなかった。これに関しては、回避の問題も考えられるために判断が難しいと思われる。

　Malchukov（2005）の図の中央に置かれる「社会的相互作用」と「関係」のカテゴリーでは、下位群における正用率は、「作用」＞「社会的相互作用」＞「関係」の順になっていた一方、中位群と上位群においては「関係」の誤用がかなり少なかった。

　このずれの原因として、「関係」に分類された述語の種類の少なさ[注5]及び「社会的相互作用」における受領者に関する誤用（19例）の多さが考えられる。「関係」に分類された述語はわずか7つであり、総正用数のおよそ8割が物理的・抽象的所有関係を表す「持つ」であった。誤用数も「持つ」に偏っており、全体のおよそ半数を超えていた。下位群では「×ガ→○ヲ」の誤用が多く見られたものの、上・中位群ではわずか1例ずつと少なかった。それに対して、「社会的相互作用」では、母語の負の転移が原因と思われる、間接目的語を示すニの代わりにヲを選択してしまった誤用（詳細については7.2節参照）が中位群においても多く見られたことから、習得の停滞の様子が窺えた。

以上より、「動作が対象に及ぶ度合い」が高いカテゴリーは比較的習得しやすいと言える。これは概ね予測通りの結果であった。特に下位群では、それぞれの調査カテゴリーの誤用率が「動作が対象に及ぶ度合い」をそのまま反映していた。

用例が観察できなかったカテゴリーもあり、ずれも見られたが、ずれが見られたカテゴリーでは、誤用の多くが同一述語に集中的に出現していたことや、述語の種類が少ないこと、または母語転移などが影響したと思われる。

7 母語転移について

以下では、母語転移の可能性が窺える誤用（全誤用（335例）のうちの114例）に対して、4節に挙げた3つの観点から考察を行う。

7.1 両言語における述語の格枠組みの不一致

母語と日本語における述語の格枠組みに一対一の対応関係が見られない場合に誤用が生じやすくなると考えられるが、このような誤用は「動作が対象に及ぶ度合い」が比較的高いカテゴリー（「作用」、「動作」、「知覚」、「知識」）には少なく、「動作が対象に及ぶ度合い」が比較的低いカテゴリー（「社会的相互作用」、「感情」、「関係」）にはより多く見られた。

「作用」で誤用（4例）が見られた述語は、ヒンディー語では「N$_1$＋主格—N$_2$＋所格」を取る述語であり、あるプロセス・行為を妨げることを意味するものであった。また、「動作」の誤用（5例）の中には、「×デ→○ヲ」や「×ノ→○ヲ」の誤用がそれぞれ2例あった。前者は、「肺がんで（→を）患う」と「病気で（→を）こうむる」のように、母語では原因を示す接語「se」が用いられる述語であり、後者は、「問題の（→を）解決する」と「全ての（→を）用意しておく」のように、母語では「N$_1$＋主格—N$_2$＋属格」を取る述語である。また、「知覚」と「追求」に関する誤用は見られなかった。

1. そして、言語は夢を達すること に 妨害しない（ように）政府は大きな対策を取った方がいい。　　　　　　　　　　　　　　　　　　（作用、上位群）
2. 1998の調査を見るとデリーだけでは大勢の人々が肺臓と心臓の病気 で こ

うむっています。 (動作、下位群)

3. 旅に出る前にお母さんは皆のために全て**の**用意して（→全ての用意をして・全てを用意して）おきましたが、 (動作、中位群)

一方、「動作が対象に及ぶ度合い」が比較的低いカテゴリーでは、母語転移が窺える誤用が比較的多かった。「感情」の誤用（14例）は、「人と（→を）愛する」と「人に（→を）信じる」に集中的に現れ、それぞれはヒンディー語では共格の「se」と所格の「par」で標示される。「関係」の誤用（6例）は全て「N_2＋が（→を）持つ」に関するものであり、ヒンディー語では自動詞構文を取る。また、「社会的相互作用」の誤用（7例）のうち、「手伝う」に関する誤用が3例見られた。

4. Raj Malhotra は一つの彼女**と**愛しています。彼女も Raj Malhotra **と**愛しています。 (感情、下位群)
5. 日本人はある思想を取り入れるとき、心から耳っていないような意見**が**若者が持っている。 (関係、上位群)
6. 勉強ができない学生の他の分野にある興味を見付けて技を磨くこと**に**手伝うのは良い先生の責任だと思います。 (社会的相互作用、下位群)

7.2 意志性の強弱について

述語の格枠組みの不一致という形式的な相違に関する誤用と異なり、文脈から動作主の意志性が読み取れるか否かという意味的側面に関する誤用が26例観察された。誤用例の文意や述語の語彙的意味に焦点を当てると、「×ガ→○ヲ」の46例のうちの24例は、動作主の意志性・コントロール性が低い、思考・感情・受身的動作や可能性を示すものである。「×ハ→○ヲ」の誤用も数例見られた。

7. 寮で住んでから、今両親のありがたさやお金の価値などが分かります。良い点として、今お金の管理、つまりお金を貯金するの**が**習いました。 (動作、下位群)

8. 紫式部は子供のころ母を失いましたが、後で姉を失いました（略）信長と結婚しましたが、二年ばかりで、信長は死にました。紫式部は自分の生活（で）たくさん（の）こと**が**体験しました。　　　（動作、中位群）
9. 一つ**が**達することができないともう一つはあると思う。　（作用、上位群）
10. ある日歩いてとき一つのパン**が**ふと見付けました。　（知覚、下位群）
11. 良いことと悪いこととの違い**は**よく理解できるから。[注6]　（知識、下位群）
12. 外の社会**が**怖がっているからだと思う。　　　　　　（感情、中位群）

　例7〜9の場合は、同一学習者によって以下のような正用例が産出されており、学習者の誤用は、述語が取る助詞に関する知識の有無に影響されていることは考えにくい。

7′. 一人で住むと、どこへ行くときや何かをするとき、注意しています。キャンパスに住んでから、始めて銀行などのこと**を**習いました。
8′. 主人公の「かぐや姫」は、この社会に育てられ、地上の現実**を**体験し、また月の世界に戻ったのである。
9′. 日本の若者は何か目的を狙うと、それ**を**一所懸命に達すると思う。

　7では、自然な成り行きの中、貯金する習慣が身についたというニュアンスがあるのに対し、7′では、生活上の様々な側面に注意を払い、能動的に銀行でのやりとりを調べている読みが生じていると思われる。同様に、8も受身的な行為であるが、8′は選択的な行為であると言える。また、9は、可能表現であり、意志的な行為ではないのに対し、9′は、動作主による意志的な行為である。即ち、受影性が高く意志性が読み取れる文ではヲが使用されやすいが、意志性が読み取れない場合には、受影性を問わず、ガまたはハを使用してしまう傾向があるのである。このような誤用は、ヒンディー語と同じく、南アジア諸言語に属するシンハラ語母語話者にも見られ（永井2015）、意志性という概念を重視する南アジア諸言語を母語とする学習者に共通する問題である可能性が窺える。

7.3 「ko」が担う意味役割の多様さ

　ヒンディー語における対格と与格は同形であり、HJLにとって目的語と間接目的語の区別や動作が向けられる対象と動作が向けられる相手の区別が難しいことが原因で、「×ヲ→○ニ」の誤用が起きやすいと予測した。今回の調査データにおいては、このような誤用が29例と多かった。

　「社会的相互作用」は、「言語行動（12例）」、「授受関係（10例）」と「社会行為（7例）」に分類でき、それぞれの例文として次のものが挙げられる。

13.　よだかは鷹 を 「改名より死んだほうがいい」と答えた。（中位群、言語行動）
14.　たばこは環境 を 害を与えます。　　　　　　　　　　（下位群、授受関係）
15.　柏木は源氏物語の正妻の女三 を 求婚しました。　　　（中位群、社会行為）

　上記のような誤用の中、「授受関係」と「言語行動」の誤用は、従来の先行研究では指摘されておらず、HJLのみに見られる特徴である可能性が高い。

　以上、母語転移の可能性が窺える①両言語における格標識の不一致が原因と思われる誤用（「×ニ→○ヲ」等）、②文脈上、意志性が無いと判断された場合に出現しやすい誤用（「×ガ→○ヲ」）、及び③「ko」が担う機能の多様性が原因と思われる誤用（「×ヲ→○ニ」）に対して考察を行った。①と③は、他動性が比較的低いカテゴリーに集中しており、母語の形式に影響される誤用であると言える。一方、②は、文脈上、動作主の「意志性」が読み取りにくい場合に多く観察され、概念的転移として捉えることができる。

8　おわりに

　以上、HJLの格助詞ヲの誤用を下位、中位、上位群別に考察した結果、「ヲ・ニ」の混同が「ヲ・ガ」の混同を上回り、「×ヲ→○ニ」の誤用が3群ともに多く観察された。このような誤用は、述語の他動性と母語転移の観点から説明できる。

本稿で取り上げた他動性に関係する側面は、（1）動作が対象に及ぶ度合いと（2）意志性の強弱という意味的側面と（3）両言語の格標識という他動性の形式的側面である。「動作が対象に及ぶ度合い」と誤用の関係については、調査カテゴリー別に誤用率を調べた結果、「動作が対象に及ぶ度合い」の低い順に誤用が多い傾向が確認できた。

　また、全誤用のおよそ三分の一を占める母語転移に関わる誤用は、「（1）動作が対象に及ぶ度合い」のみならず「（2）意志性の強弱」にも左右されることが特徴的であった。①の誤用に関しては、（1）が低い場合には両言語の格標識の不一致による誤用が出現しやすく、（1）と（2）の両方が低いカテゴリーにおいては特に多かった。その一方、②の誤用では、文脈上、意志性が無く文全体の動作性が低いと判断された場合は、（1）が高い述語においても「×ガ→○ヲ」は出現してしまい、HJLが（2）を優先することが窺えた。要するに、（1）と（2）の意味側面を持つ他動性は、大まかな使用傾向を決定するマクロ的要因であるのに対し、母語転移は、助詞・接語の非対称性や個々の述語という語彙レベルで働くミクロ的要因であると考えられる。

　今回の調査では、「感情（対象）」と「追求」の使用数が少なく、「関係」の使用数のほとんどが「持つ」という動詞に偏っていたため、使用回避の可能性が窺われ、使用実態が明らかにされているとは言いにくい。このようなカテゴリーについて検討するためには、データの収集方法を改良する必要がある。また、具体的な指導方法を提案することや、Chauhan（2015）で実施された文法テストの結果と今回の調査結果の関係を明らかにするといった点は今後の課題としたい。

〈筑波大学大学院生〉

注
［注1］……… 下位、中位、上位群の学習期間は、それぞれ 12 〜 28 ヶ月、30 〜 48 ヶ月、52 〜 72 ヶ月であった。
［注2］……… 本研究で注目するのは格助詞「を」という文法項目であるため、表記に関する誤りは分析対象から除外した。また、検索がかけやすくなるように、漢字・送り仮名などの統一も行った。

［注3］ ……… 「直接影響」は、動作が対象に変化を起こす「変化」（＝作用）と対象に変化
を起こさない「無変化」（＝動作）に二分される。Malchukov（2005）では、「直
接影響（無変化）」は、さらに「接触」（「動作（対象）」）と「被影響動作主」
（「動作（対象）」）に分けられる。

［注4］ ……… 表4に示した誤用以外に、「×デ→○ヲ（6例）」・「×ヲ→○デ（3例）」、「×
カラ→○ヲ（2例）」・「×ヲ→○カラ（1例）」と「×複合助詞→○ヲ（9例）」・
「×ヲ→○複合助詞（5例）」も見られた。

［注5］ ……… 「関係」に分類された述語の異なり数が全体で7つであるのに対し、「社会的
相互作用」に分類された述語の数は43であった。

［注6］ ……… この例文は非文と判断しにくいが、文脈においては、ヲのほうが適切である
と判定された。文脈は次の通りである。「少年ためにはそんなことが必悪で
す。しかし大人にはちょっと…。良いことと悪いこととの違はよく理解でき
るから。」

参考文献

市川保子（2010）『日本語誤用辞典』スリーエーネットワーク

今井洋子（2000）「上級学習者における格助詞「に」「を」の習得―「精神的活動動詞」と
共起する名詞の格という観点から」『日本語教育』105, pp.51–60. 日本語教育学会

坂口昌子（2004）「日本語学習者が生成する格助詞「が」・「を」の誤用とその修正につい
て―作文データからみた母語別誤用傾向」『研究論叢』63, pp.65–75. 京都外国語大学

杉本妙子（1997）「格助詞「を」をめぐる誤用―分類と分析」『茨城大学人文学部紀要コミ
ュニケーション学科論集』1, p.31–50. 茨城大学人文学部

角田太作（1991）『世界の言語と日本語』くろしお出版

永井絢子（2015）「スリランカ人日本語学習者の格助詞の習得―シンハラ語母語話者の作
文に見られる「ガ」を中心に」『日本語教育』161, pp.31–41. 日本語教育学会

バルデシ、プラシャント（2007）「他動性の解剖―「意図性」と「受影性」を超えて」『他
動性の通言語的研究』pp.179–190. くろしお出版

八木公子（1996）「初級学習者の作文に見られる日本語の助詞の正用順序―助詞別、助詞
の機能別、機能グループ別に」『世界の日本語教育』6, pp.65–81. 独立行政法人国際
交流基金

Chauhan, A. (2015) Acquisition of the Japanese Object Case Particle "wo" by Adult Hindi Speakers:
Testing the Transitivity-scale of Two-place Predicates. *International Journal of Language Education &
Applied Linguistics*, 3, pp.25–35.

Malchukov, A. (2005) Case pattern splits, verb types and construction competition. In M. Amberber &
H. Hoop (Eds.) *Competition and Variation in Natural Languages: The Case for Case* (pp.73–117).
London and New York: Elsevier.

Mohanan, T. (1992) *Argument Structure in Hindi*. Stanford, CA: CSLI Publication.

Pandharipande, R. (1981) Transitivity in Hindi. *Studies in the Linguistic Sciences*, 11(2), pp.161–179.

研究論文

学習者の母語から見た
機能の損失を表す「壊す」の意味
——韓国人日本語学習者の意味習得への提言
薛 惠善

♣要旨

本稿では、「壊す」の持つ「機能の損失」の意味に注目し、韓国語の「부수다」との比較を通して学習者が「壊す」の意味を学習する際、どのような理解を促すべきかを提案した。両者は、いずれも外見の損傷と機能の損失を表し得るが、「부수다」が外見の損傷が不可欠なのに対し、「壊す」は外見の損傷を伴わない場合があること、また、「부수다」とは異なり人工物ではない対象にも使用できることを指摘した。動作主の働きかけが明示されない自動詞の場合も、「壊れる」は機能への作用が想定され、外形が変化しても機能が損なわれないと使えないが、「부서지다」は外見への働きかけが想定され、自然と生じる不具合は表現できないことを示した。本稿の分析により、特に機能の損失を表す「壊す／壊れる」の意味が十分習得できていない場合、母語動詞の転移によって、適切な理解と使用につながらない可能性が示唆される。

♣キーワード
意味習得、機能の損失、壊す、壊れる、韓国人日本語学習者

♣ABSTRACT

This paper aims to propose some aspects that should be emphasized when Korean learners of Japanese learn the verb *kowasu* and its 'loss of functionality' meaning. This will be informed through a comparison with the Korean verb *pwuswuta*. Although *kowasu* and *pwuswuta* both can express a loss of physical integrity and a loss of functionality, for *pwuswuta*, physical damage of the object is necessary, while *kowasu* can be used when the object is not physically damaged, and when the object is not artificial. As for intransitive verbs, *kowareru* implies that the function of the object has been affected, and it necessarily entails a loss of functionality. In contrast, it is assumed that something has happened to the surface of the object in case of *pwusecita*, therefore it cannot be used to express a mechanical malfunction.

♣KEY WORDS
verb acquisition, loss of functionality, "kowasu", "kowareru", Korean learners of Japanese

Kowasu and Its Loss of Functionality Meaning from the Perspective of the Learners' L1
Some implications for the vocabulary acquisition of Japanese by Korean learners
HYESEON SEOL

1 はじめに

日常生活において頻繁に行われる破壊・切断行為を表す「壊す」は、日本語学習者が基礎としてはじめに学習すべき基本的な語であるとされる（国立国語研究所 1984）。しかし、「壊す」を日本語学習者が使用する際には困難も多く、習熟度の高い上級韓国人日本語学習者にも以下のように、日本語母語話者は使用しない「壊す」の使用が見られる[注1]。

（1）　?ハンマーで皿を<u>壊しました</u>
（2）　?両手で棒を<u>壊しました</u>　　　　　　　　　　　　　（薛 2016）

「壊す」とそれに対応する韓国語の「부수다 (pwuswuta)」[注2] は、（3）と（3'）が相互に訳され、両者の意味が対応している場合もあるが、（4）を（4'）に訳すことができないように、両者の意味が対応していないこともあり、意味にズレがあると考えられる。その場合、（5）のように別の語を用いて訳される。

（3）　ドアを<u>壊して</u>中に入る。
（3'）　문을 <u>부수고</u> 안으로 들어갔다.　　　　　　　　　　　（尹 2009）
（4）　ラジオを<u>壊した</u>ので修理に出した。
（4'）　?라디오를 <u>부수어서</u> 수리하러 보냈다.
（5）　라디오를 <u>고장내서</u> 수리하러 보냈다（ラジオを故障させたので修理に出した）.
　　　　　　　　　　　　　　　　　　　　　　　　　（金星出版社編集部 2006）

（1）と（2）の学習者の使用例には、上述のような母語と目標言語との相違が影響していると考えられる。これを踏まえ、本稿では、「壊す」と韓国語の「부수다 (pwuswuta)」に焦点を当て、それらの意味上の共通点と相違点を明らかにし、韓国人日本語学習者の日本語の意味習得に示唆を与えることを目的とする。

2 先行研究における「壊す」の意味

　先行研究において、「壊す」の基本的な意味は「人などが、硬い物に力を加えて、その形を変形させたり、バラバラにする」（国立国語研究所『基本動詞ハンドブック』）と記されている。「壊す」の対象物はいずれも製作物・建物・建造物などの、人為的に生み出されたもの（人工物）になることが多く、脆い、割れやすい、弾性に乏しいという性質を帯びるものである（森田1989）。意志的な「壊す」は、このような人為的生産物に激しい打撃を加えて、砕いたり、破損させたりして使えなくすることである。また、人為的に生み出された物が対象になるため、物の外形を失わせるよりも、むしろその働きを失わせる意味で使われることが多い（小学館辞典編集部2003）。国広（1970）は、転用法である「お腹を壊す」、「体を壊す」が、「機能が完全でない」ことを意味することを挙げ、「壊す」の意味において「構造・機能を破壊し、不完全にする」ことが肝心な意義素になると述べている。

　国立国語研究所の『基本動詞ハンドブック』の意味記述では、機能を持った物（器具、機器、機械など）の機能が正常に働かなくなることを別義として立て、パソコンのように複雑な機器の場合、パソコンを落としてバラバラになった場合の「パソコンを壊した」と、外形は異常がないが電源を入れても起動しなかったり、正常に作動しない場合の「パソコンを壊した」を別の語義として分けている。

3 「부수다（pwuswuta）」から見る「壊す」の意味

　「壊す」動作によってもたらされる変化状態は、対象物が元来持っている完全な外形が損傷し、その機能が損なわれる場合と、外形の損傷なく対象物の機能が損なわれるという二つの場合に分けられる。

(6)　時計を壊した
(7)　石の床に時計を落っことして壊した
(8)　ねじを巻きすぎて時計を壊した

（6′）　시계를 <u>부수었다</u>

（7′）　돌바닥에 시계를 떨어뜨려서 <u>부수었다</u>

（8′）　?태엽을 너무 감아서 시계를 <u>부수었다</u>　　（森田 1989：韓国語訳は筆者による）

　（6）は、（7）が表す外見的な損傷と（8）が表す内部的な損傷の二通りに解釈できるが、（6）から（8）の韓国語訳である（6′）から（8′）に使われた「부수다（pwuswuta）」は、外見的な損傷のみにおいて使われる場合が多く、それが内部的な損傷として捉えられるためにはそれに適した文脈が必要である。そのため、「부수다（pwuswuta）」が用いられた（6′）から真っ先にイメージされるのは（7）であり、（8′）も、行為の結果、時計としての働きが失われるという（8）の解釈ではなく、外見的損傷に捉えられやすい。次節では、「機能の損失」に焦点を当て、このような「부수다（pwuswuta）」と「壊す」の意味上の相違について述べる。

3.1　対象物が人工物である場合

3.1.1　外見的な損傷を伴う場合

　外見的な破損が伴われる場合の破壊の対象物は、（9）・（10）とその韓国語訳である（9′）・（10′）のように、「壊す」と「부수다（pwuswuta）」両者とも人工物である場合が多く、人工物に打撃を加え、その外形を砕いたり破損させたりし、使えなくすることを表す。

（9）　　おもちゃを<u>壊す</u>

（9′）　장난감을 <u>부수다</u>

（10）　古い家を<u>壊す</u>

（10′）　오래된 가옥을 <u>부수다</u>　　　　　　　　　　　　　　　　　　（尹 2009）

　このような場合、対象物の外形が損なわれることにより、その影響が機能にまで及び、物の働きまでが損なわれると捉えられる。外からの衝撃により、人工物の外見（表面）が多少損傷しても、機能の損失を伴わない場合、（11）と（12）の「壊す」は容認されにくくなる。

（11）?パソコンを落っことして<u>壊して</u>しまったけど、まだ使えるよ。

（12）*パソコンを<u>壊して</u>しまったけど、まだ使えるよ。[注3]

　「壊す」の意味においては外見的な損傷よりは機能の損失が優勢となるため、（11）と（12）の前件に「壊す」が使用できるようにするためには、後件にはパソコンがその機能を失い、動かなくなっているという事象が続かなければならない。そのため、「依然として機能を保っている」という文脈が続く（11）と（12）の容認度は落ちるが、（11）は読み手によっては判断が揺れ、（12）の場合、非文と判断する人の方が多いという差もある[注4]。これは、（11）の場合、「落っことして」という外見的な損傷を表す言葉が入っており、「壊す」の結果が外見的な損傷のみに留まっているという状況に関する情報が与えられているため、（12）より容認されやすくなると考えられる。つまり、「壊す」の意味においては機能の損失が中心となり、読み手にとって文脈上外見的な破損が想定しにくい場合、機能の損失としてのみ捉えるようになると考えられる。

3.1.2 外見的な損傷を伴わない場合
　「壊す」の対象が人工物であり、特に組み立てられた機械類などである場合、「壊す」は、対象にある作用が及び、「内部に異常を起こして正常な働きを損なわせる」（森田1989）ことを意味する。この場合、外見の損傷は意味されない。

（13）　うっかりコーヒーをこぼして、パソコンを<u>壊して</u>しまった。

（国立国語研究所『基本動詞ハンドブック』）

　（13）の場合、外形の異常はなく、パソコンそのものの完全な状態から変わっていないが、水分によってパソコンが正常に作動しなくなったことを表す。このような場合は対象物が外見的に損傷するという過程を経ずとも、機能のみが損失することになる。この場合、「壊す」意図はないと解釈される[注5]。
　以下の（14）は外見的な損傷を伴わない機能の損失が「壊す」で表されている例であるが、静電気により機器の外形が損傷し、それが機能に影響するとは考えられないことから、外形の損傷がなくても「壊す」が使えることがわかる。

（14）　内蔵型記録型DVDドライブの交換／増設時は、機器を壊さないように、体に帯びている静電気を除去してから行うことも忘れないでください。

（小川夏樹・松永融著『最新ハードディスク＆DVD最強テクニック』2005: 548）

　一方、「부수다 (pwuswuta)」は、前述のように、外見的な破損を伴わなければ使用できず、「壊す」のように対象物の内部における機能の損失のみを表すことはできない。この点で、「機能の損失」がその意味において肝心であり、必ずしも「外形の損傷」を伴わなくても使用できる「壊す」とは異なる[注6]。韓国語の国語辞書における「부수다 (pwuswuta)」の語釈にも、「만들어진 물건을 두드리거나 깨뜨려 못 쓰게 만들다 (人工物を叩くなり割るなりし、使えなくする)」（韓国国立国語院『標準国語大辞典』：日本語訳は筆者による）とあり、対象の機能が損なわれる際には外形の損傷が不可欠であることを示している。なお、「壊す」とは異なり、動作主による加撃行為が反復されなければならず、このような行為には動作主の目的意識、意図性が明確に現れる（金2000: 169）。このように「부수다 (pwuswuta)」が使われるためには、最終的には対象の機能が損なわれるにしても外見的な損傷が不可欠である。

　以上のことから、「壊す」と「부수다 (pwuswuta)」の違いは、機能を持つ（と判断される）対象物の内部に異常を起こして働きを損なわせる「内部的な損傷」のみが意味できるか否かにあると言えよう。

（15）　*生地をボール状に丸めて油で揚げ、ハンマーで壊して食べるお菓子が最近人気である[注7]。

（15′）공처럼 둥글게 반죽해서 기름에 튀겨, 망치로 부수어서 먹는 과자가 최근 인기이다.

　（15）の韓国語訳である（15′）において「부수다 (pwuswuta)」が使用できるのは、「壊す」とは異なり、「부수다 (pwuswuta)」は「対象物と同程度以上の強度をもつ物との衝突により複数の破片ができる」（金2000）という意味が優勢となるためである。（15）と（15′）で行われる行為は、「対象物をより食べやすくする」行為であり、お菓子としての機能を損失させる行為ではないため、文

脈上「壊す」は使用できなくなる。このように、「壊す」で表せない事象も「부수다 (pwuswuta)」では表せる場合がある。これが、韓国人学習者の誤用の一因になっていると考えられる。つまり、韓国人学習者は「부수다 (pwuswuta)」の影響を受け、「壊す」を動作主による外形の破壊行為としてしか捉えておらず、外形の変化をもたらす動詞としてしか理解・産出できない可能性があると考えられる。

3.2 対象物が人工物以外である場合

「壊す」は以下の（16）のように、自然物に対して用いることは不自然であるが、（17）のように自然物を対象にする場合であっても、その自然物が人間にとって何らかの働きや価値をもつもの、役に立つものであり、それが破壊・損傷を被って働きや価値を失う場合には使用できる（森田1989）。しかし、「부수다 (pwuswuta)」の場合、（17）の韓国語訳である（17'）のように使用することはできない。

(16) *木を壊す／*山を壊す／*湖を壊す[注8]
(17) 自然を壊す／山水の美を壊す／大自然の景観を壊す
(17') *자연을 부수다／*산과 물의 아름다움을 부수다／*대자연의 경관을 부수다
　　　　　　　　　　　　　　　　　　　　　　　（森田1989：韓国語訳は筆者による）

「부수다 (pwuswuta)」が使われるためには、「硬い固体をそれより強いか同じ位の強度をもつもので叩き、複数の破片ができるようにする」（金2000）という動作が必須であり、どれほどの打撃を加えるか、また、その打撃の結果、発生した破片の数（量）はどの程度であるかが問題になる。機能の損失の有無が特に問題視され、自然物に対しても機能を持つものと認識すれば使用できる「壊す」とは異なり、「부수다 (pwuswuta)」は打撃によって複数の破片ができるようにすることに焦点が置かれるのである。そのため、自然物に対する「부수다 (pwuswuta)」の使用は不可能である。なお、以下の（18）と（19）の転用法からも、対象が人工物ではなくても「壊す」が使用でき、「壊す」において「機能を持つものの働きを失うようにする」という意味が肝心であることがわかる。

(18)　だから、急いでかきこむと歯がギューとしみることがあるし、もちろんお腹だってびっくりしてしまいます。いくらおいしいからといって、食べ過ぎると必ずお腹を<u>こわして</u>しまいますからご用心。

（竹内均編『頭にやさしい雑学読本』1991 : 404）

(19)　やはり、抄子にとっては子供と家庭が大切なのであろうか。とやかくいっても、家庭を<u>こわす</u>気まではなさそうである。

（渡辺淳一著『うたかた』1990 : 913）

（18）の場合、お腹の表面に傷などがつき、外見的な破損があったとは考えにくく、「内臓が果たす正常な機能の損失」を表すために「壊す」を用いている。(19)の「壊す」も、「家庭」という社会組織のまとまり・つながりを喪失させ、バラバラにすることで、結果的に組織としてうまく機能できなくすること（国立国語研究所『基本動詞ハンドブック』）を表している。これらの対象に「壊す」が使用できるのは、「壊す」の意味において「機能の損失」に焦点が当たっているためであることがわかる。

　ただし、(20)のように、人工物ではないと捉えられるものでも、機能の損失ではなく、外形の破壊に焦点が当たっているように見える例もある。

(20)　道をふさぐ巨大な岩をダイナマイトで<u>壊そう</u>としたが、<u>壊せ</u>なかった。

（国立国語研究所『基本動詞ハンドブック』）

　これは、岩が有する「道をふさぐ妨害物としての機能」を失わせるという解釈が可能であり、「外見的な破損による機能の損失」を表していると言える。

　以上のことを踏まえると、「壊す」と「부수다（pwuswuta）」による変化の過程は以下のように図示できる。

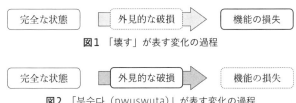

図1　「壊す」が表す変化の過程

図2　「부수다（pwuswuta）」が表す変化の過程

図1に見るように、「壊す」の場合、機能の損失に至るまでに必ずしも外見的な破損を伴う必要はない。機能の損失があれば、外見的な破損を伴う場合にも、伴わない場合にも使用できる。一方、図2が示しているように、「부수다（pwuswuta）」が表す動作によって対象物が完全な状態を保たなくなるためには、外見的な破損が必須である。対象物が外見的に破損すれば用いることができ、前掲の（15′）のように必ずしも機能の損失につながるわけではない。すなわち、機能の損失を伴う場合にも、伴わない場合にも使用できる。

3.3 自動詞「壊れる」の場合

「壊す」が「機能の損失」を表す側面が強いということは、自動詞化した形である「壊れる」になり、動作主が文に現れなくなった場合により明確になる。

(21)　どうやらそのドアは、ちょうつがいがこわれ、床に落ちていたものらしい。
　　　　　　　（ストーカー原作；瀬川昌男訳・文；スズキコージ画『吸血鬼ドラキュラ』1999）
(21′)　아무래도 그 문은 경첩이 부서져 바닥에 떨어져 있던 거라는 것 같다.

(21)のように、外見の損傷により、ドアに装着されているという元来の形を失った場合に、「壊す」の相対自動詞である「壊れる」を用いることができる。このような場合、「부수다（pwuswuta）」と対を成す自動詞である「부서지다（pwusecita）」を用いて（21′）のように表すことができる。この例に基づくと、外見的な損傷が、最終的には機能の損失を表すと解釈できるため、「壊れる」と「부서지다（pwusecita）」が意味上対応しているように見えるが、機械類の内部に異常が起こり、動かなくなることを表す際には両者の意味のズレが生じる。「機能の損失」に焦点が当たる「壊れる」は、「故障する」の意味に近いと言える。韓国語でこのような機能の損失を表す場合、「부서지다（pwusecita）」を使わず、「故障する」に対応する漢語動詞「고장나다（kocangnata）」を用い、これが「壊れる」の意味を担っている[注9]。この場合、「부서지다（pwusecita）」を用いると違和感が感じられる。これは、「부수다（pwuswuta）」が機能の損失による人工物の不具合を表す場合、必ず外形の損傷を伴うためである。つまり、「부서지다（pwusecita）」が使われる場合、外的な損傷なくしては、「人工的な物

の機能の損失」は表せない。

(22)　車のハンドルが<u>壊れた</u>。
(22′)　자동차 핸들이 <u>부서졌다</u>.
(22″)　자동차 핸들이 <u>고장났다</u>.

　（22）は、「外見的な損傷がない場合の機能上の損傷」として解釈することができるが、同じ出来事に「부서지다（pwusecita）」を用いると、「車のハンドルが［何かの衝撃によって外見的に破損し］壊された」にしか解釈できない。（22）が表し得る「外見（ハンドルの表面）には傷もないが、内部的な機能の麻痺によりハンドルが正常に動かなくなった」ことを表すには、（22″）のように別の動詞（「고장나다（kocangnata）」）を用いなければならないのである。
　自動詞を用いると、動作主を明示せず、意味上の対象物の内的な変化を表すことができる。しかし、他動詞の「壊す」であっても、前掲の（9）と（10）のように動作主の働きを強く含意する場合もあれば、（13）や（14）のように、対象物が「機械類など、複雑な構造をもつ人工物」であり、その外形には変化の痕跡が残らない内的な変化のみを表す場合もある。このように「内部的な機能の損失」に焦点が置かれ、外形の損傷は問題視されない場合の「壊す」は、「壊れる」のみならず、「故障する」とも意味的に自他対応すると考えることができよう。
　その反面、「부수다（pwuswuta）」は自動詞形の「부서지다（pwusecita）」になっても、他動詞本来の「硬い固体をそれより強いか同じ位の強度をもつもので叩き、複数の破片ができるようにする」という意味を失わず、文に現れない動作主による働きかけが対象物の変化の前提となり、「外見的な破損」の意味を強く保つ。そのため、（22′）は外見的な破損として解釈される。「壊れる」の場合、「壊す」が表す「動作主が直接破壊にとりかかる動作」による外見への働きかけではなく、対象物の変化だけを表すため、「壊す」以上に対象物が機能を持つ人工物であることが多く[注10]、「機能の損失」が意味的により**優勢**となりやすい。そのため、外見的な損傷の有無に関係のない対象物の内的な変化のみを意味しやすくなると考えられる。

以上を踏まえると、「壊れる」と「부서지다 (pwusecita)」が表す変化の過程は
以下のように図示できる。

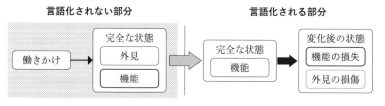

図3　「壊れる」が表す変化の過程

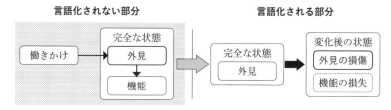

図4　「부서지다 (pwusecita)」が表す変化の過程

　図3と図4が示しているように、変化前の完全な状態の対象物が「外見」と
「機能」で構成されているとすると、「壊れる」の場合、動詞で表現されない様
態（言語化されない部分）において、外見にかかる働きか、目に見えない何らか
の要因によって対象物が持つ機能が損失されることが重要である。これが自動
詞で言語化される際には、対象物の機能が完全な状態であるかが問題視され、
外見が損傷していない際の機能の損失を表すことができる。外見の損傷は、機
能の損失に付随的に伴われるため、必須ではない（図3の点線で表している部分）。
一方、「부서지다 (pwusecita)」は、言語化されない部分において外見のみへの働
きかけが想定され、自動詞であっても、結果をもたらした動作主の働きかけが
含意される。つまり、「부서지다 (pwusecita)」が使用される場合、実際は図4の
縦線の前の部分までが想定されると考えられる。そのため、「壊れる」のよう
に自然と内部的な不具合が生じることを意味することはできない。言語化され
る際には、他動詞「부수다 (pwuswuta)」と同じく、対象物が表面的に完全な状

態であるかが問題視され、それが機能の損失につながる場合もあれば、以下の（23）のように機能が損なわれない場合もある（図4の点線で表している部分）。「부서지다 (pwusecita)」が機能の損失を表す場合は、外からの力による外見的な損傷があってこそ、それが内部的な損傷につながり、機能が失われるという意味に捉えられるのである。

(23)　박씨는 잘게 부서진 흙덩이를 화분에 넣어 꽂을 심었다.

（金2000：筆者により加筆修正）

(23′)＊パクさんは小さく壊れた土の塊を植木鉢に入れ、花を植えた。

（23′）は、（23）を「壊れる」を用いて日本語で表した文であるが、（23）では土の塊が花を植える際に使われており、形（外見）の変化によって使い道がなくなるわけではない。つまり、対象の機能が損失し、役に立たなくなるという事象ではないため、「壊れる」は使用できない。

3.4 学習者による「壊れる」の誤用の可能性

韓国語を母語とする学習者の発話を収録している以下の学習者コーパスのデータからも、「壊れる」の意味習得に母語動詞の意味境界が影響している様子が窺える。

(24)
N（母語話者）：あーあーあー、だから自分が来る前に、そういう掃除機はあったけど〈はい〉、壊してるからお母さんは〈はい〉、古い掃除機使ってたのね?

L（学習者）：はい、もーそんな掃除機をね、僕は、僕、この、ガーってね、あの、その、こわこわガラスで壊れたんですよ〈うん〉、ガラスで壊れるじゃなくて、ガラスは何ですか?

N：割れる

L：あ、割れたんですよ、カラスが、ガラスが割れて、それを掃除機でやって{笑}〈うん〉、えっとね、掃除機が{聞き取り不可}、掃除機が壊れた

んですよ〈うん〉，だから

（「C-JAS」、中国語・韓国語母語の日本語学習者縦断発話コーパス：
K2韓国語話者、第2期／8期）[注11]

　（24）の学習者は、最初の発話で「ガラスで掃除機が壊れる」というふうに、掃除機の機能の損失を「壊れる」で表現していることから、「壊れる」の意味をある程度習得しているように見える。しかしその使用が定着してはいないため、外見的な破損を表す母語の「부서지다 (pwusecita)」の意味の影響を受け、混乱しているようである。最初の発話で掃除機の機能の損失を「壊れる」で表すことができたが、次の文でガラスの破壊も表す必要があり、そこに適切な動詞として何を使えばいいかまではわからないのである。そこで、母語で外形の破壊を表す「부서지다 (pwusecita)」を思いつき、それに対応する「壊れる」が第一候補として思い浮かんだが、日本語ではガラスの破壊は「壊れる」で表さず、別の動詞を用いるということがわかっているため、どの動詞を用いるべきかを会話相手の母語話者に尋ねている。「割れる」を用いるということを会話相手に教わってからは「壊れる」が機能の損失を表すということを再認識し、最後の発話では躊躇なく使えている。この例からは、外見的な損傷を伴わなければならない「부수다 (pwuswuta)・부서지다 (pwusecita)」を介した学習では、機能の損失が中心的な意味になる「壊す・壊れる」の習得に混乱が生じ、日本語では別の動詞で表現する「機能の損失に焦点が当たらない外見的な変化」に「壊す・壊れる」を用いるという誤用につながる可能性が窺える。このような学習者の理解が誤用として現れたものが冒頭に掲載した（1）と（2）であると言えよう。

4　結論

　本稿では、「壊す」の意味を韓国語の「부수다 (pwuswuta)」と比較しながら考察し、「壊す」は機能の損失を伴わなければ用いられず、対象が機能を持つものと判断される際に用いられるということを示した。ここでは本稿で指摘した「壊す」と「부수다 (pwuswuta)」の意味上の特徴を踏まえ、「壊す」の意味を学習する際、韓国人学習者にどのような理解を促す必要があるかを述べる。第一に、学習者は対象物が機械などの人工物である場合、「壊す」が「부수다

（pwuswuta）」のように「硬い物に力を加えて、その形を変形させたり、バラバラにする」という意味を表すこともできるが、「外形を損傷せず内部に異常を起こして機能を失わせる」場合にも用いることができるということ、および、その場合には「機能を失わせる」という意図がないことを理解する必要がある。第二に、「壊す」は「부수다（pwuswuta）」と異なり、機能を持つ自然物に対しても用いることができるということを理解する必要がある。第三に、「壊す」が「壊れる」になり、動作主を明示しない場合、「人工物の機能のみの損失」を表しやすく、「부서지다（pwusecita）」のように必ず「外見的な損傷」を伴わなくても使用できることを理解する必要がある。特に「機能の損失」における「부수다（pwuswuta）」との相違が十分理解できていない場合、「壊す・壊れる」の過剰般化が起こる可能性があると考えられる。以上のような「壊す」の使用条件が習得されていない場合、不十分な意味学習と母語との意味のズレとの相互作用により、適切な理解と使用につながらない可能性があることが示唆できよう。

5 今後の課題

　本稿の分析では、「壊す」が有する「機能の損失」の意味に注目し、対象物の外的な変化だけを表すことも不可能ではないが、内的な変化だけを表すことができるという点で学習者の母語とのズレがあることを指摘した。今後、本稿の分析に基づき、機能の損失を表す「壊す」に関する学習者の習得状況を調査すると同時に、日本語母語話者の「壊す」の使用実態の調査も行っていきたいと考えている。なお、本稿では詳しく論じていないが、3.1.2で述べたように、外形ではない機能の損失を表す韓国語の動詞に「망가뜨리다（mangkattulita）」と「고장내다（kocangnayta）」があるが、これらと「壊す」の対応関係も明らかにする必要があると考える。　　　　　　　　　　　　　　　〈名古屋大学大学院生〉

付記
本稿は、2016年10月2日に学習院女子大学で行われた、第8回日本語／日本語教育研究会において口頭発表した内容に加筆修正を加えたものである。当日、貴重なご意見をくださった方々に心より感謝申し上げる。

注

[注1] ‥‥‥‥ (1) と (2) の「壊す」は、「腹立たしさのあまり」など、動作主の特別な意図を含意する文脈で使われると容認される場合もある。しかしながら、(1) は「割る」、(2) は「折る」が使用されるのが一般的であろう。

[注2] ‥‥‥‥ 本稿では、日韓・韓日辞書（『Prime日韓／韓日辞書』、『NAVER辞書（民衆書林編集局（編））』）を参考にし、第一訳語として「壊す」と「부수다 (pwuswuta)」が相互掲載されていることにより、対応していると見なす。また、韓国語のローマ字表記はYale方式に従う。

[注3] ‥‥‥‥ 本稿において、出典を明記していない例文は全て作例や筆者による引用文の訳文である。

[注4] ‥‥‥‥ 日本語母語話者に (11) と (12) が容認できるか否かを尋ねた結果、(11) を7名中5名が容認し、(12) は7名全員が容認しなかった。

[注5] ‥‥‥‥ 宮島 (1985) は「ドアをあけたが、あかなかった」類の、主体の意図性が否定された構文を通して「壊す」を結果性の強い動詞であるとし、動作とともに意図された結果の達成を表す性質が強いと報告している。しかし、水谷 (1987) は、機能の損失を表す「借りていたストーブが壊れてしまいました」という文を例に取り、意図的な行為に限らず、自分に何らかの責任がある場合は「壊しました」と表現でき、壊れたことに対する自己責任を感じていることの表現形式であると述べている。つまり、言語使用の観点から考えると、自動詞・他動詞どちらも使用できる状況において選択される他動詞表現は、当該事態の描写のために自動詞表現・他動詞表現という選択肢から話し手の表現意図を反映し、選択された結果であり（吉成・パルデシ・鄭 2010）、「壊す」は動作主の非意図的な行為を表す場合にも用いることができる。

[注6] ‥‥‥‥ (13) は、「부수다 (pwuswuta)」では表すことができず、「망가뜨리다 (mangkattulita、機能を失わせる)」と「고장내다 (kocangnayta、故障させる)」といった別の動詞で表される。

[注7] ‥‥‥‥ (15) の場合、「生地をボール状に丸めて油で揚げ、ハンマーで割って食べるお菓子が最近人気である。」の方が適切であるが、「割る」は、目的を達成させるための手段を表し、対象の価値を落とさない場合、「壊す」に言い換えられない（森田1989）（例：「薪を割る」、「スイカを割る」、「せんべいを割って食べる」など）ためである。

[注8] ‥‥‥‥ 森田 (1989: 458) で (16) はいずれも非文とされているが、「山を壊す」に関しては、「木を壊す」「湖を壊す」に比して容認されやすく、「自然豊かな山を壊す」のように、文脈によってはさらに容認度が高くなるようである。

[注9] ‥‥‥‥「機能の損失」を意味する場合、「고장나다 (kocangnata)」のみならず別の語の「망가지다 (mangkacita)」で表すことも可能である。

[注10]‥‥‥‥『現代日本語書き言葉均衡コーパス』（略称、BCCWJ）の「～が壊れる」の頻度の高い上位10項目においては、「関係が壊れる」・「組織が壊れる」の2

項目を除き、共起する名詞（対象物）がパソコン関連の用語など、人工物である例であった。

［注11］‥‥‥‥（24）の学習者は、日本に滞在しながらJSL環境で日本語を学習した学習者である。

参考文献

国立国語研究所『基本動詞ハンドブック』http://verbhandbook.ninjal.ac.jp（2016年5月10日参照）

国立国語研究所（1984）『日本語教育のための基本語彙調査』秀英出版

国広哲弥（1970）『意味の諸相』pp.148–160．三省堂

水谷修（1987）『話しことばと日本人―日本語の生態』pp.143–146．創拓社

宮島達夫（1985）「ドアをあけたが、あかなかった―動詞の意味における〈結果性〉」『計量国語学』14(8), pp.335–353．計量国語学会

小学館辞書編集部（編）（2003）『使い分けの分かる類語例解辞典』小学館

薛惠善（2016）「韓国語を母語とする日本学習者による切断・破壊動詞の使い分け」『日本語文学』74, pp.43–68．日本語文学会（韓国）

森田良行（1989）『基礎日本語辞典』pp.457–460．角川書店

吉成祐子・プラシャント・パルデシ・鄭聖汝（2010）「非意図的な出来事における他動詞使用と「責任」意識：日・韓・マラーティー語の対照を通じて」『ことばの対照』pp.175–189．くろしお出版

김준기（2000）『한국어 타동사 유의어 연구』pp.159–171．한국문화사〔金俊基（2000）『韓国語他動詞類義語研究』pp.159–171．韓国文化社〕

국립국어원『표준국어대사전』〔韓国国立国語院『標準国語大辞典』〕http://stdweb2.korean.go.kr/main.jsp（2016年5月10日参照）

동아출판 편집부（東亜出版編集部）（編）（2016）『Prime日韓／韓日辞書』

『NAVER辞書（민중서림, 民衆書林）』http://jpdic.naver.com/（2016年5月10日参照）

例文出典

国立国語研究所『C-JAS（Corpus of Japanese as a second language, 中国語・韓国語母語の日本語学習者縦断発話コーパス）』http://c-jas.jpn.org/main.py（2016年7月1日参照）

尹亭仁（編）（2009）『デイリーコンサイス韓日・日韓辞典』三省堂

『NINJAL-LWP for BCCWJ（BCCWJ『現代日本語書き言葉均衡コーパス検索システム』）』http://nlb.ninjal.ac.jp/（2016年6月27日参照）

금성출판사 편집부（2006）『뉴에이스 일한사전』금성출판사〔金星出版社編集部（編）『ニューエイス日韓辞典』金星出版社〕

研究論文

テイドに関する一考察
── クライとの比較を通して

川﨑一喜

♣要旨

本稿では、事態の程度を説明する際に使われるテイドを対象に、その使用実態及びテイドが示す程度の高低を、コーパスを用いて観察し、その特徴並びに類似表現であるクライとの相違点について考察を行った。調査の結果、テイドは様々な程度を表すクライとは異なり、低程度に偏ることが明らかになり、文中のクライとテイドを入れ替えると、意味が異なってくる場合があることがわかった。さらに、テイドを用いた文には、事態の価値が低いと見做す、話し手の否定的な感情・評価的意味が読み取れるものが多いこと、否定辞を補部とするテイドニの文には、事態を適切と思われる範囲内に留めるという話し手の要求的意味を表すことがあることについても指摘した。

♠キーワード

テイド、クライ、低程度、否定的評価、限度

♣ABSTRACT

This paper observed usages of *teido*, a degree expression in Japanese, using a corpus to identify the characteristics of the expression and differences from a similar expression *kurai*. The results have shown that unlike kurai, which can be used for various degrees, *teido* tends to be used to express a low degree, which means they are sometimes uninterchangeable in meaning. Also pointed out that *teido* sentences often express the speaker's negative feelings and assessments, and *teido-ni* sentences complemented with a negative postfix have been observed to express the demand of the speaker to limit the situation to a scope deemed appropriate to the speaker.

♠KEYWORDS

Teido, Kurai, low degree, negative assessments, limit

A Study on Degree Expression *Teido*
With Comparisons to *Kurai*
KAZUKI KAWASAKI

1 はじめに

1.1 問題の所在

「程度」という語は江戸後期から規範という意味で使用されるようになり[注1]、現在は実質名詞（内容語）として、(1)abのように当該事態のレベル、度合いという意味で用いられる。

(1) a. この学校は非常に程度が高い。

　　 b. 相手の知識の程度を考慮して話をする。

一方、(2)abcのように、程度、概数用法のクライ[注2]と置き換えが可能な「程度」がある（以降、文の容認性について、(　) 内の無印は自然であり置き換え可能、*は不自然で置き換え不可能、#は語用論的に問題がある、?はやや不自然を表す。判断は筆者の内省による）。

(2) a. 英語力は大学卒業程度（くらい）が望ましい。

　　 b. 過労死しない程度（くらい）に働いた。

　　 c. 3メートル程度（くらい）のロープを用意する。

(2)abcの「程度」は (1) のような実質名詞とは言えず、クライのように句を構成し、当該事態の程度がどのようなものかを補部で表している。(2)cのように数量詞に接尾語的に付き、おおよその数量を表すものも非常に多く、クライと同じように使える。しかし、「程度」は常にクライと同じように使用できるかと言うと、次の (3)abのように不自然になるものがある。(3)bは「程度」を用いると文法的には正しいが、状況によっては大変失礼になってしまう。一方、(3)cは、クライがやや不自然になる。

(3) a. 過労死するくらい（*程度）働いた。

b. お宅にもこの<u>くらい</u>（#程度）のお坊ちゃんがいらっしゃいますよね。

c. 実例を、差し障りのない<u>程度</u>（?くらい）に紹介してもらえますか。

　このように「程度」は、程度用法のクライと類似している点もあれば、異なる点もある。「程度」を用いると大変失礼になる場合もあり、日本語教育の面から見ても問題があると言える。「程度」の程度用法とはどのようなものなのか、クライとの相違点は何か、明確にする必要がある（以下、実質名詞「程度」と区別するため、程度用法の「程度」は、用例以外はテイドと記すこととする）。まず、先行研究を調べてみる。

1.2 先行研究と課題

　クライについては川端（2002）、川﨑（2012, 2014）の研究がある。川﨑（2012）は、クライは副詞的修飾成分に位置する場合は高程度に偏るが、それ以外は様々な程度を表すと指摘した。また、川﨑（2014）では、クライはニを伴ったクライニとなると、副詞的修飾成分に位置する場合でも、概数量を表す用法として様々な程度を表すことができると主張している。

　テイドに関しては、丹羽（1992）と中俣（2012）の研究がある。丹羽（1992）はクライ、ホド、テイドを副助詞と位置付け、それぞれの示す程度の高低について考察した。丹羽は、「高程度」（その程度が高いという評価を表す）、「低程度」（程度が低いという評価を表す）、「適当程度」（ほどほどという評価を表す）、「同程度」（評価を伴わない）、「不定程度」（不定詞に伴う）、「概量」（数量詞に伴う）に分け、「高低評価を伴わない場合は三者いずれも可能で、高低評価を表す場合は、「ほど」が高程度を表し、「くらい」は高程度を表すこともあるが低程度も少なくなく、「程度」は低評価に傾くという傾向を見て取ることができる」（丹羽1992: 103）と述べている。テイドの用法としては（4）が挙げられている。

（4）a. 低程度：山田<u>程度</u>（くらい）の学生ならいくらでもいるよ。（丹羽: 101⑥c）

　　 b. 適当程度：病気しない<u>程度</u>（くらい）に頑張りなさい。　（丹羽: 101⑦a）

　　 c. 同程度：前回<u>程度</u>（くらい）の記録がでれば十分だ。　（丹羽: 102⑧b）

しかし、丹羽（1992）では用例の調査は行われておらず、テイドとクライの相違に関する議論も見られない。「適当程度」についても詳細な説明がなく、明確であるとは言えない。

　一方、中俣（2012）は、話し手から見た程度を表す表現「〜程度の」「〜ほどの」「〜くらいの」を主観的程度表現[注3]と名づけ、「不適切に使用すると誤解を招いたり、相手の感情を害する（野田2005）危険性がある」（中俣2012: 125）と指摘した。中俣は丹羽の主張を実証するべくコーパス調査を行い、それぞれの表現が高程度を表すか、低程度を表すか、どちらでもないかについて内省により判断した。その結果、「「くらいの」を中立とすれば、「程度の」は高評価には使われず、「ほどの」は低評価に使われない」（中俣2012: 134）と結論付けている。しかし中俣は連体修飾成分の「程度の」のみを取り上げ、その他の成分に位置するテイドは対象としていない。位置する成分によって表す程度が異なる可能性もある[注4]。また、丹羽の「適当程度」についても言及されていない。

　そこで本稿は、程度用法のテイドについて、コーパス調査で改めて実態を観察、分析し、テイドの程度用法とはどのようなものか、実際にテイドはどのような程度を示すときに用いられるのか、クライとの違いは何か、どのように使い分ければいいかについて明らかにすることを目的とする。

　まず2でコーパス調査を行い、テイドがどのような程度を示す際に使われるのかを観察して丹羽（1992）の主張を検証し、テイドの特徴を探る。3でテイドの特徴についてクライとの比較を通して考察し、4でクライとの使い分けについて述べる。5で結論をまとめ、今後の課題について述べる。

　なお本稿では程度を表す用語として丹羽と同様、「高程度」「低程度」を、いずれにも相当しないものとして「中立」を用いることとする。

2　テイドの示す程度の調査とその結果

2.1　成分ごとの調査と結果

　テイドの示す程度を確認するため、国立国語研究所の『現代日本語書き言葉均衡コーパス』（BCCWJ）を利用し、「程度」という語が位置する成分（格成分、

述語成分、副詞的修飾成分、連体修飾成分）毎に用例を検索し調査を行った。実質名詞の「程度」はもとより、数量詞、疑問詞がテイドの補部である文は考察の対象外[注5]とした。

まず、テイドが格成分[注6]に位置する用例を調査した。結果は表1の通りである。「程度」という語を含む用例を検索すると、ガ格は525、ヲ格は515例採集できた。そこから実質名詞の用例を、さらに補部が数量詞、疑問詞の用例を除外したテイドの用例（以下、テイド文と呼ぶ）を取り出したところ、それぞれ38例、14例あった。これらはいずれも（5）abのように中立、低程度と解釈できる文であった[注7]。ガ格のテイド文は、（5）aのように、後件が「目安だ」「いい」という表現が多数を占めることが観察された。

表1　格成分にテイドが位置する用例の調査結果

	用例の総数	テイド文	その他の文
ガ格	525	38（中立27、低程度11）	補部が数量詞・疑問詞：173、実質名詞等：314
ヲ格	515	14（中立6、低程度8）	補部が数量詞・疑問詞：197、実質名詞等：304

（5）a.湯の量は餃子の半分が浸る程度が目安だが、皮の厚さなどで加減を。

（『danchyu』）

　　　b.食欲もない私はほんのツマミ程度を食べた。　　　　（『マンボウ酔族館』）

次にテイドが述語成分に位置する用例を調査した。結果は表2の通りである。

表2　述語成分にテイドが位置する用例の調査結果

用例の総数	テイド文		その他の文
1796	921	補部が動詞・形容詞：615（低程度591） 補部が名詞：128（全て低程度） 補部が指示詞：107（全て低程度） その他（「同じ」等）：71	補部が数量詞・疑問詞：875

テイド文は921例で全体の51％であり、各成分の中で最も高いパーセントを占めている。そのうち、補部が名詞の用例は128例あったが、全てが（6）aのように事態に対する話し手の低評価を示すと読み取れる低程度の文であった。

また、「この」「その」「あの」「そんな」等の指示詞を補部とするテイド文が107例あったが、(6)bのように、全て低程度と解釈されるものであった。

（6）a. 交際といっても恋人でも何でもなくて、月に一、二度映画を観たり食事をする<u>程度</u>ですけれどね。　　　　　　　（『最新「珠玉推理」大全』）
　　　b. 今まで優れていると思っていた人が、この<u>程度</u>だったのかということもわかる。　　　　　　　　　　　　　　　　　　　　（『教育再生！』）

　次に、テイドが副詞的修飾成分に位置する場合であるが、表3の通りテイド文は見られなかった。「ある程度」という表現が半数以上を占めており、「相当程度」、「一定程度」といった漢語副詞的な表現も散見された。

表3　副詞的修飾成分にテイドが位置する用例の調査結果

用例の総数	テイド文	その他の文
1188	なし	補部が数量詞・疑問詞：457、「ある程度」：688、その他（「相当程度」等：43）

　このように、副詞的修飾成分におけるテイドの使用は見られなかったが、代りに「に」を伴ったテイドニという形が多く観察された。動詞を補部とするテイドニの用例を調べたところ、559例採集できた。そのうち、(7)aのような高程度と思われる文は22例のみで、ほとんどが(7)b〜dのような高程度以外の文であった。(7)eのように名詞が補部の場合は、135例中、110例が低程度を示すという特徴も見られた。

　ここで注目すべきは補部が動詞の否定辞の場合である。補部が動詞の否定辞の用例は559例中、240例あったが、(7)cdのように、丹羽（1992）が指摘した「適当程度」と解釈し得る文が9割近くを占めていることがわかった。

（7）a. 親族との対立や不和が原因で、円満な夫婦関係が回復できない<u>程度</u>に破綻しており、義父母の虐待や侮辱が、誰がみてもひどいと判断されるような状態でなければ、なかなか裁判では離婚は認められないでしょう。　　　　　　　　　　　　（『うまく別れるための離婚マニュアル』）

b. にんじんは千切りにし、歯ごたえが残る<u>程度</u>にゆでる。

（『一人分でもおいしいお年寄り家庭料理帳』）

c. 久しぶりなのでケガをしない<u>程度</u>にがんばります。　（『Yahooブログ』）

d. あの〜、いままで沢山の方を見ていらして、「こんな事があった！」という実例のような事を、差し障りのない<u>程度</u>に御紹介いただけませんか？

（『しんシン体操』）

e. 夏道がケモノ道<u>程度</u>についている尾根は、まもなくクマザサのジャングルにはいる。

（『山とスキーとジャングルと』）

　最後にテイドが連体修飾成分に位置する用例は5829例採集できた。その中からコーパスが無作為に抽出した500例を調査した結果が表4である。高程度も1例見られたが、全体的に（8）のような低程度と思われるものが目立った。

（8）頭痛は、（中略）少し気になる<u>程度</u>のものから、激しくて何もできないほどのものまでいろいろである。

（『登山と自然の科学Q&A』）

表4　連体修飾成分にテイドが位置する用例の調査結果

用例の総数	テイド文		その他の文
5829 （うち500例 を抽出）	202	補部が動詞：77（低程度60、高程度1） 補部が名詞：51（低程度45） 補部が指示詞：54（全て低程度） その他（「同じ」等）：20	補部が数量詞・疑問詞：194 ある程度：81 実質名詞：23

2.2 調査結果のまとめ

　以上の調査結果を表5にまとめる。

表5　テイド文が示す程度の高低（テイドが位置する成分毎に分類）

程度＼成分	格（ガ格、ヲ格）	述語	副詞的修飾	副詞的修飾＋に	連体修飾
高	—	—	—	△	△
低	○	◎	—	○	◎
中立	○	△	—	○	○

（◎：よく見られる、○：見られる、△：若干見られる、—：見られない）

高程度の文はテイドニと連体修飾成分に若干見られたものの、いずれの成分においても低程度が多いことが見て取れる。テイドは丹羽（1992）の主張の通り、低程度に傾くという特徴があることが実証されたと言えよう。特に述語成分に位置する場合や、補部が名詞、「この」「その」等の指示詞の場合は、低程度に偏ることがわかった。

　また、テイドは副詞的修飾成分には見られず、様々な程度を表し、副詞的修飾成分に位置する場合は高程度に偏るクライ（川崎2012）とは、この点でも大きな相違が見られる。なお、テイドが副詞的修飾成分に見られないのは、テイドはクライのように副詞化が進んでいないためであると考えられる。しかし、連用修飾のために「に」を伴うと、後件の動詞、形容詞が意味する内容に合わせて、ある程度、自由に程度を表すことができるのではないか、と推察される。また、補部が否定辞のテイドニの文には、「適当程度」、すなわち「ほどほど」という評価に解釈できる用例が多く見られることもわかった。

3　テイドの特徴――クライとの比較を通して

　2の調査から、テイドの特徴として次の2点が挙げられる。

　　①テイドは低程度に偏る。述語成分、補部が名詞、「この」「その」等の指示詞の場合、特に顕著となる。
　　②否定辞＋テイドニは「ほどほど」という評価を表す。

　この2点について、クライとの比較を通し、さらに考察を進める。

3.1　低程度のテイドとクライの違い

　テイドのみならず、クライも低程度を表す際に使用される。「かすり傷程度（くらい）ですんだ」のように入れ替えも可能である。では、低程度を表す両者の違いは何だろうか。再掲の（4）aと（9）を見てみる。

（4）a. 山田程度（くらい）の学生ならいくらでもいるよ。　　　　（丹羽：101⑥c）

（9）彼のことはよく知らない。たった一度、それも僅か二分ほど、学会で
　　立ち話をした程度（くらい）だ。

　（4）aと（9）は、テイド、クライ共に使えるが、（4）aはテイドを用いたほう
が「山田」に対する話し手の低評価が感じられる。（9）もテイドのほうが「彼」
との関係の薄さが読み取れる。このように、テイドには、話し手の主観的な否
定的評価[注8]が含意されていると解釈できる場合があり、結果、文脈によって
は、クライよりテイドのほうがより自然に感じられることがあるようだ。
　さらに、「この」「その」と共にテイドを用いると、特に話題の対象を蔑んだ
り、低く評価したりする話し手の否定的な心的態度が感じられる[注9]。（10）aは
成績が低いのに東大を受験するという相手に呆れる、という内容であるが、ク
ライよりもテイドのほうが、より相手を蔑む話し手の否定的評価が感じられ
る。

（10）a. 東大を受験したい？ この程度（くらい）の成績でよく言えますね。
　　　 b. 政治家は神の如きものでなきゃいけないという期待感があるのかねえ。
　　　　 とんでもない話だ。この程度（*くらい）の国民なら、この程度（*くらい）
　　　　 の政治ですよ。　　　　　　　　　　　　　　　　（『戦後政治家暴言録』）

　（10）bは、国民や政治に対する話し手の低評価を示すもので、クライを用い
ると意味がわからなくなってしまう。「この程度」からは、対象の人物（国民）、
事態（政治）が非常にレベルの低いものである、という話し手の蔑むような、
否定的、感情的な評価が読み取れるが、「このくらい」からは、対象の人物、
事態の、おおまかな概数量の意味が発生するためであると考えられる。この両
者の違いは前掲の（3）bで決定的になる。

（3）b. お宅にも、このくらい（#程度）のお坊ちゃんがいらっしゃいますよね。

　クライはその場の状況に応じて年齢や身長の高さ等、概数量を意味するとい
う解釈が可能となるが、テイドは坊ちゃんのレベルは低い、という意味にのみ

解釈されてしまう。そのため、文法的には正しくてもテイドを用いると大変失礼になり、実際の社会において使用すると問題になる。中俣（2012）でも指摘されているようにコミュニケーション上に「危険性」があると言えよう。

このようにテイドには、クライと異なり、単に度合いが低いという意味だけではなく、話し手の事態に対する否定的、感情的な評価を含意する場合があり、語用論的に注意が必要であると考えられる。

3.2 「否定辞＋テイドニ」──適切な限度、範囲を示す

2で、補部が否定辞のテイドニが、「ほどほど」を意味する「適当程度」を表すと解釈できると指摘した。この「適当程度」とは、具体的にどのようなものなのか、クライとの違いは何かについて考察してみる。まず、丹羽が「適当程度」としている補部が否定辞の用例（4）bを再掲する。

（4）b. 病気しない程度に（くらいに）頑張りなさい。　　　　　　　（丹羽：101⑦a）

（4）bはクライニも使用できるとされているが、テイドニのほうがより適当な語であると感じられる。実際、先に掲載した（7）cdのテイドを（11）abのようにクライに置き換えると不自然な文になる。特に（11）bのような他者への要求文に、より不自然さが感じられる。

（11）a. ? 久しぶりなのでケガをしないくらいにがんばります。
　　　 b. * 差し障りのないくらいに御紹介いただけませんか？

そこで、次の（12）を用いて文法性判断テストを行ったところ、クライよりテイドを用いたほうが自然に感じられるという結果となった[注10]。

（12）a. 明日は仕事なんだから、二日酔いにならない程度（?くらい）に飲んでくださいね。
　　　 b. A：親分、こいつ、どうします？
　　　　　 B：死なない程度（?くらい）にやっつけておけ。

(12)abは、二日酔いになったり、死んだりすると困るため、そうなる手前で行動を控えるように、そこまでの範囲内に行動を収めるように、という話し手の要求を示す文脈であると解釈できる。

　本稿では、このように、「適当程度」のテイドというのは、話し手が、事態の上限を話し手自身の基準で定め、自身をも含めた行為者に、その限度を超えないように、話し手が適切と見做す範囲内で行動するように要求するもの、あるいは、その範囲内で行動したことを述べるものであると考える[注11]。すなわち、程度の高低を示すものではなく、話し手が適切であると見做す限度や範囲を示すものであると言えよう。「適当程度」と言うよりは、行為の限度・範囲を呈示する用法とも言うべきかもしれない。そして、その限界となるラインを示すのに、否定辞が使われていると考えられる。他者に行為を要求する、あるいは自身の行為を制限する文脈で使用されることが多いため、命令、依頼などの他者への働きかけや、自身の意志表明文に使われることが多い。他者への働きかけの場合は、(13)のような構造の「否定辞＋テイドニ＋要求文」が成立すると考える。

(13)　「二日酔いにならない程度に酒を飲んでください」

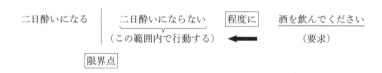

　これに対してクライは、概数量を表す（川﨑2014）[注12]という性格が主となるため、限界点を示して限度内の行為を要求する文に使用されると不自然に感じられるのではないだろうか。(12)abを(14)abのように要求ではない文にすると、クライも自然になる。飲酒や暴行の“概数量”を示す意味が発生するためであると考えられる。テイドは限度を、クライは概数量を表すことを主眼としていると言えよう。

(14)a. 二日酔いにならない程度（くらい）に飲んだ。

b. 死なない程度（くらい）にやっつけておいた。

4 テイドとクライの使い分け

　以上のテイドの特徴を踏まえ、テイドとクライの使い分けについて述べたい。数量詞を補部とする場合や、中立を表す場合は、両者共に使用できることが多い。しかし、3で見たように、同じ低程度の文でも意味が異なる場合がある。さらに、クライは様々な程度を示すのに対し、テイドは低程度が主であるという相違から、文の意味も自ずと異なることがある。(15)abは、両者共に使えるが、意味が異なるものである。

　(15) a. 近所を散歩できる程度（くらい）に回復した。
　　　 b. 回復は、近所を散歩できる程度（くらい）だった。

　(15)aは、テイドを用いると、回復はしたが近所を散歩できるだけであり、さほど大きな回復ではないと読み取れる。あるいは、単に回復の度合いを説明しただけであるという中立的な解釈も可能である。一方、クライの場合は、その時の文脈に応じ、高程度（散歩できるまで回復した。すばらしい）から低程度（何とか散歩できるところまで、やっと回復した）まで、様々な程度の解釈が可能となる。また、2で、述語成分に位置するテイドは低程度に偏ることが観察されたが、中立にも解釈が可能だった (15)aのテイド文も、(15)bのように述語成分に変えると、低程度の意味にしか読み取れなくなる。一方、クライは述語成分に位置していても、高程度の意味にも、中立にも読み取れる。

　さらに、次の (16)a～cで両者を比べてみる。

　(16) a. この程度（くらい）の本
　　　 b. イチロー程度（くらい）の選手
　　　 c. 過労死しない程度（くらい）に働いた。

　(16)aで、「この程度の本」と言うと、3.1で述べたように、その本に対する

否定的評価が感じられる。一方、「このくらいの本」は、本の内容の他に、本の大きさを表すこともできる。(16)bも、「イチローくらいの選手」と言った場合、イチローのレベルは低いものから、同等のレベル、高いレベルまで使用することができ、「イチローくらいの選手となると年収も桁違いだ」などの高評価の文も可能である。一方、「イチロー程度の選手」と言うと、「イチロー」のレベルは低いものであると解釈され、後に続く文は、「イチロー程度の選手はどこにでもいるよ」等の低評価の文脈となる。2で観察されたように、名詞を補部とするテイドは低評価に傾くようである。また、(16)cは、両者共に使用できるが、3.2で述べたように、テイドは働く限度の呈示を主眼としているのに対し、クライは働く量の呈示を主眼としていると考えられる。後件を「働きなさい」のように要求文にすると、テイドのほうがふさわしくなる。

5 まとめと今後の課題

　以上、本稿では程度用法のテイドについて観察、考察を行ってきた。程度用法におけるテイドの特徴並びにクライとの違いを以下の3点にまとめる。

1) クライが高程度をはじめ、様々な程度を表すのに対し、テイドは低程度に偏り、特に述語成分に位置する場合や「この」「その」、名詞を前接する場合は顕著となる。したがって、文中のテイドとクライは、置き換えが可能であっても異なる意味を示すことがある。

2) 低程度を表すテイドには、単なる度合いの低さのみならず、話し手が事態の価値が低いと見做す否定的な感情・評価的意味が含意されることがあり、場合によってはコミュニケーション上に問題が発生する恐れがある。クライも低程度を表す文に用いられるが、概数用法との連続性も見られ、そのような過度な否定的評価は含意されない。

3) テイドは否定辞を補部に持ち、話し手が適切と見做す限度を設けて、その範囲内に事態を留めるという話し手の要求的意味を表すことができるが、クライにはそのような用法はない。テイドが限度、範囲を表すのに対し、クライは概数量の呈示が主眼となる。

日本語教育への発展としては、テイドの限度を設ける用法を文型として日本語学習に取り入れることが考えられる。このような場面での適切な表現として役立つのではないだろうか。また、クライと置き換えると意味が変わってくることや、テイドを用いた場合、蔑み等の否定的評価が含意される恐れがあることなどは、テイドの導入時に注意すべきことであろう。

　以上、本稿では程度用法のテイドについて述べてきたが、今回は、テイドが低評価への方向性を辿った要因の考察までは至らなかった。これについては、Ullmann（1962）の「意味の堕落的傾向」[注13]やHopper & Traugott（2003）の「意味の狭化」[注14]が有効な理論であると考えられ、これらの理論との結びつきが今後の課題となっている。「この程度」と低評価との関係についてもさらなる研究が必要である。併せて今後の課題としたい。

〈京都府立大学（学術研究員）〉

注
[注1] ……… 陳（2014）は、日本の文献で「程度」という文字列が確認できたのは18世紀末であるとし、「規定・規範」の意味から「範囲」の意味を経て現在の垂直的な「水準」「基準」を示す意味へと変化していったと推測している。
[注2] ……… 程度用法とは、主文に現れる事態の程度・量・頻度を、比喩や具体的な例を引き合いにして表す用法、概数用法とは数量詞についておおよその数量を表す用法であるとする。クライとグライは区別せず、クライとのみ表記する。
[注3] ……… 中俣は、「話者がその量を多いあるいは少ないと捉えていることを伝える（が伝わる）表現」（中俣2012: 125）と定義づけ、「語の持つ客観的な意味を上書きする」としている。
[注4] ……… 実際、クライについては、副詞的修飾成分に位置する場合、他の成分とは異なり、高程度に偏ることが観察されている（川﨑2012）。
[注5] ……… 連体修飾成分に関しては中俣（2012）の調査があるが、本稿では中俣とは異なり、数量詞を対象外としたため、改めて調査を行った。
[注6] ……… 今回は議論の複雑化を避けるため、ガ格とヲ格のみを対象とした。
[注7] ……… 高低は文脈から判断している。この判断は内省によるため誤差の発生は否めないものの、傾向を明らかにする手段となり得ると考える。
[注8] ……… クライは、「失恋したくらいで泣くな」など、とりたて用法では話し手の否定的評価を表すことがある。しかし、今回は程度用法について論じているため、これについては議論の対象としない。
[注9] ……… 「このバカ」「この野郎」など、相手を罵る際に、名詞と共に「この」が使わ

れることがある。対象を指し示す眼前指示の機能は薄れ、否定的な感情を発露、強調する効果があるようだ。名詞を伴わない「このー！」という罵声もある。「こんな」「そんな」が否定的、感情的な評価を表すことがあるが、それに共通する要素が「この」「その」にもあるとも考えられる。

[注10]……… (12)abは、2012年3月17日に文法性判断テスト調査を行った。調査対象は日本語教育関係者10名である。自然、不自然、判断しかねる、という評価をそれぞれ1点、0点、0.5点で計算し（それぞれの得点を回答数で割り、100を掛ける）、許容率を算出した結果、(12)ab共に、テイドは100%（自然10名）、クライは45%（自然：3名、不自然：4名、判断しかねる：3名）であった。許容率の計算方法は『類似表現の使い分けと指導法』（日本語誤用例研究会1997: 216）による。66.6%以上を自然、33.3%未満を不自然としている。

[注11]……… 実質名詞「程度」の用例に、「物事には程度というものがある」という言い方があるが、この「程度」は限度、上限を意味している。この意味合いが、テイドにも影響を与えていると思われる。

[注12]……… 川﨑（2014）では、副詞的修飾成分に位置する場合、クライは副詞的用法として高程度を示すが、ニを伴ったクライニは名詞的用法として様々な概数量を示すとしている。

[注13]……… Ullmann（1962）は、意味の堕落の傾向は言語では極めて普通のものであると述べ、要因としてえん曲表現、連想、偏見を挙げている。

[注14]……… Hopper & Traugott（2003）は、語彙項目は同義語衝突を避けて下位のタイプに意味が狭化される、という語彙的意味変化における意味の狭化を指摘している。「程度」は明治以降、事態の程度を表すようにもなったが、既に程度を表す語としてホド、クライがある。ホドは高程度に傾き、クライは様々な程度を表す（川端2002）。「同義語衝突」を避けるために、テイドは相補分布的に限度や否定的低評価を表す、低程度へと狭化されたとも推測できる。

参考文献

川﨑一喜（2012）「副詞的修飾成分「くらい」の程度用法に関する考察」『和漢語文研究』10, pp.29–44. 京都府立大学

川﨑一喜（2014）「程度を表す「くらい」の助詞後接形「くらい＋α」に関する考察―「くらいに」を中心に」『KLS』34, pp.73–84. 関西言語学会

川端元子（2002）「程度副詞相当句（節）「Pほど」について」『日本語教育』114, pp.40–49. 日本語教育学会

陳贇（2014）「程度：回帰借語としての可能性」『関西大学東西学術研究所紀要』47, pp.183–206. 関西大学東西学術研究所

中俣尚己（2012）「主観的程度表現について―「～程度の」「～ほどの」「～くらいの」を中心に」『日本語教育連絡会議論文集』24, pp.125–134. 日本語教育連絡会議

日本語教育誤用例研究会（1997）『類似表現の使い分けと指導法』アルク

丹羽哲也（1992）「副助詞における程度と取り立て」『人文研究』44(13), pp.93–128.　大阪市立大学

野田尚史（2005）「コミュニケーションのための日本語教育文法の設計図」『コミュニケーションのための日本語教育文法』くろしお出版

Hopper, P. J. & Traugott, E. C. (2003) *Grammaticalization*. Cambridge University Press.（日野資成（訳）（2003）『文法化』九州大学出版会）

Ullmann, S. (1962) *Semantics: An Introduction to the Science of Meaning.*（池上嘉彦（訳）（1969）『言語と意味』大修館書店）

「とても」における日本語学習者と日本語母語話者の使用実態の違い
——話しことばを中心に

朴 秀娟

❧要旨

本稿では、日本語学習者（以下、学習者）が多用する傾向にある副詞「とても」を対象に、話しことばを中心にその使用実態を調べ、日本語母語話者（以下、母語話者）の使用実態との異同を明らかにする。考察の結果、学習者は、肯定用法での使用が圧倒的に多く、また、母語話者に比べると、主節の形容詞述語と共起した例を多用する傾向にあることが分かった。また、学習者の使用実態は、初級教科書における導入実態と類似していることが分かった。これらの考察を通して、教科書での傾向が学習者の使用実態にも反映されうるということ、また、それは母語話者の使用実態とは乖離のあるものであるということを指摘する。

❧キーワード
とても、肯定用法、否定用法、主節、とてもじゃないけど（とてもじゃないが）

❧ABSTRACT

This paper clarifies the differences in the use of *totemo* between non-native speakers (NNS) and native speakers (NS) of Japanese. By analyzing how *totemo* is used in a spoken language, it is argued that NNS shows a much greater use in the positive usage of *totemo* and they have a tendency to use it with an adjective used as a predicate in a main clause more than NS. It is also demonstrated that how NNS uses *totemo* is similar to how the Japanese textbooks for beginners introduce *totemo*. Those analyses show that the use in Japanese textbooks influences how NNS uses Japanese and it is always not the same as the use by NS.

❧KEY WORDS
totemo, positive usage, negative usage, main clause, *totemojanaikedo* (*totemojanaiga*)

The Differences in the Use of *totemo* between Non-Native Speakers and Native Speakers
Focusing on spoken language

SOOYUN PARK

101

1 はじめに

　副詞「とても」は、次の例に示すように、肯定述語とも否定述語とも共起しうる副詞である。例1の「とても」は、程度がはなはだしい様子を、例2の「とても」は、可能性が全くない様子を表す（「とても」の意味・用法の詳細については飛田・浅田1994を参照）。日本語教育においては、例1のような肯定用法の「とても」が、初級教科書において形容詞とともに導入される傾向にある[注1]。

（1）　夫の手料理は**とても**おいしい。
（2）　私には**とても**理解できない。

　その影響からか、肯定用法の「とても」は、学習レベルを問わず、日本語学習者（以下、学習者）の産出例においてよく見られる（学習者の使用例は『タグ付きKYコーパス』より。また、括弧内の表記は、学習者の母語及び日本語能力を示している）[注2]。

（3）　**とても**寒いです　　　　　　　　　　　　　　　　　（中国語・初級）
（4）　はい、小さいですが、**とても**便利で、きれいです　　（韓国語・中級）
（5）　あ、最初はー、日本語、あの、**とても**へたです　　　（中国語・上級）
（6）　あのよく仕事出来ますし、あの英語も**とても**、上手だし、あのー

　　　　　　　　　　　　　　　　　　　　　　　　　　　　　　（英語・超級）

　しかしながら、その使用実態は、日本語母語話者（以下、母語話者）のそれと必ずしも同じではない。中俁（2016）でも指摘されているように、「とても」は、母語話者より学習者において多用される傾向にある。また、例2のような否定用法の「とても」や、「とても」が用いられる文の構文的特徴まで考慮すると、学習者と母語話者とでは「とても」の使用において差異があるように思われる。
　本稿では、このような点に注目し、学習者と母語話者の「とても」の使用実態の異同について明らかにする。また、日本語教科書における「とても」の導入実態とも比較考察を行うことで、教科書での傾向が学習者の使用実態に反映

されうるという点、また、それは母語話者の使用実態とは乖離のあるものであるという点を指摘する。これらの考察を通して、日本語教科書が実際の運用を十分に反映しているとはいえず、特に、「とても」のように、使用環境によって複数の異なる意味・用法を持つものは、意味・用法の導入の仕方において偏りが生じる可能性があるということを述べる。

2 「とても」の意味・用法及び共起する述語のタイプ

　副詞「とても」には、肯定述語と共起し、程度がはなはだしい様子を表す肯定用法と、否定述語と共起し、可能性がまったくない様子を表す否定用法の二つがあるとされている。

　まず、肯定用法の「とても」は、例7、8に示すように、形容詞、状態性の動詞など、状態を表す語と共起し、その程度を修飾する。共起する形容詞のタイプについては、同じく程度のはなはだしさを表す「非常に」、「たいへん」より、一人称主語をとる感情形容詞述語と共起しやすいということが指摘されている（森下2004）[注3]（以下の例7〜11は、飛田・浅田1994より。なお、下線は筆者による）。

（7）（生徒に）君たちの発表は<u>とても</u>よかったよ。
（8）高額のローン返済をかかえて<u>とても</u>困っている。

　一方、否定用法の「とても」は、例9、10のように、動詞の否定形、または、「無理だ、むずかしい」といった不可能を表す語と共起する。否定用法の「とても」が共起する動詞は、大半が可能表現の否定形であり、可能表現でなくても、意味的に実現の不可能性を表す語と共起するということが指摘されている（森下2001, 大崎2005など）[注4]。

（9）別れてくれなんて夫には<u>とても</u>言えません。
（10）こんな成績では国立は<u>とても</u>無理だ。

　また、飛田・浅田（1994）では、否定用法の「とても」の意味を強調するも

103

のとして、次のような「とてもじゃないけど（とてもじゃないが）」が挙げられているが、本稿でも考察の対象に入れることとする。

　（11）光司のわがままには**とてもじゃないけど**、つきあってられないわ。

3　調査資料

　本稿では、①日本語教科書における導入実態、②学習者の使用実態、③母語話者の使用実態の3点について調べ、その異同について記述する。日本語教科書については、「とても」が導入される初級教科書を主な考察対象とする。また、初級教科書の文体の多くが話しことばを意識したものであるという点から、②、③ともに、話しことばのデータに限定して考察を行うこととする。それぞれに用いた調査資料及び収集した用例の数を表1に示す。なお、係り先が不明なものについては分析の対象外とし、集計には含めていない。

表1　調査資料及び用例数[注5]

①日本語の初級教科書：379例
『みんなの日本語　初級Ⅰ・Ⅱ　本冊（第2版）』 『日本語初級1・2　大地　メインテキスト』 『初級　語学留学生のための日本語Ⅰ・Ⅱ』 『初級日本語　上・下（新装改訂版）』 『文化初級日本語Ⅰ・Ⅱ　テキスト（改訂版）』 『初級日本語　げんきⅠ・Ⅱ（第2版）』 『日本語初歩（改訂版）』 『JAPANESE FOR EVERYONE（改訂版）』 『JAPANESE FOR BUSY PEOPLE Ⅰ・Ⅱ・Ⅲ（第3版）』 『SITUATIONAL FUNCTIONAL JAPANESE Notes Vol. 1・2・3（第2版）』 『SITUATIONAL FUNCTIONAL JAPANESE Drills Vol. 1・2・3（第2版）』
②学習者のデータ：105例
『タグ付きKYコーパス』（http://jhlee.sakura.ne.jp/kyc/corpus）
③母語話者のデータ：54例
『日本語自然会話書き起こしコーパス（旧名大会話コーパス）』 （https://nknet.ninjal.ac.jp/nuc/templates/nuc.html）

また、③については、その数を補うための補助的なツールとして、『現代日本語書き言葉均衡コーパス』（以下、BCCWJ）を用い、そこに収録されている文学作品の会話文、またはそれに準ずるもの（丁寧体で書かれているもの）のデータ（254例）も用いた。

以下、「とても」の意味・用法、「とても」が用いられる文の構文的特徴に分け、教科書、学習者、母語話者に見られる特徴について述べていく。

4 「とても」の意味・用法

それぞれのデータを「とても」の用法別に分類すると、次の表2のようになる。括弧内に合計数に対する比率を示す（少数点第2位以下を四捨五入。以下同様である）。

表2 データの内訳：用法別

用法 ＼ データ	教科書	学習者	母語話者	BCCWJ
肯定用法	376 （99.2%）	102 （97.1%）	29 （53.7%）	192 （75.6%）
否定用法	3 （0.8%）	3 （2.9%）	25 （46.3%）	62 （24.4%）
合計	379 （100%）	105 （100%）	54 （100%）	254 （100%）

表2から分かるように、初級教科書では、3例を除いては、すべて肯定用法のみが提示されている。なお、否定用法の3例は、すべて『JAPANESE FOR EVERYONE（改訂版）』からであった（用例の括弧内に出典及び出現課を示す。以下同様である）。

(12) 今日はいそがしくて、この仕事は、**とても**できません。

（『JAPANESE FOR EVERYONE（改訂版）』・L16）

(13) 授業のあとで

マイケル：先生、聞き取りが、なかなか、じょうずにならないんですが、どうしたらいいでしょうか。

（中略）

市川先生：ええ、もちろん。毎日、聞いているうちに、ニュースも、

わかるようになりますよ。

マイケル：でも、ニュースや交通情報は速すぎて、**とても**聞き取ることができません。（『JAPANESE FOR EVERYONE（改訂版）』・L18）

（14）おかずが多すぎて、ぜんぶは、**とても**食べられません。残してもいいですか。　　　　　　　　　　（『JAPANESE FOR EVERYONE（改訂版）』・L26）

　否定用法の「とても」は、旧日本語能力試験では2級の項目とされており[注6]、中級以降の学習項目であると考えられるが、肯定用法の「とても」のように教科書において導入されることは少ない。中級以上の総合教科書8種（12冊）を調べた結果[注7]、「とても」の否定用法を導入している教科書は4種のみであった。これは、肯定用法の「とても」がほとんどの初級教科書において導入されているのとは対照的である。また、例15、16に示すように、すべて読解文での導入であり、本稿が対象としている話しことば、すなわち、会話文に相当する文において、否定用法の「とても」が導入されている例は見られなかった。

（15）　これらは**とても**普通の人にはできないことだが、ギネスブックにはやればできそうなこともけっこう載っている。
　　　　　　　　　　　（『ニューアプローチ中級日本語［基礎編］（改訂版）』・L7）

（16）　このように日本人以外には**とても**「ノー」とは思えぬ言い回しでも、日本人にとっては紛れもない「否」を表す表現がある。
　　　　　　　　　　　（『生きた素材で学ぶ新・中級から上級への日本語』・L4）

　導入している課以外で用いられることもほとんどなく、見られたのは次の1例のみであった。同じく読解文で用いられたものである。

（17）面白くないのに笑顔を作るなんて**とても**できないことだと思っていた。
　　　　　　　　　　　（『ニューアプローチ中級日本語［基礎編］（改訂版）』・L14）

　学習者の「とても」の使用においても初級教科書と同様の傾向が見られる。学習レベルを問わず、次に示すような肯定用法の使用にほぼ限られる。

(18) **とても**寒いです　　　　　　　　　　　　　　（中国語・初級）［例3を再掲］

(19) だから、カナダは**とても**大きい　　　　　　　　　　　　　（英語・中級）

(20) 東アジアの文化に専攻しました。**とても**おもしろかったです

　　　　　　　　　　　　　　　　　　　　　　　　　　　　（英語・上級）

(21) いちおう日本人はすごく礼儀正しいというのは**とても**印象的です

　　　　　　　　　　　　　　　　　　　　　　　　　　　　（中国語・超級）

　学習者が否定用法の「とても」を用いている例は、全体の1割にも満たず、今回の調査で見られたのは3例のみであった（中級学習者による例が1例、上級学習者による例が1例、超級学習者による例が1例）。動詞の否定形と共起した否定用法の例は、例22に示す超級学習者による1例のみであり、残りの2例は、例23に示すような、「無理だ」、「むずかしい」といった不可能を表す形容詞述語と共起した例である。また、「とてもじゃないけど（とてもじゃないが）」を用いた例は1例も見られなかった。

(22) アメリカだったらもう、〈ええ〉あの**とても**考えられないような、

　　　　　　　　　　　　　　　　　　　　　　　　　　　　（英語・超級）

(23) ちょっと営業しにいくというのは〈うん〉**とても**無理とおもうんです
　　けどもね　　　　　　　　　　　　　　　　　　　　　　　（英語・上級）

　一方、母語話者の場合、肯定用法に偏った使用は見られず、全体の約5割を否定用法が占めている。否定用法の内訳を見ると、例24、例25のような、動詞の否定形（13例）と不可能を表す語と共起した例（3例）が占める率が約3割、例26のような「とてもじゃないけど（とてもじゃないが）」が用いられている例が約2割（9例）であった（括弧内は、コーパス内に提示されているデータ番号及び話者番号を示す。以下同様である）。BCCWJで収集した例においても、否定用法が占める率は、教科書や学習者に比べると高く、約25%（52例）が否定用法であった。BCCWJでも、学習者には見られなかった「とてもじゃないけど（とてもじゃないが）」の例が見られた（10例）。

(24) 1回聞いても**とても**覚えられない。 (058・F040)

(25) 広範囲に飛び散るから、（うん）なんか手で取るだけではさー、と、**とても**無理だから、掃除機かけて。 (083・F050)

(26) （前略）**とても**じゃないけど車がないと行けないねって。 (026・F021)

5 「とても」が用いられる文に見られる構文的特徴

「とても」と共起する語のタイプは、教科書、学習者、母語話者のいずれにおいても、形容詞が最も多く、肯定用法の8割以上を占める。共起する形容詞のタイプにおいても違いは見られず、いずれも、次に示すような、属性形容詞と共起した例が8割以上であった[注8]。

(27) A：日本の料理はどうですか。
     B：**とても**おいしいです。
　　　　　　　　　　　　　　　　　　　　『SITUATIONAL FUNCTIONAL JAPANESE Notes Vol. 1（第2版）』・L6)

(28) あのよく仕事出来ますし、あの英語も**とても**、上手だし、あのー
　　　　　　　　　　　　　　　　　　　　（英語・超級）［例6を再掲］

(29) （うーん）夏やなんかあったら来るのかもしれないけど（うんうん）**とても**静かでした。 (031・F002)

しかし、「とても」が共起する語の構文的位置においては、次の表3に示すように、違いが見られる。

表3 データの内訳：構文的位置別（肯定用法のみ）[注9]

構文的位置	データ	教科書	学習者	母語話者	BCCWJ
述語	主節	272（72.3%）	56（54.9%）	13（44.8%）	81（42.2%）
	従属節	46（12.2%）	23（22.5%）	8（27.6%）	29（15.1%）
規定語		50（13.3%）	22（21.6%）	7（24.1%）	70（36.5%）
修飾語		8（2.2%）	1（1.0%）	1（3.5%）	12（6.2%）
合計		376（100%）	102（100%）	29（100%）	192（100%）

教科書の場合、肯定用法の多くは、例30に示すような、主節の述語を修飾しているものである（約7割）。学習者の場合においても、教科書ほどではないものの、肯定用法の半数以上が、次の例31のような、主節の述語を修飾しているものであった（約55%）。

(30) うちの学食はおいしいし、値段が安いし、**とても**いいです。

（『日本語初級　大地2　メインテキスト』・L29）

(31) でも海は**とても**きれいです

（中国語・上級）

　母語話者の場合においても、肯定用法の約45%が、例32のような、主節の述語と共起した例である。BCCWJでも約42%が主節の述語と共起している例であった。

(32) Aさんが持ってきて、くれたパネトーネが向こうにあって（あー、へえー）、結構、結構というか、**とても**うれしかった。

(061・F050)

　これだけを見ると、学習者の場合とそれほど大きな差がないとも言えるが、形容詞と共起した例に限ると、その差は大きくなる。図1は、「とても」が修飾している語の構文的位置の各割合をグラフで示したものである。

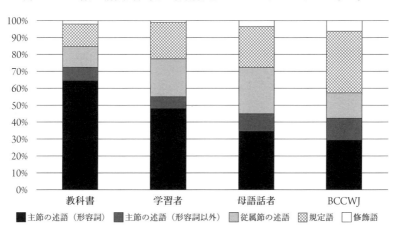

図1　「とても」が修飾している語の構文的位置（肯定用法のみ）

109

表3に示したように、主節と共起した例が占める率は、学習者が約55%、母語話者が約45%であった。しかし、図1に示すように、形容詞述語と共起した例に焦点を当てると、学習者の場合が約48%、母語話者の場合が約34%となり、その差異が大きくなる。つまり、母語話者の場合、同じく主節の述語であっても、例33に示すような、形容詞以外の語と共起した例の占める率が学習者よりも高いということになる。BCCWJの場合は、主節の形容詞述語と共起している例が占める率は29%となり、さらに低い。

(33) へー、それはもう**とても**むかつきますよ。　　　　　　(020・F008)

　なお、従属節の述語及び規定語での用いられ方に差異は見られなかった。学習者と母語話者の例を以下に示す。

(34) でも、**とても**うるさかったら、〈ええ〉ふん、もう一度、〈ん〉もう一度、〈ん〉頼んで、それでも、うるさかったら、仕方ないですね
　　　　　　　　　　　　　　　　　　　　　　　　　　　　　　(韓国語・中級)
(35) そうですねー、やっぱり、んー、スイスは、**とても**いい、国だと思います　　　　　　　　　　　　　　　　　　　　　　　　(中国語・上級)
(36) ちゃう、ごめん、私にとっては**とても**難しいんだけどー、英語は難しいというよりはー、英語で言ってることが難しいだけ。　　(087・F128)
(37) でも、このごろねえ、私はほんとに、何ていうのかな、あのー、**とても**いい出会いが多いんですよね。　　　　　　　　　(033・F082)

6 おわりに

　以上をまとめると、学習者と母語話者とでは、「とても」の使用において次のような異同が見られることが分かる。

①学習者の場合、肯定用法での使用が圧倒的に多い。母語話者の場合、そのような偏りは見られず、否定用法での使用も多く見られる。また、母語話

者の使用には、学習者に見られなかった「とてもじゃないけど（とてもじゃないが)」での使用が見られるのが特徴的である。

②学習者の場合、母語話者に比べると、主節の形容詞述語と共起している例を多用する傾向にある。共起する形容詞のタイプにおいては、どちらも属性形容詞との共起が多く、違いは見られない。

　学習者の「とても」の使用に見られる傾向は、教科書、とりわけ初級教科書における「とても」の導入実態に近い。すなわち、初級教科書での傾向は、学習者の使用実態にも反映されうるということ、また、それは母語話者の使用実態とは乖離したものであるという結果となった。本稿での考察結果は、日本語教科書が母語話者の実際の運用を十分に反映しているとはいえず、特に、使用環境によって多様な意味・用法を持つものは、その導入の仕方において偏りが生じる可能性があることを示唆している。文法的には正しくても、使用傾向において母語話者と異なるように思える項目には、「とても」のような、複数の意味・用法を持つものが含まれているように思われる。今後、このような項目に関する考察をさらに深めていきたい。

　また、程度がはなはだしいことを示す副詞には、「とても」以外にも、「かなり」、「非常に」、「たいへん」、「すごく」などがある。中俣 (2016) では、話しことばにおいて、母語話者の場合、「とても」よりも「すごく」や「すごい」を用いる傾向にあることが指摘されている。初級教科書の中には、『初級日本語　げんきⅠ（第2版)』のように、「すごく」が導入されている教科書もあるが、多くの初級教科書においては「とても」が導入されることの方がより一般的であるのが現状である。「すごく」をはじめとする、程度のはなはだしさを表す他の副詞も視野に入れた考察は稿を改めたい。　　　　　　　　　　〈神戸大学〉

謝辞
本稿は、「日本語／日本語教育研究会　第8回大会」(2016年10月2日於学習院女子大学)において行ったポスター発表の内容に加筆修正を行ったものである。会場の方々及び査読者の方々から大変有益なご意見をいただいた。心より御礼申し上げる。もちろんすべての誤りは筆者の責任である。

注

[注1] ……… 肯定用法の「とても」は、今回の調査で用いた10種の初級教科書のうち、『日本語初歩（改訂版）』を除いた9種の教科書において形容詞とともに導入されていた。調査資料の詳細については3節を参照されたい。

[注2] ……… 学習者の母語及び日本語能力については、『タグ付きKYコーパス』に示されているものを転記した。

[注3] ……… これは、「非常に」、「たいへん」と比べた場合の特徴である。森下（2004）で示されている「とても」が共起する形容詞の内訳を見ると、「とても」単独では、属性形容詞との共起率の方が高い。

[注4] ……… 共起している語が可能表現ではない例としては、次のようなものが挙げられる（例は、大崎2005より）。

　　　・このままでは、時間にとても間に合わない。

[注5] ……… 教科書の選定については岩田（2011）を参考にした。

[注6] ……… 国際交流基金・日本国際教育支援協会（2002）を参照した。

[注7] ……… 調査に用いた中級以上の教科書は以下のとおりである。

『みんなの日本語　中級I・II　本冊』、『中級日本語　上・下（新装改訂版）』『ニューアプローチ中級日本語［基礎編］（改訂版）』・『ニューアプローチ中上級日本語［完成編］』、『日本語中級　J301─基礎から中級へ』・『日本語中級　J501─一級から上級へ（改訂版）』、『中級の日本語（改訂版）』、『J・BRIDGE TO INTERMEDIATE JAPANESE（新装第2版）』、『生きた素材で学ぶ新・中級から上級への日本語』、『コンテンツとマルチメディアで学ぶ日本語 上級へのとびら』

[注8] ……… 本稿では、形容詞を感情形容詞、属性形容詞に二分して分析を行った。各々の定義は、以下のとおりである（西尾1972を参照）。

感情形容詞：主観的な感覚・感情の表現をなすもの

属性形容詞：客観的な性質・状態の表現をなすもの

[注9] ……… 本稿では、日本語記述文法研究会（2010）の定義に従い、「述語」、「修飾語」、「規定語」の分類を行った。本書で示されている定義は以下のとおりである（日本語記述文法研究会2010: 53）。

述語：文の中核的な部分であり、支配的な要素である。

修飾語：事態の成り立ち方をさまざまな観点から限定する成分である。

規定語：名詞に係り、その語彙的な意味に対して、限定したり説明を加えたりする成分である。

参考文献

岩田一成（2011）「数量表現における初級教材の「傾き」と使用実態」森篤嗣・庵功雄（編）『日本語教育文法のための多様なアプローチ』pp.101–122.　ひつじ書房

大崎志保（2005）「否定と呼応する「とうてい」「とても」について」『筑波応用言語学研究』12, pp.99–111.　筑波大学大学院博士課程文芸・言語研究科応用言語学コース

国際交流基金・日本国際教育支援協会（2002）『日本語能力試験　出題基準［改訂版］』凡人社
中俣尚己（2016）「学習者と母語話者の使用語彙の違い―「日中Skype会話コーパス」を用いて」『日本語／日本語教育研究』7, pp.21–34.　ココ出版
西尾寅弥（1972）『国立国研究所報告44　形容詞の意味・用法の記述的研究』秀英出版
日本語記述文法研究会（編）（2010）『現代日本語文法1　第1部総論　第2部形態論　総索引』くろしお出版
飛田良文・浅田秀子（1994）『現代副詞用法辞典』東京堂出版
森下訓子（2001）「「とても」の否定用法」『同志社女子大学大学院文学研究科紀要』創刊号, pp.57–77.　同志社女子大学
森下訓子（2004）「程度副詞「とても」の肯定用法―「表出」について」『同志社女子大学大学院文学研究科紀要』4, pp.53–67.　同志社女子大学

調査資料

〈日本語教科書〉

『生きた素材で学ぶ新・中級から上級への日本語』ジャパンタイムズ、2012
『コンテンツとマルチメディアで学ぶ日本語 上級へのとびら』くろしお出版、2009
『初級　語学留学生のための日本語Ⅰ』凡人社、2002
『初級　語学留学生のための日本語Ⅱ』凡人社、2002
『初級日本語　げんきⅠ（第2版）』ジャパンタイムズ、2011
『初級日本語　げんきⅡ（第2版）』ジャパンタイムズ、2011
『初級日本語　上（新装改訂版）』凡人社、2010
『初級日本語　下（新装改訂版）』凡人社、2010
『中級日本語　上（新装改訂版）』凡人社、2015
『中級日本語　下（新装改訂版）』凡人社、2015
『中級の日本語（改訂版）』ジャパンタイムズ、2008
『日本語初級1　大地　メインテキスト』スリーエーネットワーク、2008
『日本語初級2　大地　メインテキスト』スリーエーネットワーク、2009
『日本語初歩（改訂版）』凡人社、1997
『日本語中級　J301―基礎から中級へ』スリーエーネットワーク、1995
『日本語中級　J501―中級から上級へ（改訂版）』スリーエーネットワーク、2001
『ニューアプローチ中級日本語［基礎編］（改訂版）』語文研究社、2003
『ニューアプローチ中上級日本語［完成編］』語文研究社、2002
『文化初級日本語Ⅰ　テキスト（改訂版）』凡人社、2013
『文化初級日本語Ⅱ　テキスト（改訂版）』凡人社、2013
『みんなの日本語　初級Ⅰ　本冊（第2版）』スリーエーネットワーク、2012
『みんなの日本語　初級Ⅱ　本冊（第2版）』スリーエーネットワーク、2013
『みんなの日本語　中級Ⅰ　本冊』スリーエーネットワーク、2008
『みんなの日本語　中級Ⅱ　本冊』スリーエーネットワーク、2012
『JAPANESE FOR EVERYONE（改訂版）』学習研究社、2008

『JAPANESE FOR BUSY PEOPLE Ⅰ（第3版）』講談社USA、2011
『JAPANESE FOR BUSY PEOPLE Ⅱ（第3版）』講談社USA、2011
『JAPANESE FOR BUSY PEOPLE Ⅲ（第3版）』講談社USA、2012
『J・BRIDGE TO INTERMEDIATE JAPANESE（新装第2版）』凡人社、2010
『SITUATIONAL FUNCTIONAL JAPANESE Drills Vol. 1（第2版）』凡人社、1996
『SITUATIONAL FUNCTIONAL JAPANESE Drills Vol. 2（第2版）』凡人社、1994
『SITUATIONAL FUNCTIONAL JAPANESE Drills Vol. 3（第2版）』凡人社、1995
『SITUATIONAL FUNCTIONAL JAPANESE Notes Vol. 1（第2版）』凡人社、1995
『SITUATIONAL FUNCTIONAL JAPANESE Notes Vol. 2（第2版）』凡人社、1994
『SITUATIONAL FUNCTIONAL JAPANESE Notes Vol. 3（第2版）』凡人社、1994

〈コーパス〉
『現代日本語書き言葉均衡コーパス』（中納言）http://pj.ninjal.ac.jp/corpus_center/bccwj/
『タグ付きKYコーパス』http://jhlee.sakura.ne.jp/kyc/corpus
『日本語自然会話書き起こしコーパス（旧名大会話コーパス）』https://nknet.ninjal.ac.jp/
nuc/templates/nuc.html

程度の判断基準から見た
「かなり」類と「少し」類の違い

疏　蒲剣

✿要旨

程度副詞「かなり」と「少し」は「太郎は {かなり／少し} 酒を飲んだ」ではともに飲酒量を限定することができるが、比較構文の「太郎は次郎より {かなり／?少し} 酒を飲んだ」では「かなり」は言えるのに対し、「少し」は不自然に感じられる。分析の結果、「かなり」類と「少し」類は程度の判断基準が異なることが分かった。すなわち、「かなり」類は比較差の程度が「通常程度」の基準を上回ったことを表すのに対し、「少し」類は比較差が0の基準からずれることを表すという違いがある。また、「かなり」類では「多く」といった副詞的成分が喚起されるのに対し、「少し」類ではそれが喚起されない。そのため、この2種類の程度副詞が比較構文において許容度に違いが現れている。

✿キーワード
程度副詞、比較構文、判断基準、程度性、喚起

✿ABSTRACT

In the sentence "tarou wa {kanari/sukoshi} sake o nonda", both the degree adverbs "kanari" and "sukoshi" can be used to determine the amount of beer being drunk. In the comparative sentence "tarou wa jirou yori {kanari/?sukoshi} sake o nonda", however, it seems unnatural to use "sukoshi". The analysis in this paper points out that there exists differences between "kanari" class and "sukoshi" class according to various criterion for judgment about degree. That is, "kanari" class expresses the comparison difference that is more than the normal standard while "sukoshi" class expresses the comparison difference that is not zero. Moreover, "kanari" class has the ability to evoke the adverb element such as "ooku" while "sukoshi" class does not. In short, the two classes have different acceptable level when being used in the comparative sentences.

✿KEY WORDS
Degree Adverb, Comparative Sentence, Criteria for Judgment, Gradable, Evoke

The Difference between *"kanari"* Class and *"sukoshi"* Class from the View of the Criterion for Judgment about Degree

Pujian Shu

1 はじめに

　副詞「かなり」と「少し」は次の（1a）では状態を表す形容詞「高い」を修飾して「高い」の程度を限定し、（1b）では「酒を飲んだ」を修飾して飲んだ酒の量や時間などを限定している。

（1）a. この酒は {かなり／少し} 高い。
　　　b. 太郎は {かなり／少し} 酒を飲んだ。

　「かなり」と「少し」は（1）では値段や飲酒量を限定しているのに対して、次の（2）では値段の差や飲酒量の差を限定している。しかし、（2）の場合、「かなり」と「少し」には許容度の違いが見られる。（2a）では「かなり」と「少し」はともに「高い」を修飾することができるのに対して、（2b）では「かなり」は自然なのに「少し」は不自然に感じられる。しかし（3）のように「多く」を入れると、「少し」も言えるようになる。この現象は「かなり」と「少し」の意味が違うことを示唆している。

（2）a. この酒はその酒より {φ／かなり／少し} 高い。
　　　b. 太郎は次郎より {?φ／かなり／?少し} 酒を飲んだ。
（3）太郎は次郎より {φ／かなり／少し} <u>多く</u>酒を飲んだ。

（φは副詞を用いない場合、以下同じ）

　「かなり」類の副詞には（4a）のような副詞、「少し」類の副詞には（4b）のような副詞が挙げられる。

（4）a. 太郎は次郎より {かなり／ずいぶん／相当／だいぶ} 酒を飲んだ。
　　　b. 太郎は次郎より? {少し／ちょっと／多少／少々／いささか} 酒を飲んだ。

佐野（2008）はこの現象に触れているが、その理由については示していない。本稿ではこの2種類の程度副詞の許容度の違いを考察し、その理由が程度の判断基準にあることを指摘する。

2 先行研究の概観と本稿の立場

「かなり」類は高い程度を表し、「少し」類は低い程度を表すという違いが見られるが、被修飾成分や出現する構文の特徴において一致するところが多い。以下、先行研究を概観した上で、本稿の見解を述べる。

2.1 被修飾成分と構文特徴の類似性

森山（1985）や仁田（2002）は「非常に {おいしい／ *酒を飲んだ}」のように動作や対象の数量を修飾することができない程度副詞を「純粋程度の副詞」、「{かなり／少し} {おいしい／酒を飲んだ}」のように数量を修飾することができる程度副詞を「量程度の副詞」としている。本稿で言う「かなり」類と「少し」類は数量を修飾することができるので、ともに「量程度の副詞」に分類される。このように「かなり」類と「少し」類は統語的な特徴が類似しているということが分かる。

また、「かなり」類と「少し」類は構文的特徴においても類似性が見られる。渡辺（1990）は文を比較構文（XはYより〈程度副詞〉A；XとYは名詞句、Aは形容詞、以下同じ）と計量構文（Xは〈程度副詞〉A）に分け、程度副詞を比較構文にだけ現れるかどうか、計量構文にだけ現れるかどうか、比較構文と計量構文の両方に現れるかどうかという基準で分類している。

表1 渡辺（1990: 13）の程度副詞の分類

分類	比較構文	計量構文	その他の語例
「とても」類	×	○	甚だ、すこぶる、大変、極めて、非常に、ずいぶん
「結構」類	×	○	なかなか、わりに、ばかに、やけに
「多少」類	○	○	少し、ちょっと、やや、いささか、かなり
「もっと」類	○	×	ずっと、よほど、一層、遥かに、一段と

渡辺（1990）の分類は佐野（1998）や陳（2010, 2015）に受け継がれている。佐野（1998）は渡辺（1990）の言う「もっと」類と「多少」類についてさらに考察し、下位分類を設定している。陳（2010）は佐野（1998）で同じ種類とされている「もっと」と「さらに」の意味の違いについて考察し、陳（2015）は渡辺（1990）と佐野（1998）の見解を踏まえ、日本語と中国語における比較と関わる程度副詞について体系的に対照研究を行っている。これらの研究はいずれも「かなり」類と「少し」類が同様に比較構文に現れることに触れている。

ここまで述べてきたように「かなり」類と「少し」類は被修飾成分と構文的特徴において類似している。しかし本稿の1節で示したように両者は比較構文において許容度の違いが見られるため、これについて別の視点から考える必要がある。以下、程度副詞が用いられる判断基準という視点から解決を試みる。

2.2 程度副詞の判断基準

本項では程度副詞が比較構文で用いられる判断基準について論じる。次の（5）を例として考察する。この場合、話し手は比較対象（＝この酒）の値段を比較基準（＝その酒）の値段と比べ、その比較差（＝この酒の値段－その酒の値段）について程度を判断している。この場合の判断基準を図示すると図1のようになる。

（5）a. この酒はその酒より ｛φ／かなり／少し｝ 高い。
　　 b. この酒はその酒より ｛φ／かなり／少し｝ 安い。

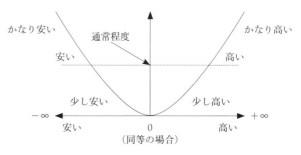

図1　程度副詞の判断基準（比較構文の場合）

図1の曲線は「程度副詞＋述語」の意味を示している。横軸は比較差（－無限大から無限大までの開区間）を示し、比較差が0より大きい場合（この酒の値段＞その酒の値段）は「高い」の領域に入り、比較差が0より少ない場合（この酒の値段＜その酒の値段）は「安い」の領域に入る。縦軸は比較差の程度を示している。「かなり」類は比較差の程度が話し手の想定した「通常程度」を超えた場合に用いられ、「少し」類は比較差が0から若干離れた場合に用いられる。これをまとめると次の（6）のようになる。

（6）〈比較構文における程度判断基準〉
　　　「かなり」類：比較差の程度を「通常程度」の基準と比べる。
　　　「少し」類：比較差を0の基準と比べる。

3 「かなり」類と「少し」類の違い

　安達（2001：4）は典型的な比較構文について「構文の成立にとって比較述語に必要となる意味特徴は、2つの要素の間で上下、優劣がつけられるという程度性や相対性を持っているということである」と述べている。これは次の（7）で検証できる。「かわいい」と「背が高い」は程度性を持っているので比較述語として適格であるが、「酒を飲んだ」は程度性を持たないので「?太郎は次郎より酒を飲んだ」は成り立たない[注1]。しかし（8）の「酒を飲んだ」は「かなり」に修飾されると、程度性がないものの比較構文として自然である。

（7）　太郎は次郎より ｛かわいい／背が高い／?酒を飲んだ｝。
（8）　太郎は次郎より<u>かなり</u>酒を飲んだ。

　ここで考えられる理由は、（8）の「かなり」にはすでに程度性が含まれているということである。すなわち（8）の「かなり」は（9a）の「かなり多く」あるいは（9b）の「かなり ｛頻繁に／長く｝」の意味で理解され、（9c）の「かなり ｛少なく／早く｝」の意味では理解されない。

119

（9）a. 太郎は次郎より<u>かなり</u> 多く酒を飲んだ。

　　b. 太郎は次郎より<u>かなり</u> ｛頻繁に／長く｝ 飲んだ。

　　c. 太郎は次郎より<u>かなり</u> ｛少なく／早く｝ 酒を飲んだ。

　（9a）と（9b）の読みに共通する点は太郎の飲酒量が次郎の飲酒量を上回ったということである。一方、（9c）の「少なく」は太郎の飲酒量が次郎の飲酒量より少ないことを意味し、「早く」も一定の酒を飲むための所要時間において太郎が次郎より少ないことを意味している。

　一方、「少し」類は次の（10a）のように直接「酒を飲んだ」を修飾すると不自然に感じられる。佐野（2008：7）にも指摘があるように、「少し」を用いるには、（10b）のように「多く」、「長く」、「たくさん」といった副詞的成分を入れる必要がある。

（10）a.？太郎は次郎より<u>少し</u>酒を飲んだ。

　　 b. 太郎は次郎より<u>少し</u> ｛多く／長く／たくさん｝ 酒を飲んだ。

　このように、「かなり」類と「少し」類が比較構文で程度性のない述語を修飾する場合、「かなり」類は程度性を表す副詞的成分を明示する必要がないのに対し、「少し」類はそれを明示する必要があるという違いが見られる。

　本稿は「かなり」類と「少し」類の判断基準の違いが比較構文に用いられる適格性に影響を与えていると考える。「かなり」類は比較構文に現れた場合、比較差の程度が「通常程度」の基準を上回ったということを含意している。「多く」といった副詞も、比較対象の量が比較基準の量を上回ったことを含意している。「かなり」類と「多く」はある基準を上回ったという点において類似性があるため、「かなり」類によって比較構文の述語に「多く」などが喚起されやすいのである。一方、「少し」類は単に比較差が0の基準から少し離れていることを表し、基準を上回ったという含意はないため、「少し」類によって「多く」が喚起されにくい。したがって、比較構文では「かなり」類は程度性のない述語と共起できるのに対し、「少し」類はそれと共起しにくいのである。

4 おわりに

　本稿は「かなり」類と「少し」類の程度副詞が比較構文に用いられた場合、判断の基準が異なるため、比較構文における許容度に違いが見られると主張する。「かなり」類が用いられている場合、「たくさん」や「多く」といった副詞が喚起されるため、程度性のない述語も比較構文に用いることができる。一方、「少し」類の場合、「たくさん」や「多く」といった副詞が喚起されないため、程度性のない述語は比較構文に用いられにくい。程度判断の基準は「かなり」類と「少し」類だけでなく、程度副詞全体に共通する性質であると考える。これについては今後の研究で射程を広げて検証したい。　　〈名古屋大学大学院生〉

注
[注1]‥‥‥‥「太郎は次郎より酒を飲んだ」が許容できるという母語話者もいるが、それは心の中で「多く」を言っているためである。

参考文献
安達太郎（2001）「比較構文の全体像」『広島女子大学国際文化学部紀要』9, pp.1–19.　県立広島女子大学
佐野由紀子（1998）「比較に関わる程度副詞について」『国語学』195, pp.1–14.　国語学会
佐野由紀子（2008）「「程度差」「量差」の位置づけ―程度副詞の体系についての一考察」『高知大国文』39, pp.1–12.　高知大学国語国文学会
陳建明（2010）「「もっと」と「さらに」の意味内容の違いについて」『言語文化学研究（言語情報編）』5, pp.91–104.　大阪府立大学人間社会学部言語文化学科
陳建明（2015）「日本語と中国語の比較に関わる程度副詞の分類について」『人文学論集』33, pp.203–211.　大阪府立大学人文学会
仁田義雄（2002）『副詞的表現の諸相』くろしお出版
森山卓郎（1985）「程度副詞と動詞句」『京都教育大学国文学会誌』20, p.60–65.　京都教育大学国文学会
渡辺実（1990）「程度副詞の体系」『上智大学国文学論集』23, pp.1–16.　上智大学

日本語教育で
《非標準的なカタカナ表記》と
《文字種選択の仕組み》を扱う意義
——交通広告における調査結果を例に

増地ひとみ

✦要旨

現代日本語では和語や漢語をカタカナ表記した「非標準的なカタカナ表記」が多々観察されるのが実状であるが、日本語教育においては非標準的な表記に関する教育は十分には行われていないようである。

　本稿では、交通広告における非標準的なカタカナ表記の実例と特徴を示し、日本語教育で《非標準的なカタカナ表記》と《文字種選択の仕組み》を扱うことの意義を考察した。《非標準的なカタカナ表記》を扱うことには、日本における生活面と実際的な学習場面における意義がある。また、《文字種選択の仕組み》を扱うことは日本語母語話者の言語行動全般における価値観や判断基準を知ることにつながるため、その後の日本語学習の推進力となると共に、より良いコミュニケーションの実現に役立つという意義がある。

🐾キーワード

日本語教育におけるカタカナ、非標準的な表記、
文字種の選択、交通広告、
母語話者の表記意識

✦ABSTRACT

In modern Japanese, there are many "notational variants", that is, wago (native Japanese words) and kango (words of Chinese origin), which are spelled in katakana. However, learners of Japanese do not adequately learn notational variants. This paper discusses the meaning of addressing the issue of "notational variants in Japanese" and "the selection system among kanji, hiragana, and katakana" in Japanese language teaching. Using real example, it indicates the features of non-standard usage of katakana in advertisement in public transportations. Discussion reveals that teaching "notational variants in Japanese" is meaningful for learners of Japanese in both daily life and practical learning situation. In addition, dealing with "the selection system of kanji, hiragana, and katakana" empowers learners and is effective for better communication, as it reflects native Japanese speakers' intention in language behavior.

🐾KEY WORDS

Katakana in Japanese language teaching,
Notational variants in Japanese,
Selection system of Japanese characters,
Advertisement in public transportations,
Native speaker's intention on writing

Addressing the Issue of "Notational Variants in Japanese" and "the Selection System of Kanji, Hiragana and Katakana" in Japanese Language Teaching
Based on the research results of textual information in advertisement in public transportations

HITOMI MASUJI

1 研究の背景と目的

　現代日本語の書き言葉においては、主に漢字・ひらがな・カタカナ・Alphabetの4種類の文字種を使用する。それらの使い分けに関しては、大多数の日本語使用者が共有していると見なせる大まかな基準が存在している。特に公共性の高い新聞や雑誌等の媒体では、一定の基準に沿って文字種が選択され、語が表記されている。しかしながら、公共性が高いものでも、各種メディアにおける広告など創作の要素が強い媒体においては、表記の選択が基本的に表記者（以下「表記主体」）に委ねられている[注1]。そのため、文字種の使い分けに関する大まかな基準を外れた表記（以下「非標準的な表記」）が観察される。また、個人の文章や著作物における表記の選択は全面的に表記主体によるため、インターネットが普及した現在においては、SNSをはじめとする誰でもアクセス可能な場において非標準的な表記が多々観察されるのが実状である。非標準的な表記が観察されるそれらの文字資料には、『現代日本語書き言葉均衡コーパス』（以下「BCCWJ」）などの大規模なデータベースがカバーしていないものも多い。

　一方で、このような実状があるにもかかわらず、日本語教育においては非標準的な表記に関する教育は十分には行われていないようである。非標準的な表記の中でも出現数が多いのは和語や漢語をカタカナ表記した「非標準的なカタカナ表記」であるが、五十嵐（2012）によれば「カタカナは中国語以外の外来語を表記するために使用するということを説明するだけに終わっている教科書が多」く、日本語学習者が非標準的なカタカナ表記について学ばずにいる場合も多いのではないかということである（p.23）[注2]。しかし、教科書や授業では扱われなくとも、教室を一歩出れば、学習者は日常生活において非標準的なカタカナ表記をおのずと目にすることになる。

　筆者は日本語学の分野において、現代日本語で文字種が選択される仕組みを明らかにするべく、非標準的なカタカナ表記が出現する要因の洗い出しを行っている。その過程で、今述べたような日本語教育の現状を知った。そして、非標準的なカタカナ表記の出現要因をはじめとする文字種選択の仕組みを日本語教育において扱うことは、日本語学習者にとって有益なのではないかと考えた。

そこで本稿では、交通広告（交通広告の定義については3節を参照）における非標準的なカタカナ表記の実例とその特徴を示し、日本語教育で《非標準的なカタカナ表記》と《文字種選択の仕組み》を扱うことの意義を考察する。

2 先行研究と本稿の位置づけ

現代日本語において非標準的なカタカナ表記がなされる要因は、斎賀（1955）をはじめ多くの先行研究によって考察されてきた。例えば常用漢字で書けないなど「漢字で書きにくい事情にある」（佐竹2001: 11）といった漢字に関わる条件や、ひらがなの文字列の中に埋没するのを避ける（柴田1998他）など「文字列環境」（増地2015a）の影響、「漢字本来の字義からの距離感を保つ」（堀尾・則松2005: 39）、「ことばにある種のイメージが付加される」（喜古2007: 67）といった表現効果などである。また、増地（2013a, 2013b, 2015b）では、コンテクストと表記主体の意識という語用論的な要素も文字種が選択される要因の一つと位置づけた。ここで言うコンテクストとはコミュニケーションが成立する場面、状況であり、人間関係も含む。つまり、蒲谷（2006）の述べる「「場面」「意識」「内容」「形式」の連動」が、文字種の場合にも起きているのである。

非標準的なカタカナ表記が出現する要因つまり文字種選択要因は、他にも様々なものが指摘されてきた。そして、一つの表記が出現するには複数の要因が関与しており、要因同士は複合的、重層的に関わっていることが想定される（増地2015a: 69）。しかし先行研究においては、要因同士がどのように関わり合って一つの表記が出現するのかは考察されてきていない。この文字種選択要因の関わり合い方が、すなわち文字種選択の仕組みである。筆者はこれを明らかにすることに取り組んでおり、現代において流通している非標準的なカタカナ表記の実態を把握するという点で、本稿もその取り組みの一環である。

調査対象に関しては、新聞や雑誌等の訴求力の高い媒体が先行研究において主に対象とされてきた。筆者はそれらに加えて日常に密着した文字資料も大切であると考え、Eメールやテレビ番組、テレビCM（以下「CM」）、日用品や食品のパッケージ（以下「パッケージ」と総称）に注目してきた（増地2013a他）。本稿が取り上げる交通広告もそのような資料の一つである。身近な文字資料に注目

することの意義は増地（2016）に述べたが、特に生活のための日本語習得も重視されるであろう日本語教育においては、身近な資料に見られる実例を題材にすることに大きな意味が認められよう。しかし、身近な文字資料における非標準的なカタカナ表記を扱った論考は特に少なく、新聞の折込広告を調査した片田（2005）や電車の中吊り広告における実態を記述した魏（1999）等があるものの、日常生活に密着した表記の様相を把握するには不十分である。そこで、本稿では交通広告を調査対象とする[注3]。交通広告を扱う意義は、日本語学習者が日常で目にする生教材の一つである点、記録しなければ後世に残されていくことがない文字情報の実例を記録し残す点にある。

　さて、以上のような先行研究の調査をする過程で筆者が知ったのは、日本語教育においてはカタカナ教育の優先順位が高くないという現状である。日本語教育の観点から非標準的なカタカナ表記を扱った研究として、冒頭に述べた五十嵐（2012）の他、中山（1998）、中山他（2008）、村中・黎（2013）等がある。中山（1998）によれば、日本語教育で「生教材を導入すると生じる問題の一つが片仮名表記される語である」という（p.61）。そしてそれは、「外国の地名や人名、外国から来た言葉（外来語）は片仮名で書くと教え、テキストで提出されるものも、その範囲を越えるものではない」にもかかわらず、新聞や雑誌等の生教材にはその規則に合致しない例が見られるために生じる問題であることが示唆されている（p.61）。また、村中・黎は「使用される文字の種類が多いだけでなく、その文字種の使い分けの規則が厳密でないことに学習者は困惑するようである」（p.113）とし、「カタカナの使用法についての明示的な説明や、指導法の開発がもっと考えられてもよいのではないだろうか」（p.131）と述べる。

　筆者は日本語教育が専門ではないが、表記（文字種の使い分けを含む）以外の学習項目がまず優先されているのであろうことは想像がつく。現在の教育方針は当然、何をどのような順序で教授するのが学習者にとって最善であるのかが十分に研究され、理論で裏づけられた上でのものなのであろう。しかし、文字種選択の仕組みを扱うことが日本語母語話者の表記意識を知ることにつながるとするならば、そこには日本語教育における一定の意義が認められるのではないか。その意義を考察することが、本稿の目的である。

3 調査の対象と方法

　本稿が調査対象とした交通広告について述べる。「交通広告」とは、「私たち
の生活環境をとりまく、様々な交通機関や交通関連施設のスペースを利用した
あらゆる広告媒体の総称」であり、「日常生活において「移動者」とコミュニ
ケーションする生活に密着した媒体」であるとされる[注4]。つまり、交通機関
を利用している間に目にする広告全てである[注5]。車両内部の天井から吊られ
ている「中吊り」、網棚の上に掲出される「まど上」のポスターや「ドア横」
のステッカーなど、その種類は多岐にわたる[注6]。本稿の調査対象にはこれら
全てが含まれるため、以下本稿で「交通広告」と言う時には、これらの総称と
して用いる。

　こうした交通広告における文字情報は、筆者がこれまで調査対象としてきた
Eメール、テレビ番組、CM、パッケージの文字情報と同様、BCCWJなどのコー
パスに含まれていない。先述したように先行研究でもあまり扱われていな
い。しかしながら、交通広告に見られる文字情報は日常生活に密着したもので
あり、人々の文字生活や表記に対する意識の形成に大きな影響を与えていると
考えられる。なお、CMと交通広告は、主に商業目的である点や、使用される
文字情報が文章ではなく短い文字列である点など共通点が多いが、文字情報の
表示時間は大きく異なる。CMは短時間で消えるのに対し、交通広告はすぐに
消えるわけではないため、学習者の目にも止まりやすい。一文が短い点、後述
するように基本語彙と多くが重なる点、写真や絵が伴う点から、生教材の一つ
として導入もしやすい資料であろう。

　◇調査期間：2010年12月〜 2016年11月
　◇収集・記録方法：筆者が日常生活において目にした[注7]交通広告から、非
　　標準的なカタカナ表記を前後の文字列、商品またはサービス名、広告のス
　　ポンサー名と共に書き取り、収集日と合わせてExcelに入力した。そして、
　　品詞、語種、漢字に関する条件を付与した。品詞情報と語種情報は『かた
　　りぐさ』[注8]による。全く同じ広告は一度のみ収集の対象とした。

4 調査結果

4.1 交通広告における非標準的なカタカナ表記語の属性

本項では属性から全体像を見る。品詞、語種、漢字に関する条件を統合して集計した結果が表1である。品詞欄の「その他」54件に含まれるのは、掛詞、固有名詞、感動詞、助動詞、助詞、接頭詞、接尾辞、助数詞、連体詞等である。

表1 品詞・語種・漢字に関わる条件

品詞＼語種	和語		漢語	混種語	その他・不明			計			品詞別計（全体における%）
	漢有	漢無	漢有	漢有	漢有	漢無	漢他	漢有	漢無	漢他	
名詞（一般）	250(198)	14	54(49)	7(7)		1	9	311(254)	15	9	335 (47.0%)
名詞（代名詞）	29(19)		4(4)					33(23)	0	0	33 (4.6%)
名詞（形容動詞語幹）	10(9)	6	73(73)	4(4)				87(86)	6	0	93 (13.0%)
名詞（サ変接続）		1	10(10)					10(10)	1	0	11 (1.5%)
動詞	26(17)	4		2(2)				28(19)	4	0	32 (4.5%)
形容詞	29(9)	5		1(1)				30(10)	5	0	35 (4.9%)
副詞	14(7)	94	9(8)	3(1)				26(16)	94	0	120 (16.8%)
その他	11(10)	21	18(16)	2(2)	1(1)		1	32(29)	21	1	54 (7.6%)

※漢有：漢字あり、漢無：漢字表記が存在しない、漢他：その他・不明
※「計」欄以外の数値0は表示していない。　※（　）の数字は「漢有」のうち常用漢字で書ける語の数。
※和語の「漢他」欄および漢語と混種語の「漢無」「漢他」欄は、出現数0であったため省略した。

4.2 交通広告における非標準的なカタカナ表記の実例と特徴

本項では、先行研究の成果も参照しながら具体例をいくつかの観点から示す。まず出現頻度が4以上の語を表2に示す。表内の記号の意味は次の通りである。

×：表外字　　▽：表外音訓　　＝：常用漢字表付表にない熟字訓
※：2010年11月30日内閣告示「常用漢字表」で追加されたもの
語種欄のW：和語、K：漢語、H：混種語

　「基本語彙」欄に○◎がある語は『日本語教育のための基本語彙調査』（国立国語研究所1984）に掲載されている6,060語に含まれ、◎はその中で「より基本的な語」とされる2,030語に当たる。これらを以下「基本語彙」と呼ぶ。その右側の二つの「BCCWJ」欄は、柏野・中村（2013）によるBCCWJの調査結果「カタカナ表記頻度上位100語（表2）」（p.286）および「カタカナ表記率上位50語（表3）」（p.287）に含まれる語かどうかを示す。欄内の数字は、柏野・中村の表2・表3における順位である。その右側には『分類語彙表―増補改訂版』（国立国語研究所2004）による意味分類（部門）を示した。右端の「パッケージ」欄に○印がある語は、増地（2016）で日用品等のパッケージを調査した際にも出現頻度が4以上であった[注9]。付された数字は出現数である。

　まず、増地（2016）のパッケージの調査結果と比較する。以下、本文中の【　】内は、その文字種で表記されていることを示す。パッケージでは4回以上観察されなかった語（「パッケージ」欄に○印がない語が該当）が、交通広告においては多く見られた。意味との関連で見ると、交通広告では「人間活動」の意味分野に属する語が目立つ。一方で、パッケージでは多く見られた「生産物および用具」に属する語は少ない。また、交通広告における非標準的なカタカナ表記は、多様な品詞において出現している。パッケージで出現頻度が4以上の語はほとんどが名詞（一般）であり、他には名詞（形動）と副詞が散見される程度であったのと対照的である。交通広告とパッケージの文字情報は、キャッチコピーなどの短い文字列が中心である点で共通しているが、使用される語彙は総体的に見て異なっていることが示唆される。

　表2の語は、7割程度が基本語彙に含まれている。しかし、BCCWJにおけるカタカナ表記率が上位50位に入っていたのは【コク】1語（15位）であった。この「カタカナ表記率」は、同じ語がカタカナで書かれる割合の高さを示す。カタカナ表記そのものの数を示す「カタカナ表記頻度」を見ても、順位100位以内の語は7語のみである。つまり、表2の語は「基本的な語であり、かつ漢

表2　出現頻度4以上の非標準的なカタカナ表記

出現例	漢字表記	頻度	語種	品詞	基本語彙	BCCWJカタカナ表記頻度（順位）	BCCWJカタカナ表記率（順位）	『分類語彙表－増補改訂版』部門	パッケージ
おトク	お得	31	H	名詞（形動）	注1			人間活動―精神および行為	
キレイ	奇麗／×綺麗	26	K	名詞（形動）	◎	24		抽象的関係	○11
カラダ	体	23	W	名詞（一般）	◎			自然物および自然現象	○7
チカラ	力	23	W	名詞（一般）	◎			抽象的関係	○10
ニオイ	※匂い／※臭い	21	W	名詞（一般）	◎			自然物および自然現象	○27
スッキリ	－	19	W	副詞	○	89		抽象的関係	○8
キミ	君	11	W	名詞（代名詞）	◎			人間活動の主体	
カタチ	形	10	W	名詞（一般）	◎			抽象的関係	○4
モノ	物	10	W	名詞（一般）	◎	1		生産物および用具	
ココロ	心	9	W	名詞（一般）	◎			人間活動―精神および行為	
コク	濃くまたは酷か	9	W? K?	名詞（一般）			15	自然物および自然現象	○77
ワキ	×脇／×腋	8	W	名詞（一般）	○			自然物および自然現象	
カンタン	簡単	7	K	名詞（形動）	◎			抽象的関係	○9
オススメ／おススメ	お勧め／お薦め／▽お奨め	7	W	名詞（一般）		15(注2)		人間活動―精神および行為	
シゴト	仕事／▽為事	6	W	名詞（一般）	◎			人間活動―精神および行為	
ニキビ	面=皰	6	W	名詞（一般）				自然物および自然現象	
トク	得	6	K	名詞（一般）	◎			人間活動―精神および行為	
ヒザ	膝	5	W	名詞（一般）	◎			自然物および自然現象	
ベタつき	－	5	W	名詞（一般）				自然物および自然現象	
ムダ	無駄／▽徒	5	W	名詞（一般）	◎			人間活動―精神および行為	
ワタシ	※私	5	W	名詞（代名詞）		27		人間活動の主体	
ワクワク	－	5	W	副詞				人間活動―精神および行為	
サラサラ	－	5	W	副詞				自然物および自然現象	○5
ラクラク	楽楽／楽々	5	K	副詞				人間活動―精神および行為	
ネ	ね	5	W	終助詞					
カサつき	－	4	W	名詞（一般）				自然物および自然現象	
クルマ	車	4	W	名詞（一般）	◎	11		生産物および用具	
スキ	好き	4	W	名詞（一般）	◎			人間活動―精神および行為	
ヒゲ	×髭／×鬚／×髯	4	W	名詞（一般）	◎			自然物および自然現象	
ヒミツ	秘密	4	K	名詞（一般）	○			抽象的関係	
ニッポン	日本	4	K	固有名詞（地名）	◎				
ボク	僕	4	K	名詞（代名詞）	◎	5		人間活動の主体	
ダメ	駄目	4	H	名詞（形動）	◎			抽象的関係	
ラク	楽	4	K	名詞（サ変）	◎			人間活動―精神および行為	
スゴイ	×凄い	4	W	形容詞	○			人間活動―精神および行為	
ハマる	×嵌まる・▽填まる	4	W	動詞				人間活動―精神および行為	
キラキラ	－	4	W	副詞	○			自然物および自然現象	
	頻度4以上　計	320		品詞欄の「名詞（形動）」は「名詞（形容動詞語幹）」の略である。					

注1）「トク」に接頭詞「お」が付いた「おトク」の例が多く見られたため、単なる「トク」とは区別した。
　　　「トク」（得）は『日本語教育のための基本語彙調査』において「より基本的な語」（◎）とされている。
注2）「ススメル」の順位

表3　出現頻度3以下の非標準的なカタカナ表記

＊用例は出現した語形にて、動詞と形容詞の漢字表記は終止形にて示す。

＊カタカナ表記部分だけでは語がわかりにくいと判断した場合は、補足説明や前後の文字等を補った。

頻度	語種／品詞	用例	語種／品詞	用例
3	W／名詞（一般）	ウチ（▽家）、カギ（※鍵）、コト（事）、シミ（染み）、タテ（縦）、ヌリ（塗り）、ハリ（張り）　など計8語		
	W／名詞（代名詞）	アナタ（貴＝方）、ヤツ（▽奴）		
	W／形容詞	イイ（▽善い／▽良い／▽好い）、ウマい／ウマけりゃ（▽甘い／▽旨い／▽巧い）　など計5語		
	W／副詞	イキイキ（生き生き／活き活き）、ウキウキ（浮き浮き）、ガチ、ゴクゴク、スグ（▽直ぐ）、モヤモヤ		
	K／名詞（一般）	ガン（×癌）、ケイリン（競輪）	K／名詞（形動）	ベンリ（便利）
	K／副詞	イッキ（一気）	K／感動詞	ホント（本▽当）
	その他	ホーダイ（放題）		
2	W／名詞（一般）	カゼ（風邪）、カビ（×黴）、キレ（切れ）、クシャミ（×嚔）、テカリ、ワザ（業／技）　など計16語		
	W／名詞（代名詞）	オレ（×俺／▽己／乃＝公）、ココ（×此／処）	W／名詞（助数詞）	カ月（箇月／▽個月）
	W／動詞	デキル（出来る）、スベリます、スベっても（滑る）	W／名詞（形動）	シアワセ（幸せ）
	W／副詞	ガツン、ゴロゴロ、サクサク、サラッサラ、バシャッ、ホッ	W／形容詞	アツイ／アツく（熱い）
	W／感動詞	アノ（▽彼の）	W／その他	求ム（活用語尾）
	K／名詞（一般）	ゴクラク（極楽）、ソッコー（即効、速攻、速効）、ナイショ（内緒）		
	K／名詞（サ変）	ガマン（我慢）、カンパイ（乾杯）	K／副詞	イチバン（一番）
	H／名詞（一般）	エキナカ（駅中）、エキマエ（駅前）	H／動詞	トクする（得する）
	H／副詞	サッと（×颯と）		
1	W／名詞（一般）	アザ（×痣、×黶）、アシ（足／脚）、アタマ（頭）、アブラ（油／脂／×膏）、石コロ（石▽塊）、イス（※椅子／×倚子）、ウソ（×嘘）、ウマさ（▽甘さ／▽旨さ／▽巧さ）、エリ（襟）　など計59語		
	W／名詞（代名詞）	アレ（▽彼）、アンタ（貴＝方）、ナニ（何）	W／名詞（固有名詞）	シブヤ（渋谷）
	W／名詞（形動）	イヤ（嫌／×厭）、ガチ、カラカラ、キライ（嫌い）、キンキン、ゴワゴワ、つるスベ（滑）、スベスベ（滑滑／滑々）、ソゾロ（▽漫ろ）、バレバレ、ヒエヒエ（冷え冷え）、ユタカ（豊か）、ルンルン		
	W／名詞（サ変）	ビックリ	W／名詞（接尾辞）	マル得（丸）
	W／形容詞	アブナすぎる（危ない）、ウレシイ（×嬉しい）、エライ（偉い／▽豪い）、オイシイ（美＝味しい）、コワイ（怖い／▽恐い）、ニクイ（憎い）、ハヤイ（早い／速い）、マズイ（不＝味い）　など計13語		
	W／動詞	アタル（当たる）、アリ（有る）、カナエル（叶える）、キラめく（×煌めく）、ケズった（削る）、コマる（困る）、ズレて、タマる（×溜まる／×堪る）、ツカエル（使える）、ハタラク（働く）　など計24語		
	W／副詞	イライラ（×苛々）、イロイロ（色色／色々）、キチン、ギューっと、ギュルギュル、コッテリ、サクッ、ジュワっと、スルスル、ドカン、ドン、ナゼ（何＝故）、トコトン、ピッタリ、ベタベタ　など計42語		
	W／感動詞	イタタタ、サヨナラ（左様なら）、ジャン、ブハー		
	W／その他	アール（助動詞「ある」）、ガ（格助詞）、セ（終助詞）、タイ（助動詞）、ッ（終助詞）、デ（格助詞）、マス（助動詞）、ョ（終助詞）		
	K／名詞（一般）	カンケー（関係）、ガンコ（頑固）、グチ（愚痴）、ケイバ（競馬）、セカイ（世界）、センイ（繊維）、チカン（痴漢）、ヒコーキ（飛行機）、皮フ（膚）、ベンピ（便秘）、ミリョク（魅力）　など計29語		
	K／名詞（固有名詞）	カエツ（嘉悦）、セイトク（聖徳）、チカハク（地下博）		
	K／名詞（形動）	カイテキ（快適）、バカ（馬※鹿／×莫＝迦）、ヘン（変）、ムリ（無理）		
	K／名詞（サ変）	カクゴ（覚悟）、コーフン（興奮／×昂奮／×亢奮）、サイコー（最高）		
	K／副詞	コツコツ（×矻々／×兀々）	K／名詞（接尾辞）	チュー（中）
	H／名詞（一般）	キモチ（気持ち）、クチコミ（口コミ）、ホンモノ（本物）	H／形容詞	シカクい（四角い）
	H／副詞	イマイチ（今一）	その他	ブス、入リーナ

131

字またはひらがなで書かれることが多い語」ということになる。そのような語がカタカナ表記される背景には、何らかの積極的な理由が想定される。

　そして表3は、出現頻度3以下の語の一部を示したものである。一度しか観察されなかった語が極めて多く、ここでも品詞・語種ともに多岐にわたった。交通広告という、創作物の側面を持つ媒体の性質が現れた結果であると言える。掛詞の例も9例見られた。【ウナクールさま<u>サマ〜</u>】（下線部が「様」と「summer」を意味する）などである。

　次に、出現頻度11以上の語につき、どのような商品やサービスの広告に出現したのかを見る。商品やサービスごとに広告を分類すると表4の通りである。

　例えば合計26件出現した【キレイ】の場合、表4では商品・サービスを大まかに10に分類したが、「健康・美容関係」ということでさらにまとめれば、【キレイ】という表記が出現する広告は、その扱う商品・サービスという観点から大体限定される。【おトク／トク】も、商品・サービスの「利用促進」のための広告においてほとんどが出現している。【ニオイ】【キミ】なども、出現する

表4　頻度11以上の非標準的なカタカナ表記が出現した広告の商品・サービス

＊頻度の高い順。ただし【トク】は【おトク】の次に示す。

	頻度	商品・サービス（丸かっこ内は出現数）
おトク	31	交通機関やカードの利用促進（12）、交通機関のお得なプラン（7）、商業施設のイベントやセール（5）、情報通信サービス（3）、クレジットカード会社のキャンペーン（1）、スポーツクラブのキャンペーン（1）、ガス器具（1）、賃貸住宅（1）
トク	6	交通機関やカードの利用促進（3）、交通機関のキャンペーン（1）、量販店のカード利用促進（1）、住宅情報誌（1）
キレイ	26	健康食品（8）、美容関連事業（5）、化粧品（3）、施設案内（3）、交通機関のキャンペーンなど（2）、飲料（1）、食品（1）、空気清浄機（1）、美顔器（1）、猫背矯正ベルト（1）
カラダ	23	酒類以外の飲料（10）、日用品／全身用（5）、スポーツクラブの入会案内（2）、美容関連事業（2）、酒類（1）、STOP飲酒啓蒙広告（1）、旅行会社のプラン案内（1）、医薬品（1）
チカラ	23	予備校・大学の入学・学校案内（5）、医薬品（5）、健康食品（3）、日用品／全身・髪用（3）、公共広告（2）、公共施設のイベント案内（1）、スポーツクラブ入会案内（1）、酒類（1）、化粧品（1）、新聞社企業広告（1）
ニオイ	21	日用品／全身・髪用（18）、消臭・抗菌衣類等（3）
スッキリ	19	酒類（5）、医薬品（4）、美容関連事業（2）、食品（2）、酒類以外の飲料（2）、日用品／顔用（2）、日用品／全身用（1）、金融商品（1）
キミ	11	予備校・大学の入学・学校案内（7）、転職支援（1）、インターネット情報提供サービス（1）、モバイルゲーム（1）、酒類（1）

広告は極めて限定的である。

5 日本語教育において《非標準的なカタカナ表記》と《文字種選択の仕組み》を扱う意義

5.1 日本語教育において《非標準的なカタカナ表記》を扱う意義

　ここまで、交通広告における非標準的なカタカナ表記の実例を複数の観点から示し、その特徴を述べてきた。こうした非標準的なカタカナ表記を日本語教育で扱うことには、どのような意義が認められるであろうか。

　まず、日本における生活面での意義が指摘できる。そもそも現実問題として、教室を一歩出れば、非標準的な表記の実例を学習者は目にすることになる。和語や漢語のカタカナ表記をはじめ、外来語が漢字やひらがなで表記された例などである。特に日本語の語彙の大半は和語と漢語が占めるため、それらがカタカナで表記された非標準的なカタカナ表記が出現する頻度は、外来語が漢字やひらがなで表記された例に比べて高い。現状に鑑みれば、少なくとも「どのような時に、どのような語（和語・漢語）がカタカナ表記されることがあるのか」という事実およびカタカナ選択に関わる仕組みや条件を最低限学んで知っておくことは、学習者が日本で生活する上で必要なことではないかと思われる。

　また、実際的な学習場面における意義も認められる。ポクロフスカ (2016) は、「モノ」がカタカナで書かれるという知識がない日本語学習者が「メモ」と読み誤ったために、文章全体の正しい理解が阻害された事例を報告している。調査対象者12名中8名がキーワードである「モノ」を「メモ」と読み誤ったという (p.154)。もし、学習者が「「物／もの」はカタカナで書かれることがある」という知識だけでも持っていたなら、そのような誤読を招く可能性は格段に低くなるであろう。実際、本稿の調査結果においても【モノ】は10件見られた。表2のBCCWJの結果においても「物」はカタカナ表記頻度が第1位であり、全ての非外来語の中でカタカナ表記された頻度が最も高かったとされる。【モノ】は現代日本語の文字言語において、広く流通している表記なのである。基本的な語でかつBCCWJでカタカナ表記率や頻度の高い語については特に、「カタカナ表記される」という知識があるだけで誤読のリスクを軽減できる。

表3にあるように、出現頻度の低い非標準的なカタカナ表記も非常に多かった。それらの中には、一時的にその時のみ出現する臨時的な用法も多いと想定される。例えば、日本語教育においてはそうした臨時的な用法については扱わず、出現頻度の高いものを合理的、効果的に教授するなどの方法が考えられないであろうか。表4で見たように、例えば交通広告において、ある一つの表記が出現する広告の対象商品やサービスには大まかな傾向がある。したがって、頻出する表記については、「媒体―ジャンル（サービス）―語彙―表記」つまり「場面」「内容」「形式」を連動させ、セットで教える方法も可能性として考えられそうである。「日用品を扱う交通広告においては、「臭い」は【ニオイ】と表記されることがある」などというようにである。もちろん、交通広告に限らず他の媒体においても同様の傾向を見出し、「媒体―ジャンル（サービス）―語彙―表記」をひとまとまりにして教えることは可能であろう。

5.2 日本語教育において《文字種選択の仕組み》を扱う意義

非標準的なカタカナ表記を扱うだけでなく、なぜそのような表記が出現するのか（なされるのか）という文字種全般の選択に関わる仕組みを日本語教育で扱うことにも意義があるのではないか。なぜならそれは言語行動全般における日本語母語話者の価値観や判断基準を知ることにつながるからである。

日本語母語話者は、普段の表記行動において意識的・無意識的に文字種を選択する。例えば【気付く】と【気づく】であれば、個人の習慣や好みによってほぼ無意識のうちに漢字かひらがなかを選択している場合が多いであろう。また、ごみを捨てる場所に貼り紙をする時には、【ゴミ捨て場】と【ごみ捨て場】の選択肢から、おそらくは無意識のうちにいずれかを選択し、表記するであろう[注10]。しかし、例えば【メンドーだね】【カンパイしよう】などと友人にメールやLINEのメッセージを送る際の【メンドー】【カンパイ】についてはどうであろうか。表記主体によっては半ば無意識にカタカナを選択するかもしれないが、その同じ表記主体であっても、コミュニケーションの相手が友人ではなく先生であれば、同じ語の表記に【面倒】【乾杯】と漢字を選択する可能性は極めて高い。

これは複数の文字種を使用する日本語に特有の現象であり、1種類しか文字種を使用しない言語を母語とする学習者には想像もつかないことであろう。ど

の文字種で表記するかによって、語感や時には意味さえも変わることがある[注11]。その事実を知らないままに「書きやすい」とか「よく見るから」という理由によってカタカナで表記すると、伝えたい内容を的確に伝えることができない可能性があるばかりか受け手に失礼な印象をも与えかねない。日本語母語話者は、そのような点も判断基準の一つとして文字種を選択する。

　例えば増地（2013a）では、Eメールで使用された【ヨロシク】【スミマセン】の実例を示した。増地（2013a）で考察した通り、これらはカタカナの使用によって「堅苦しくない」「親しい」空間を作り、相手との距離を縮めようとする表記主体の意識に基づくものと想定できる（p.130）。交通広告で言えば【キミ】などは典型的な例であろう。しかしながら、この類いのカタカナ表記は、Eメールの話題や受け手との関係性によっては出現しない。つまり、日本語母語話者の表記意識においては、場や人間関係といったコンテクストを踏まえた上で、自身の価値観や判断基準に照らして最も適切と思える文字種を選択する場合がある。2節で述べた「連動」（蒲谷2006）が起きているのである。

　一方で、場や人間関係といったコンテクストよりも他の要因が優勢となって出現したと考えられる非標準的なカタカナ表記も多々観察される。例えば交通広告においては【大人のニキビに効く】【おなかスッキリいい調子。】等の例が見られたが、これらはカタカナ部分をひらがな表記するとひらがなが続いて読みにくくなってしまう。そこで、2節でも述べたように「ひらがなへの埋没回避」が要因として先行研究で指摘されてきた。また、表外字であるなど漢字で書きにくい事情にある（佐竹2001他）ことや「この語はカタカナで書かれるな」という「カタカナ表記存在感覚」（増地2016）つまり直観的判断も、上記の例がカタカナで表記された理由、要因の一つとして考えうるものである。

　ここで、表記主体の意識には2種類があることがわかる。一つには、非言語的な要因としての意識である。それは、コンテクストを踏まえて人間関係を調整しようとするような語用論的な意識に代表される。二つめは、言語的な要因としての意識である。埋没を回避して読みやすさを追求したり、漢字で書けないためカタカナを選択するなどといった、言語そのものに関わる意識を指す。この2種類は質の異なる意識であり、常に同時に働いている。

　これらの2種類の意識を背景として様々な要因が働き、文字種が選択された

結果の一つが、非標準的なカタカナ表記である。ただし、どの要因が働くか、また、どのような要因が優勢に働くかは、各々の用例によって異なる。そこには日本語母語話者の価値観や判断基準が反映し、表記行動となって如実に現れる。したがって、「どのような場合に、どのような要因によって、どの文字種が選択されるのか」という選択に至るまでの仕組みを知ることは、言語行動全般における日本語母語話者の意識のありようを知ることにつながっていく。文字種選択の仕組みを明らかにする作業は、母語話者が何となく持っている暗黙の共通認識を可視化する試みだからである。

　日本語母語話者の言語行動全般における意識を知ることは、その後の日本語学習の推進力となると共に、日本での日常生活におけるより良いコミュニケーションの実現にも役立つはずである。確かに、カタカナ教育だけに注目するとその重要性は見えにくいかもしれない。単に「一つの語を表記するにあたり、漢字・ひらがな・カタカナ・Alphabetからどれを選ぶか」という機械的な作業上の問題にすぎないのであれば、上級や超級になってから習得しても十分な内容のように思えるかもしれない。しかし、日本語母語話者の表記行動という枠組みの中で文字種が選択される仕組みに注目することで、日本語教育における以上のような意義を認めることができるであろう。

6 まとめと今後の課題

　本稿ではまず、現代日本語を反映した文字資料の一つとして交通広告を調査対象とし、実例と特徴を示した。今後も対象を変えて現代における文字言語の実態を把握し、非標準的なカタカナ表記がなされる仕組みを探っていきたい。

　次に、日本語教育で《非標準的なカタカナ表記》と《文字種選択の仕組み》を扱うことの意義を日本語学の立場から考察した。日本語母語話者が文字種を選択するに至る仕組みや、表記行動に反映する価値観等を、学習者に教授することについては賛否があることであろう。筆者としては、筆者の立つ位置から見える事実と考えうる意義とを提示した。日本語教育に携わる研究者、専門家の方々がカタカナ教育のあり方を検討される際の材料となるなら、幸いである。

〈愛知淑徳大学（助教）／早稲田大学大学院生〉

注

[注1] ……… 例えば、テレビCMの表現に関してはガイドラインが存在し、「わかりやす
い適正な言葉と文字を用い」「特に取引や使用上の重要な事項の説明には、
文字の大きさや表示時間など、視認性に配慮すべきである」とされている
（日本民間放送連盟2014: 69）。しかし、使用すべき文字種に関する基準は示
されていない。

[注2] ……… 非標準的なカタカナ表記はおろか、カタカナ文字そのものやカタカナ語（す
なわち外来語）の教育も十分ではないとの指摘もある（中山他2008）。

[注3] ……… 魏が調査対象とした電車の中吊り広告は、本稿の調査対象である交通広告の
一部である。本稿は、中吊り広告も含む交通広告全体を対象とする。

[注4] ……… 協立広告㈱「交通広告の特徴」

[注5] ……… すなわち交通機関とその周辺の場における商業広告のことであり、「交通機
関そのものに関する情報などが書かれている広告」という意味ではない。

[注6] ……… 交通広告における媒体の分類の仕方や名称はさまざまである。ここでは、関
東交通広告協議会および協立広告㈱の分類と名称を参考にした。

[注7] ……… 筆者自身が現代日本における1人の生活者として行動し、交通機関利用時に
目にした用例である。例えば満員電車であったり両手が使えないなど、記録
できない状況にある時以外はできる限り記録した。交通機関は、通勤・通学
に利用する京浜急行線（本線）、都営浅草線、東京メトロ東西線が中心であ
るが、休日等に外出した際に収集した用例についてはその限りではない。調
査対象に偏りがあるとの指摘は免れないが、存在する交通機関全てにおける
広告を網羅的に調査することは困難であるため、また、日常の文字生活を反
映した結果を得たいと考え、こうした調査方法を取った。増地（2016）にお
けるパッケージの調査も、同様の方法によるものである。なお、雑誌につい
ての交通広告は本稿の調査対象には含まない。その文字情報は雑誌の中の見
出し等が中心であるため、交通広告ではなく雑誌という媒体の文字情報とし
て扱うべきと考える。

[注8] ……… 国立国語研究所作成の語種情報データ。掲載がない語には、類似の語を参照
し筆者の判断で語種情報を付与した。http://www2.ninjal.ac.jp/lrc/index.php

[注9] ……… 増地（2016）でパッケージから収集した用例は707件である。増地（2016）
と本稿は、同様の方法と期間で収集した、ほぼ同数の用例を対象としている。

[注10]……… 「ゴミ」は外来語ではないにもかかわらず、カタカナ表記が多く観察される。
このような現象が起きる仕組みを記述するのが筆者の取り組みである。

[注11]……… 例えば、カタカナ表記の【クビ】は身体の一部分としての「首」ではなく、「仕
事などを辞めさせられる」という意味を受け手に想起させる等である。

参考文献

五十嵐優子（2012）「日本の社会とカタカナ表記」『Mukogawa literary review』49, pp.15–25.

魏聖銓（1999）「現代日本語のカタカナ使用の一側面―中吊り広告ポスターに用いるカタカナ語を中心に」『外国語学会誌』28, pp.103–121. 大東文化大学外国語学会

柏野和佳子・中村壮範（2013）「現代日本語書き言葉における非外来語のカタカナ表記事情」『第4回コーパス日本語学ワークショップ予稿集』pp.285–290.

片田康明（2005）「広告で見るカタカナ語について―食品販売店4社の食品広告を例として」『天理大学学報』56(2), pp.151–159.

蒲谷宏（2006）「「待遇コミュニケーション」における「場面」「意識」「内容」「形式」の連動について」『早稲田大学日本語教育研究センター紀要』19, pp.1–12.

関東交通広告協議会ホームページ　http://www.train-media.net/index.html（2016年11月1日参照）

喜古容子（2007）「片仮名の表現効果」『早稲田日本語研究』16, pp.61–72.

協立広告㈱ホームページ「交通広告とは」http://www.kyoritz-ad.co.jp/media/（2016年11月1日参照）

斎賀秀夫（1955）「総合雑誌の片かな語」『言語生活』46, pp.37–45.

佐竹秀雄（2001）「新聞投書欄の片仮名表記―1999年の新聞3紙を資料として」『武庫川女子大学言語文化研究所年報』13, pp.5–17.

柴田真美（1998）「現代のカタカナ表記について」『学習院大学国語国文学会誌』41, pp.12–20.

中山恵利子・陣内正敬・桐生りか他（2008）「日本語教育における「カタカナ教育」の扱われ方」『日本語教育』138, pp.83–91.

中山恵利子（1998）「非外来語の片仮名表記」『日本語教育』96, pp.61–72.

日本民間放送連盟（2014）「第15章 広告の表現」『民放連 放送基準解説書2014』pp.69–81.

ポクロフスカ，オーリガ（2016）「キーワードの読み誤りが文章理解に及ぼす影響―ウクライナ人初中級日本語学習者のケーススタディ」『日本語／日本語教育研究』7, pp.149–164.

堀尾香代子・則松智子（2005）「若者雑誌におけるカタカナ表記とその慣用化をめぐって」『北九州市立大学文学部紀要』69, pp.35–44.

増地ひとみ（2013a）「Eメールにおける文字種の選択―非標準的な表記の背後に働く語用論的要素」『待遇コミュニケーション研究』10, pp.120–136.

増地ひとみ（2013b）「テレビ番組の文字情報における文字種の選択―番組のジャンルと語用論的要素に注目して」『早稲田日本語研究』22, pp.24–35.

増地ひとみ（2015a）「テレビ番組の文字情報における非標準的なカタカナ表記―「文字列への埋没回避」の観点から」『国文学研究』176, pp.82–67. 早稲田大学国文学会

増地ひとみ（2015b）「テレビCMの文字情報における文字種の選択―CMのジャンルと語用論的要素に注目して」『早稲田日本語研究』24, pp.13–24.

増地ひとみ（2016）「日用品のパッケージにおける非標準的なカタカナ表記―表記の「流通」を中心に」『早稲田日本語研究』25, pp.1–14.

村中淑子・黎婉珊（2013）「中上級日本語教科書における非外来語のカタカナ表記の実態」『国際文化論集』48, pp.113–134. 桃山学院大学総合研究所

逆接接続詞の繰り返し使用に関するコーパス調査

渡辺裕美・関 玲・酒井晴香・陳 琦

♣要旨

本研究では、日本語母語話者による逆接接続詞の繰り返し使用の実態について、小論文コーパスと学術論文コーパスを用いて検討した。分析の結果、逆接接続詞の中でも「しかし」は繰り返し使用が多く、書き手が許容している可能性があることが示唆された。それに対し、「しかしながら」「だが」「ところが」は同一接続詞の繰り返しが見られず、他の逆接接続詞が後続しにくいことが示された。なお、「しかし」については、小論文コーパスで繰り返し使用が確認された文を用いて、繰り返しが読み手にも許容されるかどうかを調査した。その結果、「しかし」の繰り返しはほとんど指摘されなかったことから、「しかし」の繰り返しは書き手だけでなく、読み手にとっても許容される可能性が高いことが示唆された。

🌿キーワード
逆接接続詞、書き言葉、コーパス、繰り返し、許容度

♣ABSTRACT

This study aimed to investigate the repetitive use of six adversative conjunctions by native Japanese speakers in written texts. The materials used were a corpus of original essays and academic papers created by the authors of this study. Results indicated that the repetitive use of shikashi was most common among the six adversative conjunctions, which appeared to be highly acceptable for writers. In contrast, the repetitive use of shikashinagara, daga, or tokoroga was not observed, and there were very few cases where they co-occurred with and preceded other adversative conjunctions. We also conducted a survey to assess readers' tolerance of the repetitive use of shikashi within the corpus of essays, and very few participants considered it unacceptable.

🌿KEYWORDS
adversative conjunctions, written texts, corpus, repetition, tolerance

A Corpus Study into the Repetitive Use of Adversative Conjunctions

HIORMI WATANABE, LING GUAN,
HARUKA SAKAI, QI CHEN

1 はじめに

　私たちは文章を構成していく際、意識的にせよ無意識的にせよ同一表現の繰り返しを避け、類似表現に言い換えることがある。逆接接続詞は文章を論理的に構成していく際に必須かつ頻出の表現の1つであるが、一口に逆接接続詞といっても「しかし」「だが」など様々な表現があるため、母語話者は同一表現を繰り返さないよう言い換えをしていることが予測される。

　日本語学習者の作文指導においても、同一表現の繰り返しをしないように指導が行われている。内藤（2016）では同一表現の重複について「誤用にはならないものの、冗長で稚拙な印象を読み手に与えるだけでなく、理解しにくくさせてしまうおそれもある」（p.65）として、重複回避は指導されるべきという前提において日本語作文教材を調査している。調査の結果、重複や省略の記述がある教材は、調査対象とした22冊中5冊[注1]であった。また内藤（2016）では今後の課題として、日本語母語話者の「重複」の判定調査の必要性を述べている。

　それでは、日本語母語話者は文章を書く際に頻出である逆接接続詞を、実際の文章構成の中でどのように繰り返して用いているのか。本研究では、日本語母語話者の逆接接続詞の繰り返し使用の実態を明らかにすることを目的とし、コーパス調査とその分析を行う。

2 先行研究

2.1 日本語教育における逆接接続詞

　日本語教育において、逆接接続詞は小論文やレポートなどの書くスキルを身につけることを目的とした教材の多くで取り上げられている（稲垣1986, 木村・山田1998, 友松2008, 二通・佐藤2014, アカデミック・ジャパニーズ研究会2016など）。これらの教材では、逆接接続詞の書き言葉と話し言葉の使い分けや、意味による形式の使い分けが主に紹介されている。例えば、二通・佐藤（2014）は、「でも、だけど」を「話し言葉の表現」としているのに対して、「しかし、だが」を「で

逆接接続詞の繰り返し使用に
関するコーパス調査

140

ある体」の表現としている。また、アカデミック・ジャパニーズ研究会（2016）
では、「しかし、しかしながら」の意味を「前文の内容に反する事実や意見を
示す」と説明している一方、「ところが」の意味を「予想に反する展開を示す」
と説明している。さらに、「しかし」と「しかしながら」の使い分けについて、
「「しかしながら」は「しかし」よりもかたい表現で、特に強調したい部分で使
われることがある」等と述べている。しかし、いずれの教材においても逆接
接続詞の繰り返し使用に関する記述は見られない。

2.2 逆接接続詞

逆接接続詞について、永野（1967）は「前のことがらとそぐわない事、つり
あわない事、反対の事、などが次にくることを表すもの。または、前とあとと
を対立させる意味を表すものもある」（p.86）と定義している。同様に、市川
（1978）、田中（1984）も、逆接接続詞は前件のことがらが後件に反する場合に用
いられると定義している。本研究では、永野（1967）、市川（1978）、田中（1984）
が逆接接続詞として共通して挙げている「しかし、だが、けれども、ところが」、
さらに、接続表現のジャンル別出現頻度調査（石黒・阿保他2009）において「論文」
で特に出現数が多い[注2]「一方、しかしながら」を分析対象とする。

3 方法

日本語母語話者の逆接接続詞の使用実態を調べるため、コーパス調査を行っ
た。分析対象は、得られた知見を日本語教育に応用することを前提とし、書き
言葉の中でも日本語学習者にとって書くスキルの習得が求められる小論文と学
術論文にすることとした。小論文コーパスは「NRI学生小論文コンテスト」[注3]
の2006〜2015年度の大学生（40本）および高校生（46本）による入賞小論文計
86本を独自にテキスト化し作成したもので、総形態素数は186,731である。学
術論文コーパスは人文系研究誌4誌[注4]の「研究論文／研究ノート」計50本を
独自にテキスト化したもので、総形態素数は343,510である。

分析では、まずコーパス別に各逆接接続詞の出現数を算出した（分析1）。次
に繰り返し使用の実態を把握するため、小論文コーパスは段落ごとに、学術論

文コーパスは小節[注5] ごとに各逆接接続詞の出現数を算出し、同一接続詞の出現数を分析した（分析2）。

4 結果と考察

4.1 分析1　逆接接続詞の出現数

逆接接続詞の出現数を表1に示す。分析の結果、小論文において出現数が最も多かったのは「しかし」で、次いで「一方」[注6]、「だが」、「しかしながら」、「ところが」、「けれども」の順で出現していた。学術論文コーパスにおいても、「しかし」の出現数が最も多く、次いで「一方」、「しかしながら」、「ところが」、「だが」の順で出現していた。以上の結果から、逆接接続詞の中では「しかし」の使用が最も多く、次に「一方」の使用が多いことがわかる。

表1　小論文と学術論文における逆接接続詞の出現数

	小論文コーパス				学術論文コーパス		
順位	接続詞	出現数	100万形態素あたりの出現数	順位	接続詞	出現数	100万形態素あたりの出現数
1	しかし	234	1253	1	しかし	232	675
2	一方（で）	37	198	2	一方（で）	119	346
3	だが	27	145	3	しかしながら	26	76
4	しかしながら	16	86	4	ところが	19	55
5	ところが	13	70	5	だが	6	17
6	けれども	1	5	6	けれども	0	0

4.2 分析2　逆接接続詞の繰り返し出現数

逆接接続詞の繰り返しについて、小論文コーパスにおける出現数を図1に、学術論文コーパスにおける出現数を図2に示す。図1は一段落内、図2は一小節内の繰り返し出現数を示している。図では1番目に出現する逆接接続詞別に繰り返しの出現順を示し、それぞれの繰り返しパターンについて出現回数を示

した。図1の場合、一段落内に逆接接続詞「しかし」が1回しか現れなかった
ものは出現回数が192、「しかし」が2回現れたものは出現回数が8、「しかし」
の次に「だが」が現れたものは出現回数が6ということを示している。同様に
図2の場合、一小節内に逆接接続詞「しかし」が1回しか現れなかったものは
出現回数が92、「しかし」が2回現れたものは出現回数が21、「しかし」の次に
「一方」が現れたものは出現回数が3ということを示している。なお、分析1で
最も出現数が多かった「しかし」をゴチック体で示した。

　分析の結果、小論文（図1）では「しかし」の繰り返し出現数が最も多く、特
に「しかし＋しかし（一段落内に「しかし」が2回現れたもの）」が8回と多い。それ
に対し、「しかしながら」「だが」「ところが」は同一接続詞の繰り返しが見ら
れないのに加え、同一段落内には他の逆接接続詞が出現しにくいことがわか
る。学術論文（図2）の場合も小論文同様、「しかし」の繰り返し出現数が最も
多く、特に「しかし＋しかし」が21回と多い。また、「しかしながら」「だが」
「ところが」に繰り返しが見られず、同一小節内に他の逆接接続詞が出現しに
くいことも小論文と共通している。なお、逆接接続詞の出現数全体を見れば、
繰り返し使用は単独使用に比べて多くはない。それでも、繰り返し使用に焦点
を当てれば「しかし」の繰り返しが多いのに対し、他の逆接接続詞の繰り返し
があまり見られないという点は特筆すべきであろう。

1回	2回	3回	回数
しかし			192
しかし	しかし		8
しかし	だが		6
しかし	ところが		2
しかし	しかし	しかし	2
しかし	だが	しかし	1
一方			27
一方	一方		2
一方	一方		3
一方	一方	しかし	1
しかしながら			13
しかしながら	しかし		1
だが			17
だが	しかし		3
ところが			11

図1　小論文における逆接接続詞の出現順と繰り返し回数

143

	1回	2回	3回	4回	5回	6回	回数
しかし							92
しかし	しかし						21
しかし	一方						3
しかし	ところが						3
しかし	しかしながら						1
しかし	だが						1
しかし	しかし	しかし					3
しかし	しかし	ところが					1
しかし	しかし	しかしながら					1
しかし	しかし	一方					1
しかし	一方	しかし					2
しかし	ところが	しかし					1
しかし	ところが	一方					1
しかし	一方	一方					1
しかし	しかし	しかし	しかし				1
しかし	しかし	ところが	しかし				1
しかし	しかし	一方	しかし				1
しかし	一方	しかし	しかし				1
しかし	ところが	しかし	しかし				1
しかし	しかし	しかし	しかし	しかし			2
しかし	しかし	しかし	一方	しかし			1
しかし	ところが	しかし	しかし	しかし			1
一方							39
一方	一方						12
一方	しかし						12
一方	しかしながら						6
一方	だが						1
一方	ところが						1
一方	一方	しかし					2
一方	一方	一方	一方	しかし			1
一方	一方	一方	しかし	一方			1
一方	一方	しかし	しかし	しかし	しかし		1
しかしながら							15
しかしながら	しかし						1
しかしながら	ところが						1
だが							2
だが	しかし						1
だが	一方	一方					1
ところが							2
ところが	しかし						2
ところが	一方						1
ところが	一方	一方					1
ところが	しかし	一方					1
ところが	しかしながら	しかし	しかし	しかし			1

図2 学術論文における逆接接続詞の出現順と繰り返し回数

特に、「しかし」の繰り返し出現数が多い点については、多くの先行研究（渡辺1995など）において触れられているように、日本語の「しかし」は、後件にそれまで述べられている事柄から一般的に推論される結果とは異なる出来事が来る場合であれば、それほど明らかな逆接関係がなくても用いられることに関係すると思われる。一般的に明らかな逆接関係、つまり肯定・否定の対立が連続的に現れると、論理的に矛盾しており、文がわかりにくくなる。しかし、「しかしながら」「だが」「ところが」などの逆接接続詞に比べれば、「しかし」は「対立的逆接」の性格が弱いので、連続で用いられても矛盾にはならない。

　以上のように、「しかし」の繰り返しは、書き手が許容している可能性があることが示唆された。しかし、分析2の結果からは、「しかし」の繰り返しが読み手にとっても許容されるかどうかまでは明らかにできていない。そこで、分析2の結果を踏まえ、4.3において「しかし」の繰り返しに対する読み手の許容度を検討する。

4.3 「しかし」の繰り返しの許容度

4.3.1 繰り返し許容度調査の方法

　分析2では、書き手は「しかし」の繰り返しを用いやすいという結果が示された。ここでは、その追加調査として読み手の「しかし」の繰り返しの許容度を明らかにする。

　調査では9つのテスト文を用意した。この9つのテスト文は、小論文コーパスで「しかし」の繰り返し使用が確認されたものであり、「しかし＋しかし」が7例[注7]（文1〜7）、「しかし＋しかし＋しかし」が2例（文8、9）である。文1〜9の中で、「しかし＋しかし」の文1〜5をAとし、「しかし＋しかし」の文6、7と「しかし＋しかし＋しかし」の文8、9をBとして、AとBそれぞれ8名、計16名の大学生（日本語母語話者）に質問紙調査を行った。

　調査対象者には、「次の文章を読んで、不自然な箇所に下線を書いてください。なお、下線の下に不自然だと思った理由を書いてください。」という指示文とともに提示した。

145

4.3.2 繰り返し許容度調査の結果と考察

調査の結果を表2に示す。表2には文章中の「しかし」に下線を引かなかった人数（下線無し）と下線を引いた人数（下線あり）を示した。

表2からわかるように、「しかし」が不自然だと判断された文は4文ある。この4文のうち、繰り返しについて指摘されたのは2文であった（文1、文8）。

以下に「しかし」の繰り返し使用が指摘された文1と文8を示す[注8]。コメントのあった「しかし」には下線を引き、コメントはカッコで示した。

表2 「しかし」に対する下線の有無

	文1	文2	文3	文4	文5	文6	文7	文8	文9
下線無し（人）	7	7	8	8	7	8	8	7	8
下線あり（人）	1*	1*	0	0	1	0	0	1	0

注 *は同一人物であることを示す。

文1（「しかし」2回）

> 私のおばあちゃんは毎朝近くの友人とウォーキングをするほど元気があります。以前私がおばあちゃんに「また働いてみたい？」と聞くと、笑って、「そりゃあ、できるなら」と話していました。しかしその後、「でもなかなかできないよねぇ」と言い、「雇ってくれる職場があればねぇ。どんどん働くんだけどねぇ」と言いました。なぜ、働くお年寄りの数が少ないのか？ お店がお年寄りを雇わないこともあると思いますが、そもそもお年寄りがあまり面接を受けに行かないからです。そこでまた疑問がわきました。なぜ面接を受けに行かないのか、ということです。その理由は、ファーストフード店で働くのは若い子という先入観が社会一般にあるからだと思います。お年寄りの中には、自分が足を引っ張るかもしれないという不安を持っている人もいるかもしれません。しかし（「しかしが多い」）何より、その先入観が、お年寄りの社会復帰の妨げになっているのではないでしょうか？

文8（「しかし」3回）

> 経済大国日本、表面上確かにそうだったのであろう。しかし「想定外の地震」によりその体制そのものの脆弱さが露呈し、震災後の復旧もままならない状況である。この状況を終戦後に似ているとして震災後と呼ぶ人がいる。しかし（「が」に変えたほうがよい）私は終戦後と同じだとは思うことができない。それは、終戦時は国土全体が焦土となり、全国民がその被害を受けている。しかし、今回の大震災は被害こそ甚大だが、東日本の沿岸部の被害が主であり、日本全国民から見ればその痛みは、限定的なのではないのかと思う。震災発生時の関東圏での食料の買い占めや、京都の大文字焼きでの陸前高田の薪不使用問題を見るにつけ、被災県以外では他人事ではないのかと思えてならない。

以上のように、文1と文8に対する指摘は「しかし」の繰り返しを許容しないことを示しているが、指摘したのは8名中1名と少ない。残りの回答者は「しかし」の繰り返しを特に指摘せず、調査後のフォローアップインタビューで2名から「言われてみれば確かに「しかし」が多いかも」というコメントがあったが、「しかし」の重複に関して否定的なコメントはなかった。以上より、読み手にとって「しかし」の繰り返しは許容される可能性が高いと言える。

5 まとめ

　本研究では日本語母語話者の逆接接続詞の繰り返し使用の実態について、小論文コーパスと学術論文コーパスを用いて検討した。逆接接続詞の出現数（分析1）については、「しかし」が最も多く、次に「一方」が多いことが示された。逆接接続詞の繰り返し出現数（分析2）については、小論文、学術論文ともに「しかし＋しかし」の繰り返しが多いことが示され、書き手が「しかし」の繰り返しを許容している可能性があることが示唆された。それに対し、「しかしながら」「だが」「ところが」は同一接続詞の繰り返しが見られず、同一段落内または同一小節内に他の逆接接続詞が出現しにくいことが示された。

　なお、「しかし」の繰り返し使用については、「しかし」の繰り返しが読み手にとっても許容されるかどうかを許容度調査によって検討した。その結果、「しかし」の繰り返しはほとんど指摘されなかったことから、「しかし」の繰り返しは書き手だけでなく、読み手にとっても許容される可能性があることが示唆された。

　本研究で得られた逆接接続詞の繰り返し使用に関する知見は、日本語教育における書くスキルの指導に役立てられると言える。例えば、逆接接続詞として「しかし」を使えば、繰り返し使用した場合でも読み手にマイナス評価を与えずに済む可能性が高いという点や、「しかしながら」「だが」「ところが」は同一段落内や同一小節内で同じものを繰り返し使用することを避けたほうがよいという点を指導時に示すことができる。

　ただし、本研究の許容度調査で対象としたテスト文は小論文コーパスで確認

された9例に限られている。よって、今後はより多くの母語話者による逆接接続詞の繰り返し使用例を収集し、「しかし」の繰り返しが許容される状況について、幅広く検討していく必要がある。また、本研究の許容度調査で用いた「しかし」の繰り返しは、「しかし」間に2〜7文が含まれる文章であった。そのため、「しかし」間に2文以上含まれていれば、「しかし」が繰り返されても許容される可能性が高いと言えるが、「しかし」間に1文しかない文章の場合については許容されるかどうか確認できていない。したがって、今後は「しかし」間の文章が1文のみであった場合の許容度についても検討する必要がある。

〈渡辺：滋賀大学、関・酒井・陳：筑波大学大学院生〉

謝辞

本研究は授業で作成したコーパスデータをもとにまとめたものです。本稿の執筆にあたってご指導いただきました筑波大学澤田浩子先生、コーパス作成時や論文執筆時にご協力いただいた受講生のみなさまに深く感謝いたします。また、査読の先生には貴重なご助言を賜りました。厚く御礼を申し上げます。

注

[注1] ……… 内藤（2016）では、重複・省略について記述がある教材として倉八（2000）、佐藤他（2002）、石黒・筒井（2009）、門脇・西馬（2014）、田中・阿部（2014）を挙げている。上記5冊の教材では、主に主語や述語などの重複・省略について述べられており、逆接接続詞についての記述は見られない。

[注2] ……… 石黒・阿保他（2009）の調査では、「論文」において特に出現頻度が高い逆接接続詞として、しかし（1位）、一方（11位）、だが（12位）、しかしながら（16位）が挙げられている（（ ）内は出現頻度の順位を表す）。

[注3] ……… 野村総合研究所が日本国内の大学院、大学、短大、高等専門学校、高校、日本語学校に在籍している日本人学生および留学生を対象に毎年実施している小論文コンテストである。本研究では「NRI学生小論文コンテスト」のホームページで公開されている大学生と高校生の小論文（入賞論文）86本全てを分析対象とした。

[注4] ……… 4誌はオープンアクセスの人文系研究誌、『言語研究』146〜148号10本、『国語科教育』第77〜78集10本、『国際交流基金紀要』第3〜12号10本、『小出記念日本語教育研究会論文集』No.7〜9、No21〜22の20本である。

[注5] ……… 小論文コーパスと学術論文コーパスでは分析単位が異なっているが、本研究

では小論文の段落に相当するものが学術論文の小節に相当すると判断し分析を進めた。

[注6] ………「一方」の出現数には「一方で」の出現数も含む。

[注7] ………小論文コーパスにおいて一段落内で「しかし」が2回繰り返されるパターン（「しかし＋しかし」）は8回出現していた（図1参照）。しかし、そのうち1つの「しかし＋しかし」は1番目の「しかし」が段落冒頭に出現していたため、他の出現例と性質が異なると判断し、テスト文として用いなかった。

[注8] ………「しかし」を指摘した理由が繰り返し以外だと判断された文（文2、文5）、「しかし」に対する指摘が見られなかった文（文6）を資料として添付する。

参考文献

アカデミック・ジャパニーズ研究会（編）（2016）『改訂版　大学・大学院　留学生の日本語④　論文作成編』アルク

石黒圭・阿保きみ枝・佐川祥予・中村紗弥子・劉洋（2009）「接続表現のジャンル別出現頻度について」『一橋大学留学生センター紀要』12, pp.73–85.　一橋大学留学生センター

石黒圭・筒井千絵（2009）『留学生のためのここが大切　文章表現のルール』スリーエーネットワーク

市川孝（1978）『国語教育のための文章論概説』教育出版

稲垣滋子（1986）『日本語の書き方ハンドブック』くろしお出版

門脇薫・西馬薫（2014）『みんなの日本語初級　やさしい作文』スリーエーネットワーク

木村宗巳・山田信一（1998）『すぐに使える実践日本語シリーズ　語や文のつなぎ役接続詞（初・中・上級）』専門教育出版

倉八順子（2000）『日本語の作文技術　中・上級』古今書院

佐藤政光・戸村佳代・田中幸子・池上摩希子（2002）『表現テーマ別　にほんご作文の方法（改訂版）』第三書房

田中章夫（1984）「4　接続詞の諸問題―その成立と機能」鈴木一彦・林巨樹（編）『研究資料日本文法第4巻　修飾句・独立句編　副詞・連体詞・接続詞・感動詞』pp.81–123.　明治書院

田中真理・阿部新（2014）『Good Writingへのパスポート―読み手と構成を意識した日本語ライティング』くろしお出版

友松悦子（2008）『小論文への12のステップ』スリーエーネットワーク

内藤真理子（2016）「作文・レポート教材における重複と省略に関する記述の分析」『アカデミック・ジャパニーズ・ジャーナル』8, pp.65–73.　アカデミック・ジャパニーズ・グループ研究会

永野賢（1967）『学校文法文章論―読解・作文の指導の基本的方法』朝倉書店

二通信子・佐藤不二子（2014）『留学生のための論理的な文章の書き方　改訂版』スリーエーネットワーク

渡辺学（1995）「ケレドモ類とシカシ類―逆接の接続助詞と接続詞」宮島達夫・仁田義雄（編）『日本語類義表現の文法（下）複文・連文編』pp.81–123.　くろしお出版

149

資料1 文2（「しかし」2回／指摘したのは文1と同一人物）

　　現在、日本には「さくらネットワーク」というものがある。これは国際交流基金が海外日本語教育拠点の整備拡充を実現するため、世界各国の中核的な日本語教育機関を構成メンバーとしたものであり、2011年8月現在、43カ国116拠点で展開している。現在、日本の国際協力NGOは400以上あるといわれ、世界100カ国以上で活躍しているという。そのほとんどの組織で子子供ちへの教育支援が行われている。このNGOやNPOを「さくらんぼネットワーク」で繋いでいくのだ。現地に学校を建て、給食を配り、学用品を与えるというサポートは必須である。<u>しかし（ここで逆接は変に感じる）</u>、13歳ぐらいになると学校を終え、そのまま社会に出るしかないという子供たちが圧倒的多数である。読み書きを教えることは、子供たちの生きる力の源である。しかし、そこで教育支援を終えてしまうのは、あまりにも惜しい。

資料2 文5（「しかし」2回）

　　日本では、いまだにベンチャー企業が育たないと言われている。そして、さまざまなアンケート結果がそれを支持している。しかし、私はそのアンケート結果が全てだと思わない。日本には、これまで世界初の製品やサービスを生み出してきた企業が数多く存在し、それらの多くが最初は小さなベンチャー企業だった。日本にはまだまだ表には出ていない秘められた可能性があると信じている。その可能性を呼び起こすためには、何かを変える必要がある。<u>しかし（「しかし」か？接続詞）</u>、やみくもに何かを変えることは失敗を招くし、全てを変えることは現実的ではない。また、海外で成功している事例だからと言って、それをそのまま日本に移植しても機能するとは限らない。日本の商習慣・文化にフィットした、日本独自のモデルが必要なのではないだろうか。

資料3 文6（「しかし」2回）

　　第二に、東京証券取引所の改革を提言したい。東証は、時価総額でNY証券取引所に次ぐ世界第2位の証券取引所であり、本来は日本のグローバル化の窓口となるべきところである。しかし現在は、世界の金融市場での東証の存在感は、日本経済と同様に大きく低下している。東証は、1990年の時点では、世界の株式時価総額8.9兆ドルのうち2.9兆ドルを保有しており、世界の株式時価総額の3割を担っていた[4]。しかし、1990年から2006年の間に、NYの時価総額は5.73倍、上海は55倍、香港は20倍にまで上昇したのに対し、東証は1.58倍と伸び悩んだ。このままでは、アジアトップの証券市場の座は、近年急速に規模を拡大している上海などに奪われかねない。政府は東証改革を日本のグローバル戦略の中核に位置づけ、東証と協力しながら、改革を進めていかなければならない。まずは、外国人が東証で取引する上で大きなネックとなっている、日本語での有価証券報告書の作成の義務などの時代遅れの制度を中心に改革すべきである。

韓国人日本語学習者による
句末イントネーションの生成
——母語の影響の再検討と発話場面による
影響に注目して

金 瑜眞

♣要旨

本稿の目的は、韓国人日本語学習者の句末イントネーションについて、イントネーション類型の再考を通して母語の影響を再検討することと、発話場面による句末イントネーションの出現の相違を明らかにすることである。本稿では、まず、従来の研究におけるイントネーションの3分類を見直して9分類とし、学習者の句末イントネーションを分析した。学習者の日本語と韓国語を対照した結果、上昇下降調「HL」や延伸が見られる下降調「長L」の出現数が韓国語より日本語で有意に多く、母語の影響だけでは説明できない結果が示された。さらに、発話場面による句末イントネーションの出現を分析した結果、学習者は異なる2つの発話場面にもかかわらず「HL」の出現数に有意差が見られず、発話場面を考慮していないイントネーションの使用傾向が見られた。

🍃キーワード
句末イントネーション、韓国人日本語学習者、母語の転移、発話場面、非流暢性

♣ABSTRACT

This study analyzes Phrase final intonations produced by Korean learners of Japanese by reanalyzing intonation types and examining L1 influence as well as the differences in intonation attributed to conversation situation. Previous studies mention three types of intonations which were reanalyzed into nine types. Next, Korean learners' Japanese intonation was contrasted with their Korean intonation. The results show that "HL" intonations and "Long-L" intonations were more frequent in Japanese than Korean. This indicates that the phrase-final intonation of Korean Learners' cannot be explained by L1 influence alone. The results concerning differences attributed to conversation situation show that. there was no significant difference observed in "HL" production in the two conversation situations. This suggests that Korean learners' "HL" production is not influenced by conversation situations.

🍃KEYWORDS
Phrase final intonation, Korean learners of Japanese Language, L1 Influence, Conversation situation, Disfluencies

Production of Phrase Final Intonation by Korean Learners of Japanese Language
Analyzing L1 influence and influence of the conversation situation

YUJIN KIM

1 研究の背景および目的

韓国人日本語学習者の発音には、句末を上昇または上昇下降させるイントネーションがよく見られる。これは、「失礼」な印象（李2004）や「押しつけがましさ」（松崎2006）等の否定的評価を引き起こし、「発話者の能力や人格の評価にまで影を落としかねない」（土岐1989: 113）重い誤りと言える。

一方、誤りの要因については、学習者の日本語と韓国語に出現する型が類似することから、母語の影響（李1999）が指摘されてきたが、その類型については再考の余地がある。李（1999）は、ピッチの上下変化により、上昇下降調、上昇調、長呼調[注1]の3分類を行うが、日本語の韻律ラベリング方式であるX-JToBI（五十嵐他2006）や韓国語のK-ToBI（Jun 2000）では、上昇や下降だけでなく、ピッチ変化が生じるタイミングや上昇の仕方により上昇下降調や上昇調が細かく区別される。中間言語が母語と目標言語から影響を受けることを考慮すれば、既存の3分類では十分とは言えない。類型の再考を行った上で、学習者の母語と目標言語、さらに母語話者の日本語を対照することで、学習者の句末イントネーション生成における母語転移の再検討が可能になると考えられる。

もう一つの課題は、分析対象の発話データの性質が結果に影響を与えた可能性である。多くの先行研究は読み上げ音声をデータとするが（李1999, 崔2005）、イントネーションは発話意図を示す機能を持つことから、読み上げ音声より自発音声の方が、より多様な類型が出現する可能性がある。また、発話意図により出現するイントネーションに相違が見られるのは明らかである。幅広く特徴を捉えるには、発話場面の相違にも焦点を当てる必要がある。

そこで、本研究では、まず、韓国語と日本語の先行研究を参考に、韓国人日本語学習者の句末イントネーション類型の分類を見直す。その上で、発話場面の異なる2つの自発音声データを材料に、学習者の韓国語と日本語、母語話者の日本語に見られた句末イントネーションを対照し、母語の影響を再検討する。

本研究における句の定義を述べる。K-ToBIとX-JToBI[注2]はともに句末イントネーションがイントネーション句の終端に出現するとするが、日本語では「ピッチレンジがリセットされる」（五十嵐他2006: 348）特徴があるのに対し、韓国

語ではリセットされてもイントネーション句と判定できないケースがある（Kong 2010）。また、韓国語のイントネーション句はポーズが後続する（Jun 1993）。本研究では言語間の対照を行うことから、日韓両言語で条件を満たすよう、ピッチレンジがリセットされ、さらにポーズが後続する句を分析対象とした。ポーズの認定は、X-JToBIを参照し200ms以上とした。なお、言いよどみや子音閉鎖区間等の単語内部の無音区間は、句境界と見なさない。また、特定のイントネーションと共起しやすい終助詞や「です」「ます」の文末形式も分析から除外した。

2 方法

2.1 調査対象者

韓国人日本語学習者（以下KL）は韓国の大学で日本語を学習するソウル方言話者10名で、平均学習歴は2.4年（SD=0.52）である（日本滞在歴なし）。習得状況についてより詳細に知るため、東京方言話者（以下NS）10名にも協力を求めた。

2.2 発話データの収集

発話データの収集は、ロールプレイ形式で行い、発話相手と発話意図が異なる2つの場面を設定した。発話場面の差異を設けた理由は場面により学習者の母語で出現する類型が異なるためである。韓国語の句末イントネーションの出現について発話機能の面から分析したPark（2003）は、上昇下降調のLHLが親密な話者間で現れ、強調の意味を持つと指摘している。そこで本研究では、発話場面①（以下場面①）（図1）として、LHLが出現しやすい「ヘビースモーカーの友達にたばこをやめるように説得する」ロールプレイを設定した。

また、上昇調のHは「そして」の意味を持つ「-ko」（고）と共起し、発話が継続することを示す（Park 2003）。そこで、時系列で発話が進みHが出現しやすい「上司に出張の日程を報告する」発話場面②（以下場面②）（図2）を設けた。ロールプレイは1対1で行い、相手役は筆者が担当した。録音機材は、Zoom社のHandy Recorder H4nを使用し、wavファイル形式で録音した。ロールプレイの

開始部と終了部は、各発話場面の特徴が出ないため分析対象から除外した。

あなたは親友のAさんと、同じアパートで一緒に住んでいます。Aさんは、ヘビースモーカーですが、あなたはたばこを吸わないし、たばこのにおいがとても苦手です。

最近は、目とのどが痛くなって、咳も出るようになったので、病院にも行きました。
お医者さんは、たばこの煙が原因だと言いました。

それから何よりも、あなたはAさんの健康が心配なのです。
Aさんはいつも咳をしていますが、あなたは、たばこが原因じゃないかと思っています。

Aさんからは、いつもたばこのにおいがするので、話す時は、気持ちが悪くなります。

またAさんは、時々ベランダでたばこを吸います。この前は、Aさんが家にいないとき、あなたはお隣さんから「うちのベランダにまでたばこのにおいがするのでやめてほしい」と苦情を言われました。
あなたは自分が吸ってもいないたばこのせいで、注意されたことで、とてもイライラしました。

バルコニー禁煙
NO Smoking

Aさんは、これまで何度もたばこをやめると約束しましたが、なかなか守ってくれません。
あなたは、今度こそAさんにたばこをやめてもらいたいです。

Aさんは部屋でたばこを吸うので、いつの間にかあなたの洋服や体にたばこのにおいがするようになりました。

この前は、友達や家族にまで、「あなたからたばこのにおいがするよ」と言われました。

また、Aさんは横になってたばこを吸うことがありますが、この前は、寝たばこをして火事になるところでした。

この状況をAさんによく説明して、たばこをやめるよう、強く説得してください。
ロールプレイの最初は、「ちょっと話があるんだけど」で始めてください。
ロールプレイは友達との会話ですから、です・ます体ではなく普通体で話してください。

図1　場面①におけるロールカード

	一日目(9月20日 土曜日)	二日目(9月21日 日曜日)
あなたは 職場の上司と大阪へ1泊2日間出張を行くことになりました。出張の前、上司は出張の日程を立て、自分に報告するように言いました。	9:00　仁川空港集合、飛行機チェックイン	9:00 ホテルロビー集合
	11:00 関西空港到着	9:30 大阪から新幹線で広島へ移動
今日、あなたは、上司に自分が立てた出張のスケジュールについて報告します。次の日程表をもとに、大阪出張のスケジュールについて時系列で上司にプレゼンテーションをしてください。	12:00 大阪心斎橋で昼食	11:00 取引先B社工場訪問、昼食
	14:00 ホテルへ移動、ウメダホテルチェックイン	15:00 広島から大阪へ移動
	16:00 取引先A社 訪問およびミーティング	16:00 取引先C社訪問およびミーティング
	20:00 A社　鈴木社長と夕食	19:00 関西空港へ移動
	21:00 ホテルへ戻る	21:00 仁川空港到着

図2　場面②におけるロールカード

2.3 句末イントネーションの判定と類型の再考

　発話データは音響分析ソフトPraatで分析し、聴覚的判断とピッチ曲線の目視により判定を行った。判定は、韓国人学習者の句末イントネーションにおける類型について指摘した金 (2015) を参考に、李 (1999) を再考した9類型[注3] (図3〜図11) [注4] に基づき行った。従来の分類との相違は大きく3点である。

　まず、上昇下降調を二分した。K-ToBIには、急激な上昇下降が早く生じる「HL」(図3) と上昇のタイミングが遅れて生じた後下降する「LHL」(図4) が存在する。本研究の発話データでも「HL」「LHL」がともに出現したため、2分類とした。第二に、郡 (2003) とX-JToBIを参照し、上昇調を、持続時間とともに上昇が高くなる「疑問H」(図5) (郡 (2003) の疑問型上昇調)、上昇幅が大きくなく強さを伴いアクセント的上昇をする「強調H」[注5] (図6) (郡 (2003) の強調型上昇調)、上昇が遅れて生じる「LH」(図7) (X-JToBI) に分類した。また、「強調H」より急激に上昇するが「疑問」と聴覚的判断されない型が見られた。この類型はNSには比較的稀で、KLに多く出現するため「韓国H」(図8) と名付けた。第三に、自然下降調を類型として含め、「L」(図9) とした。「L」は、自然下降のみが生じている点でX-JToBIの「L」、郡 (2003) の「平調」に対応する。NSによく見られるため、類型全体の中で「L」が占める割合を把握することはKLの習得状況を知る上で重要である。また、下降とともに母音延伸が起き、音圧が減少する場合が見られたため、「長L」(図10) を類型として含めた。なおピッチ変化がなく平らに伸ばす長呼調 (李1999) は、類型名の統一を考えてLowとHighの間の「M」とし、延伸を示す「長」を加え「長M」(図11) とした。

3 結果

3.1 判定の一致度検定と無作為抽出

　句末イントネーションの判定は、筆者と音声学を専門とする日本語母語話者1名で行った。2名の判定結果の一致度を検討すべくカッパ係数を求めたところ、高い水準で一致したため (k=.941, p<.01)、筆者の判定を分析に採用した。ま

た、本研究では自発音声をデータとしたため、発話場面と言語により出現数が異なる[注6]。母集団の数が大きく異なる場合、有意差も出やすくなる可能性があることから、発話場面と言語における各190例を無作為抽出し、分析対象とした。本研究における統計処理は全て SPSS 24.0 for mac を用いた。

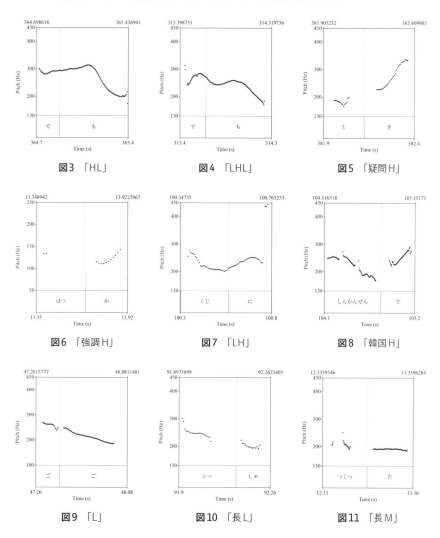

図3 「HL」　　　　　　図4 「LHL」　　　　　　図5 「疑問H」

図6 「強調H」　　　　　図7 「LH」　　　　　　図8 「韓国H」

図9 「L」　　　　　　　図10 「長L」　　　　　　図11 「長M」

3.2 母語の影響

母語の影響が見られるか否かについて、KLの日本語と韓国語に対し χ^2 検定を行った結果、まず場面①の出現数に有意な偏りが見られた（ $\chi^2(5)=112.72$, p<.01）。そこで残差分析（表1[注7]）を実施した結果、日本語ではHLと長Lが有意に多く、韓国語ではLHLが有意に多かった。したがって、KLの母語である韓国語と目標言語の日本語間に相違があることが確認された。場面②も出現数に有意な偏りが見られた（ $\chi^2(7)=74.93$, p<.01）。残差分析（表2）を行ったところ、日本語ではHL、L、長L、長Mが有意に多く、韓国語では韓国H、LHLが多いことが示された。以上から、韓国人学習者の日本語に現れる句末イントネーションは韓国語に現れる類型と出現数に相違が見られることが示された。

表1 KLの日韓類型別出現数（場面①）

類型	日		韓	
HL	67	△	41	▽
L	59	△	38	▽
長L	15	△	2	▽
長M	12	△	3	▽
強調H	8		6	
韓国H	21	▽	66	△
LHL	1	▽	28	△
その他（疑問H, LH）	7		6	
計	190		190	

表2 KLの日韓類型別出現数（場面②）

類型	日		韓	
HL	59	△	9	▽
長L	24	△	6	▽
L	65		55	
長M	10		6	
LHL	22	▽	111	△
その他（疑問H, 韓国H）	10	△	3	▽
計	190		190	

3.3 日本語母語話者との相違

句末イントネーションの出現数がKLとNS間で相違が見られるか否かについて χ^2 検定を行った結果、場面①について出現数の偏りが有意であった（ $\chi^2(6)=58.30$, p<.01）。残差分析（表3）を行った結果、KLはLHL、長L、長Mをよく使用するが、NSはLをよく使用し、KLとNSで使用する類型に相違が見られた。一方、HLについてはKLとNSともにLに続き多く使用していたが、KLとNS間に有意な残差は見られなかった。場面②でも出現数の偏りは有意であった（ $\chi^2(6)=162.46$, p<.01）。残差分析（表4）を行った結果、KLはHL、韓国H、長L、長Mをよく使用するが、NSはLと強調Hを多用していた。したがって、KLの日本語

に現れる類型はNSとは異なることが示された。

表3 KL・NSの類型別出現数（場面①）

類型	KL		NS	
LHL	22	△	0	▽
長L	24	△	5	▽
長M	10	△	3	▽
HL	59		65	
疑問H	8		9	
L	65	▽	106	△
その他（強調H,韓国H）	2		2	
計	190		190	

表4 KL・NSの類型別出現数（場面②）

類型	KL		NS	
HL	67	△	23	▽
韓国H	21	△	0	▽
長L	15	△	0	▽
長M	12	△	0	▽
L	59	▽	102	△
強調H	8	▽	65	△
その他（LHL,疑問H,LH）	8	△	0	▽
計	190		190	

3.4 発話場面による影響

発話場面による影響を検討するため、場面①と場面②で χ^2 検定を行った。その結果、KLの日本語における出現数の偏りは有意であった（$\chi^2(7)=48.62$, $p<.01$）。残差分析（表5）の結果、KLは場面①でLとHLを多用したが、場面による有意差は見られなかった。有意な残差が見られたのは、LHLが場面①で多用され、韓国Hが場面②で多用される点である。したがって、KLの日本語は、LHLと韓国Hにおいて発話場面による相違が見られることが示された。

一方、NSの出現数の偏りも有意であった（$\chi^2(3)=96.36$, $p<.01$）。残差分析（表6）を行ったところ、NSは場面①場面②ともにLを多用するが、場面による有意差は見られなかった。有意な残差が見られたのは、HLが場面①でよく使用され、強調Hが場面②で多用される点である。したがって、NSは、HLと強調Hの使用において、発話場面による相違が見られることが示された。以上のことから、KLとNSともに、場面①と場面②間のイントネーションの出現傾向に相違が示されたが、その類型はKLとNSで異なることが示された。

他方、KLの韓国語にも発話場面の有意な偏りが見られた（$\chi^2(4)=131.53$, $p<.01$）。残差分析の結果（表7）、場面①ではLHLとLが、場面②では韓国HとHLが多かった。したがって、KLは韓国語においても発話場面による類型の相違が確認され、さらに、場面①でLHLが、場面②で韓国Hが多いという結果は、KLの日本語の結果と一致した。

表5 KLの類型別出現数（日本語）

類型	場面①		場面②	
LHL	22	△	1	▽
L	65		59	
HL	59		67	
長L	24		15	
長M	10		12	
疑問H	8		5	
韓国H	2	▽	21	△
その他（強調H, LH）	0	▽	10	△
計	190		190	

表6 NSの類型別出現数（日本語）

類型	場面①		場面②	
HL	65	△	23	▽
L	106		102	
強調H	2	▽	65	△
その他（疑問H, 長L, 長M）	17	△	0	▽
計	190		190	

表7 KLの類型別出現数（韓国語）

類型	場面①		場面②	
LHL	111	△	28	▽
L	55	△	38	▽
韓国H	3	▽	66	△
HL	9	▽	41	△
その他（疑問H, 強調H, LH, 長L, 長M）	12		17	
計	190		190	

4 考察

　本研究で得られた知見をまとめると、以下のようになる。まず、母語の影響は一律ではなく類型により異なる。KLのHLや長Lは、場面①②ともに、韓国語より日本語で多く、LHLは日本語より韓国語で多く現れた。この結果は、先行研究の、「有無やパターンは韓国語と日本語でほぼ一致」（李1999: 72）とは異なっており、その要因として以下の3点が考えられる。

　第一に、李（1999）の3分類を再考し、9分類による分析を行った結果、先行研究では一つの類型にまとめられ指摘されなかった類型の相違が浮き彫りとなり、学習者の韓国語と日本語が異なることが示されたと考える。

　第二に、句末イントネーションを学習者が学習し使用している可能性が指摘できる。金（2013）は、句末イントネーションに対する韓国人学習者の内省についてインタビュー調査を行った結果、「日本語らしい特徴」とのコメントが得られたことを報告している。学習者がHLなどを日本語として能動的に使用した場合、韓国語より日本語で出現数が多い結果も説明できる。

159

第三に、HLや長Lが非流暢性と関わっている可能性が考えられる。特にHLは、フィラーや言いよどみのような非流暢性を示す要素との共起（柴田1977）が指摘されている。本研究の調査対象者にもフィラーや言いよどみが多数見られ（KL7場面①例：ですから（HL）、あなたーは（HL）、全部うーん（フィラー）、ぜんぶ（L）、ししまい（言いよどみ）、全部しま（言いよどみ）、約束を（HL））、「一文節ごとに区切って立て直し、たどたどしく話す学習者の発音の癖」（松崎2001: 239）に伴うHLが出現したと考えられる。また、長Lは持続時間とともにピッチと音圧が減少する聴覚印象があり、目標言語における非流暢性が影響した可能性があると考えられる。句末イントネーションの対照を行った金（2015）は、長LがNSに見られる類型であるため、KLが長Lを学習し使用する可能性を指摘したが、本研究ではNSに長Lの出現数が少ないことから、金（2015）とは異なる結果が示された。

　一方、韓国語より日本語で出現数が少なかったLHLは、NSには見られない類型であることから、KLが日本語のイントネーションを習得したことにより、使用しなかった可能性がある。また、たどたどしく話す学習者であるなら、目標言語で母語のように自身の感情や発話意図を示し、強調を意図するLHLを使用できなかったという可能性もある。したがって、日本語におけるLHLの出現にも目標言語の習得や非流暢性が関与している可能性があると考える。

　次に、KLとNSを対照した結果を考察する。まず、KLは場面①②ともに長L、長MがNSより有意に多く現れた。長Lは上述の通り非流暢性が関わる可能性があるが、長Mも延伸を伴う点で非流暢性が関与していると推測できる。長Mのような平らな引き伸ばしは、上村（1989）が指摘するように、機能的にフィラーと類似し、NSも使用するものである。したがって、長MについてはKLが日本語のイントネーションを習得し使用している可能性もある。また、場面①②ともにKLはNSに比べLの出現数が少なかった。自然下降調のLが半数以上を占めるNSに対し、KLはLが占める割合が低い。この点においてKLにおけるLの習得はまだ十分であるとは言えない。

　最後に、発話場面による影響について分析した結果を考察する。場面別に見ると、KLのLHLは場面①で場面②より有意に多く現れた。LHLは韓国語でも場面①で出現数が多く、説得的な発話場面で出現する傾向が確認された。ま

た、LHLはNSには1例も見られず、韓国語のK-ToBIを参考とし類型に含めたことから、母語の転移により生じる可能性が高いと言える。

　一方、KLの韓国Hは場面②で場面①より有意に多く現れた。韓国Hは、韓国語でも場面②で出現数が多く、時系列に沿って日程を列挙しながら述べる場面②で出現する傾向が確認された。KLの日本語場面②における発話を確認したところ「関西空港で移動して」という発話の「で」や「て」で「韓国H」が出現し、また韓国語の同一の発話内容部分においても「韓国H」が見られた[注8]。韓国HはNSには殆ど見られず、Ahn（2010）が指摘するように、韓国語における上昇調は発話の継続や列挙を示す機能を持つことから、日程を時系列に沿って述べる場面②で母語の影響により出現数が多くなったと考えられる。

　一方、NSは場面②で強調Hを多用していた。強調Hに限る特徴ではないが、日本語の句末イントネーションは「意味のくぎりであること、そしてまた発話が継続することを明示する」（郡2003: 125）機能を持つ。したがって、韓国Hと強調Hは発話の継続を示す機能の面では共通する特徴を持っているが、韻律的特徴が日韓で異なる可能性がある。言い換えれば、場面②における韓国Hと強調Hの出現が目立つことは、KL・NSともに発話場面により類型の使い分けを行っていることを意味するが、その類型はKL・NS間で一致せず、KLの韓国Hは母語の影響である可能性が高いと考えられる。

　さらに、KLのHLは、場面①ではKL・NS間に有意差が見られなかったが、場面②でKLがNSより有意にHLを多用していた。これは、NSが発話場面によりHLを使い分け、場面②では説得的場面である場面①に比べHLを使用しないためである。しかし、KLは場面①②におけるHLの使用に有意差がなく、発話場面による相違が見られない。したがって、HLにおいて、NSは発話場面を考慮した使用を行っているが、KLにこうした傾向は見られないと言える。

5　まとめ

　本稿では、韓国人学習者の日本語句末イントネーションについて、母語の影響と発話場面による影響に焦点を当て検討を行った。その結果、先行研究の指摘の通り母語の影響だと考えられる結果もあったが、母語と比較した場合、句

末イントネーションの出現数に相違が見られ、母語の影響だけでは説明できない結果が示された。本研究の調査結果をまとめると、以下の通りである。

　第一に、KLのHL、長Lは韓国語に比べ出現数が多く、母語と日本語の句末イントネーションが一致した先行研究と異なる結果が示された。異なる結果が得られた理由としては、類型の再考を行ったことや目標言語の習得、非流暢性などが影響したと考えられる。第二に、今回の調査結果を見る限り、KLは自然下降調Lの習得がまだ十分とは言えない。場面①②ともにNSに比べLの出現数が少なく、自然なイントネーションとしてLを使用できていない。第三に、KLのLHLと韓国Hは、発話場面による出現数に相違が見られ、KLは場面による類型の使い分けを行っていた。しかし、使い分けを行っている類型はNSとは異なり、母語の影響の可能性が高い。さらに、KLは場面①②ともにHLを多用したが、NSは場面②ではHLをあまり使用しない。このように、KLは場面による類型の出現傾向がNSと異なり、発話場面を考慮した句末イントネーションの習得は、まだ不十分だと言える。

　以上の結果をまとめると、本研究で明らかになった最も重要な点は、イントネーションの類型により出現の理由が異なる可能性があることである。本研究では、類型の再考を行ったことから「「上昇下降調」が多く見られた」（李1999:74）とした李（1999）とは異なり、学習者の句末イントネーションは多様であることが示された。さらに、句末イントネーションの出現の要因は、母語転移の度合いとも関わる部分があると考える。LHLや韓国Hのような母語転移が強いと思われる類型がある一方、HLや長Lのように目標言語の習得や非流暢性が関与している可能性がある類型もある。以上の結果は、教師が指導を行う際、学習者の発音に対し母語の影響と断定せず、類型により指導の方針を考える判断材料になり得る。また、イントネーションの発音練習だけではなく、発話場面による適切な使用を促す指導が求められる。

　なお、本研究ではロールプレイの発話データを使用し新たな知見を得ることができたが、自発音声であることから分析対象を制限する必要があった。そのため、対象者別に統計処理を行う上で十分な数が得られず、KL・NS各10名分のデータを合算し統計処理を行った。付録1〜6に示した調査対象者別の類型別数と平均および標準偏差を見ると、対象者別の類型の総数が異なるため一概

には言えないが、KLのHL、LHL、Lの標準偏差が大きいことから、結果に個人差すなわち習得の度合いによる差異が見られた可能性もある。今後はデータの数を増やし本研究で得られた知見を再検証する必要がある。

　さらに、本研究のKLは非流暢性に関わる要素が見られたことから、上級であるとは判断しにくく、初・中級程度のレベルであると考えられる。今後、習得がさらに進んだ上級学習者と初・中級学習者を比べることで、句末イントネーションの習得過程を明らかにし、各類型の出現傾向がどのように変容していくのかを明らかにしていくことも意義があると考える。特に、HLについては、学習により能動的に使用する可能性と非流暢性により出現する可能性があることが示唆されたが、今回の調査対象者がどちらの要因に強く影響を受けたかは明らかにできなかった。習得レベルの異なる学習者にさらに追試を行うことで、HLの出現理由について続けてその実態を解明していく必要があるだろう。

〈筑波大学大学院生〉

【付録】　調査対象者別の類型別数と平均（M）および標準偏差（SD）

付録1　KL場面①日本語

類型	KL1	KL2	KL3	KL4	KL5	KL6	KL7	KL8	KL9	KL10	M	SD
HL	46	31	7	19	29	29	38	43	3	35	28.00	14.36
LHL	1	12	6	1	30	1	31	5	27	21	13.50	12.55
疑問H	0	2	3	1	9	10	2	4	0	5	3.60	3.50
強調H	1	3	0	0	1	5	1	0	0	0	1.10	1.66
LH	0	0	0	0	0	0	0	0	0	0	0.00	0.00
韓国H	0	0	0	0	7	7	1	1	0	0	1.60	2.88
L	29	62	28	23	56	46	32	38	26	18	35.80	14.54
長L	20	11	11	23	6	6	29	15	7	7	13.50	8.06
長M	4	3	0	2	9	5	1	3	0	4	3.10	2.69
合計	101	124	55	69	147	109	135	109	63	90	100.20	30.96

付録2　KL場面①韓国語

類型	KL1	KL2	KL3	KL4	KL5	KL6	KL7	KL8	KL9	KL10	M	SD
HL	0	3	0	1	6	1	1	0	0	2	1.40	1.90
LHL	32	37	16	9	29	22	26	9	20	17	21.70	9.38
疑問H	0	0	0	0	0	0	0	0	0	0	0.00	0.00
強調H	0	0	0	0	0	0	0	0	0	0	0.00	0.00
LH	0	0	0	0	0	0	0	0	0	0	0.00	0.00
韓国H	0	5	1	0	0	0	0	0	0	1	0.70	1.57
L	3	19	9	1	6	28	4	8	25	4	10.70	9.71
長L	3	1	0	2	0	0	2	0	0	0	0.80	1.14
長M	0	1	1	0	3	1	0	1	1	0	0.80	0.92
合計	38	66	27	13	44	52	33	18	46	24	36.10	16.37

付録3　KL場面②日本語

類型	KL1	KL2	KL3	KL4	KL5	KL6	KL7	KL8	KL9	KL10	M	SD
HL	33	24	6	20	18	13	11	31	22	29	20.70	8.92
LHL	0	1	0	0	0	0	0	0	0	0	0.10	0.32
疑問H	0	5	0	0	3	3	0	1	0	3	1.50	1.84
強調H	0	5	0	0	7	8	3	0	3	0	2.60	3.13
LH	0	0	0	0	2	0	0	0	0	0	0.20	0.63
韓国H	0	9	3	1	18	13	15	8	7	4	7.80	6.05
L	16	32	7	15	10	18	28	37	9	5	17.70	11.08
長L	5	1	7	3	2	2	5	3	0	6	3.40	2.27
長M	1	1	7	0	5	4	0	2	1	3	2.40	2.32
合計	55	78	30	39	65	61	62	82	42	50	56.40	16.66

付録4　KL場面②韓国語

類型	KL1	KL2	KL3	KL4	KL5	KL6	KL7	KL8	KL9	KL10	M	SD
HL	1	3	5	2	5	4	1	4	5	12	4.20	3.16
LHL	10	5	0	0	2	5	3	0	2	1	2.80	3.16
疑問H	0	0	0	0	0	1	0	0	0	0	0.10	0.32
強調H	1	1	0	0	5	0	0	0	0	0	0.70	1.57
LH	0	0	0	0	0	0	0	0	4	0	0.40	1.26
韓国H	0	8	8	4	19	3	5	10	3	6	6.60	5.25
L	0	9	5	3	0	7	3	6	3	2	3.80	2.94
長L	1	0	0	0	0	0	1	0	0	0	0.20	0.42
長M	0	0	1	1	0	0	0	0	1	0	0.30	0.48
合計	13	26	19	10	31	20	13	20	18	21	19.10	6.26

付録5　NS場面①日本語

類型	NS1	NS2	NS3	NS4	NS5	NS6	NS7	NS8	NS9	NS10	M	SD
HL	30	17	17	25	17	19	22	23	16	30	21.60	5.34
LHL	0	0	0	0	0	0	0	0	0	0	0.00	0.00
疑問H	2	1	0	3	1	6	3	0	1	1	1.80	1.81
強調H	0	1	2	1	0	2	1	0	0	0	0.70	0.82
LH	0	0	0	0	0	0	0	0	0	0	0.00	0.00
韓国H	0	0	0	0	0	0	0	0	0	0	0.00	0.00
L	24	45	29	24	19	24	39	30	23	67	32.40	14.52
長L	0	3	0	2	2	0	0	0	2	1	1.00	1.15
長M	1	2	2	1	4	1	0	0	1	7	1.90	2.13
合計	57	69	50	56	43	52	65	53	43	106	59.40	18.36

付録6　NS場面②日本語

類型	NS1	NS2	NS3	NS4	NS5	NS6	NS7	NS8	NS9	NS10	M	SD
HL	2	0	1	1	1	1	6	17	3	10	4.20	5.43
LHL	0	0	0	0	0	0	0	0	0	0	0.00	0.00
疑問H	0	0	0	0	0	0	0	0	0	0	0.00	0.00
強調H	16	14	4	10	7	11	18	16	8	21	12.50	5.38
LH	0	0	0	0	0	0	0	0	0	0	0.00	0.00
韓国H	0	0	0	0	0	0	0	0	0	0	0.00	0.00
L	13	40	36	18	4	21	23	29	14	26	22.40	10.91
長L	0	0	0	0	0	0	0	0	0	1	0.10	0.32
長M	0	0	0	0	0	0	0	0	0	0	0.00	0.00
合計	31	54	41	29	12	33	47	62	25	58	39.20	16.01

注

[注1] ……… 李（1999: 77）は長呼調について「ピッチの上下変化がなく、平らに延ばすもの」と定義している。

[注2] ……… X-JToBIでは上昇下降調や上昇調はイントネーション句の特徴だが、下降調「L%」はイントネーション句の下位の「アクセント句の終端に所属する」（五十嵐他 2006: 348）としている。しかし、下降調は母語話者に典型的な類型であり、学習者のイントネーション習得の現状を知る上で重要な指標であることから、本稿では下降調「L%」も分析対象とした。なお「%」はToBIの句末イントネーションを示す記号だが、本稿では紙幅の都合により省略する。

[注3] ……… 類型の名称におけるHはHigh、LはLow、MはMidの略である。Mの定義は研究により相違があるが、本稿ではピッチの変化が見られない場合を示す。なお、金（2015）ではLを「自然下降調」、長Lを「急な下降調」、長Mを「平らな延ばし音調」としたが、本研究では名称の統一のためLとMで表記した。また、金（2015）は「急な下降調」について「著しい急な下降とともに、強さの減少や母音の延伸」（金 2015: 43）を特徴としているが、本研究の発話データでは急な下降が見られる例があまり現れなかったため、ピッチの下降、母音延伸、音圧の減少があれば、急な下降でない場合も長Lに分類した。

[注4] ……… 図3〜図11のピッチ曲線は本研究で収集したKLの発話データから抽出した。各類型は図の中央線以降の部分に該当する。また本研究では、ToBI以外の文献を含め類型の再考を行ったため、ToBIのラベリング法による分節音などのラベリングは省略し、ピッチ曲線と該当部分の発話内容を簡単に示した。

[注5] ……… 文節末において発話の継続を示す、強さを伴わないアクセント的上昇も、強調のニュアンスは持たないが強調Hに分類した。

[注6] ……… 日本語場面①出現数KL: 1002、NS: 594、日本語場面②出現数KL: 564、NS: 392、韓国語場面①出現数KL: 361、韓国語場面②出現数KL: 191

[注7] ……… 表1には、各類型の出現度数を示した。△は残差分析の結果、有意水準p<.05レベルで期待値より有意に大きいもの、▽は有意に小さいものである。χ^2検定において期待度数が5以下のセルは「小度数のセルどうしを併合する、または「その他」というカテゴリーを作る」（田中・山際 2003: 265）ことで、χ^2検定の制約を回避することが可能になる。そこで本研究では、期待度数が5以下のセルを統合し、「その他」とした上で再度χ^2検定を行った。「その他」については有意な残差が見られた場合であっても、どの類型における有意差であるかを明らかにすることが困難であるため、結果や考察の検討に含めない。「その他」に含まれず各表に記載のない類型は1例も現れなかった類型である。

[注8] ……… KL4名にこの傾向が見られた（KL3:「関西空港で移動して（韓国H）」KL5:「関西空港で移動して（韓国H）」KL7:「関西空港で（韓国H）」KL8:「関西空港まで移動して（韓国H）」）。4名中3名は韓国語でも韓国Hが見られた（KL3:「칸사이공항을이동을한다음에（韓国H）」（関西空港を移動した後に）KL5:「칸

サイコウハンウロイドンウルハヨ（韓国H）」（関西空港へ移動し）KL 8:「칸 사이공항 으로이동한뒤에（韓国H）」（関西空港へ移動した後に）拙訳）。

参考文献

李惠蓮（1999）「韓国人日本語学習者の日本語発話の“end focus”における母語の影響—句末を中心に」『日本語教育』103, pp.69–78.　日本語教育学会

李惠蓮（2004）「ソウル方言話者の日本語発話に対する日本語母語話者の評価—“end focus”を中心に」『日語日文學研究』48, pp.1–20.　韓國日語日文學會

五十嵐陽介・菊池英明・前川喜久雄（2006）「第7章 韻律情報」『日本語話し言葉コーパスの構築法』国立国語研究所報告No.124, pp.347–454.　国立国語研究所

上村幸雄（1989）「日本語のイントネーション」『ことばの科学』3, pp.193–220.　むぎ書房

金瑜眞（2013）「日本語句末イントネーション習得における韓国人学習者の内省」『2013年冬季学術大会発表論文集』pp.393–402.　韓國日語日文學會

金瑜眞（2015）「日本語学習者のイントネーション研究の展望—韓国語と日本語の句末境界音調に注目して」『筑波応用言語学研究』22, pp.38–51.　筑波大学大学院人文社会科学研究科文芸・言語専攻応用言語学領域

郡史郎（2003）「イントネーション」『朝倉日本語講座3 音声音韻』pp.109–131.　朝倉書店

柴田武（1977）「現代イントネーション」『言語生活』304, p.16.　筑摩書房

田中敏・山際勇一郎（2003）『ユーザーのための教育・心理統計と実験計画法—方法の理解から論文の書き方まで』教育出版

崔泰根（2005）「韓国人日本語学習者の日本語音声に見られる「韓国語的イントネーション」について—「フレーズ末昇降調」と「発話リズム」による母語干渉を中心に」『第19回日本音声学会全国大会予稿集』pp.25–30.　日本音声学会

土岐哲（1989）「音声の指導」『講座日本語と日本語教育』13, pp.111–138.　明治書院

松崎寛（2001）「日本語の音声教育」城生佰太郎（編）『日本語教育学シリーズ　コンピュータ音声学』3, pp.207–258.　おうふう

松崎寛（2006）「第1節 音声・音韻」『講座・日本語教育学』6, pp.2–16.　スリーエーネットワーク

Ahn, Byoung-Sub（2010）『한국어 운율과 음운론（韓国語韻律と音韻論）』図書出版ウォルイン

Jun, Sun-Ah（1993）*The phonetics and phonology of Korean prosody*. Ph.D. dissertation. The Ohio State University, Columbus, Ohio, USA.

Jun, Sun-Ah（2000）K-ToBI（KOREAN ToBI）labelling conventions. *UCLA working papers in phonetics*, 99, pp.149–173.

Kong, Eun-Jong（2010）The Role of Pitch Range Reset in Korean Sentence Processing. *Phonetics and Speech Sciences*, 2(1), pp.33–39.

Park, Mee-Jeong（2003）*The Meaning of Korean Prosodic Boundary Tones*. Ph.D. dissertation. Los Angeles: University of California.

中国人日本語学習者のあいづちバリエーションの習得状況
——来日留学生の縦断的調査を通して

関 玲

✤要旨

本稿はあいづちのバリエーションに着目し、中国人上級日本語学習者と日本語母語話者を比較してどのように差異があるかを考察した。その結果、学習者は母語話者と比べて「ヘ、エ、その他（ナルホド、ホントウ等）」系あいづちの使用が少なく、「ウン」系・「ソ」系あいづちを使用していることが明らかになった。また、学習者が日本に1年間滞在してどのようにあいづちのバリエーションを習得していくかを考察するため、3回の会話調査を縦断的に行い、分析した。その結果、学習者は1年間日本に滞在して「ハイ」系あいづちの非使用とともに丁寧体と普通体の使いわけを習得できていることが確認されたが、全体のバリエーション数については顕著な増加傾向は見られなかった。

✍キーワード
中国人日本語学習者、あいづちのバリエーション、習得、縦断的調査、丁寧体と普通体の使いわけ

✤ABSTRACT

This research focuses on the variations in back-channels and examines the differences in back-channels between advanced Chinese learners of Japanese and native Japanese speakers. The results show that, in comparison to native speakers, Chinese learners use [hee, ee and other back-channel (such as naruhodo, hontou etc.)] series less frequently, while using back-channels like [un, soo] series more frequently. Moreover, a longitudinal study was conducted to investigate how the learners acquired variations in back-channels while residing in Japan. The data was collected three times over a period of one year. The results show that learners could master the specific uses of Japanese plain and polite style as well as nonuse of back-channels like [hai] series during their year-long stay. However, there was no notable increase in the total number of variations used.

✍KEY WORDS
Chinese learners of Japanese, Variations in back-channels, Acquisition, Longitudinal study, the specific uses of the Japanese plain and polite style

Acquisition of Back-Channel Variations by Chinese Speaking Learners of Japanese
A longitudinal study of foreign students residing in Japan

LING GUAN

1 はじめに

日本語教育においてあいづちに関する先行研究は従来、学習者のあいづちの自然さあるいは適切さが重視され、あいづちの頻度・打つタイミング・機能についての検討が中心に行われてきた（水谷1984, 小宮1986, 松田1988, メイナード1993等）。一方、もう1つの重要な要素であるあいづちのバリエーションに焦点を当てて検討した研究は少ない。以下の例1では学習者Cと日本語母語話者Jが「東日本大震災の大学入学の影響」について話している。

例1 【東日本大震災の大学入学の影響】

1　　J：結局筑波に4月に普通に入学しに行ってーって感じ

2　　C：　　　　　　　　　　　　　　　　　あーー^[注1]、で、

3　　C：その時親心配してる？

4　　J：心配したもう、行かない方がいいんじゃないみたいな、

5　　J：なんか放射能とかいろいろあったから、

6　　C：<u>そうそうそう</u>

7　　J：安全、沖縄のが安全でしょ言って、

8　　C：<u>そうそうそう</u>

9　　J：すごい言われたけど、せっかく合格したしー

10　C：<u>そうそうそう</u>

11　J：もうね、行かなきゃ

12　J：うんー

例1では、学習者Cは6、8、10行目で同じ形式のあいづち「そうそうそう」を使用している。ここでは、学習者は適切な位置であいづちを打っているように見えるが、使用されるあいづちの形式のバリエーションは少なく単調な印象を受ける。この3箇所に「そうそうそう」だけでなく、「うんうん」「そっかそっか」「そうだよね」等の形式が導入されれば、より豊かな会話を構築することができると考えられる。このように、あいづちのバリエーションはより豊か

な会話効果にかかわっている重要な要素であるが、これに焦点を当てる先行研究は管見の限りまだ少ない。そこで、本研究では、あいづちのバリエーションに焦点を当て、学習者がどのようにあいづちのバリエーションを習得していくかを考察する。

2 先行研究と研究目的

2.1 先行研究

あいづちの習得についての研究には、異なる学習段階（日本語レベル）、あるいは異なる学習歴の学習者間で比較を行うような横断的調査もあれば、ある特定の段階の学習者を対象に時間の経過とともに考察するような縦断的調査もある。以下、2.1.1で横断的調査に関する先行研究を紹介し、2.1.2では縦断的調査に関する先行研究を紹介する。

2.1.1 横断的調査に関する先行研究

日本語学習者のあいづちの習得について、横断的調査を行ったものは山本 (1992)、渡辺（1994）、窪田（2000）、柳（2002）が挙げられる。

山本（1992）では、中国語、韓国語、英語を母語とする9名の学習者（初級3名、中級4名、上級2名）を対象に、1名の日本語母語話者とのインタビュー調査を行っており、若干の例外を除けば、学習段階が上の学習者はあいづちの種類が増えているという結果を得ている。山本（1992）と同様の結果を報告しているのは柳（2002）である。柳（2002）では、日本に滞在していない台湾人日本語学習者20名（中級14名、上級6名）を対象に、初対面の日本語母語話者との電話会話を資料とし、分析を試みた。その結果、学習者の日本語レベルが高くなるとともにあいづちの種類も増加していくと報告している。

一方、学習者のあいづちの習得は特に学習者の発達段階・日本語レベルと関係がないと渡辺（1994）、窪田（2000）は述べている。渡辺（1994）は中国語、韓国語、英語を母語とする学習者19名（初級6名、中級8名、上級5名）を対象に、1名の日本語母語話者とのインタビュー調査を実施し、分析を行った。その結

果、学習者の発達段階とあいづちの習得との間には相関関係がほとんどなく、また、学習者が使用するあいづちの種類にも、発達段階による特定の傾向は見られなかったとしている。また、窪田（2000）では、英語を母語とする初級と上級の学習者10名（初級、上級各5名）を対象に、初対面の日本語母語話者との自由会話を2回調査し、分析を行った。「相づち詞」に関する結果としては、「日本語能力が高くなるにつれて相づち詞の種類も増えていくとは一概に言えない」と述べている。

　上記の4つの先行研究を概観すればわかるように、学習者のあいづちの種類の習得について、学習者の習熟度が上がるにつれ、増えていくと報告しているもの（山本1992, 柳2002）もあれば、そうでないもの（渡辺1994, 窪田2000）もある。この結果の相違が生じた理由として各調査における学習者の属性が異なることと調査の方法の違いが考えられる。このように、横断的調査では個人の属性の影響が排除しきれないと思われるため、学習者の習得状況を正確に把握できないという問題点があり、学習者のあいづちバリエーションの習得状況を統一された条件で縦断的に考察していく必要がある。

2.1.2 縦断的調査に関する先行研究

　縦断的調査を通して学習者のあいづちの習得を考察した先行研究は寺尾（2008）と山中（2012）が挙げられる。

　寺尾（2008）では、1名の初級中国人学習者を対象に、日本に来て3ヶ月後、7ヶ月後、11ヶ月後の3期に分けて、ある日本語教師とのフォーマル場面での会話データを収集し、分析を行った。あいづちの形式に関して、習熟度が進むにつれ、最もよく使用される形式が「ソウデス」から「ハイ」へと変化するという特徴が見られ、また、全体的傾向として、日本語の習熟度が進んでも、あいづちの形式的なバリエーションは増えないという結果が得られた。

　山中（2012）では、6名の中国人技能実習生（1期生3名、2期生3名）を対象に、調査者との会話を分析資料とし、あいづちの習得過程を分析した。あいづちの形式に関する結果としては、協力者全体を総合してみると、「ハイ」の割合は減少傾向にある。その一方、「ソウ」の産出は全体の調査を通して1度も見られなかった。

上記の2つの先行研究からは縦断的調査を通して学習者のあいづちのバリエーション習得に関して大きな知見が得られる。しかし、この2つの研究の結果には相違が見られる。例えば、「ハイ」に関しては、寺尾（2008）では増加する傾向にあるが、山中（2012）では減少する傾向が見られた。それはこの2つの研究の研究対象や場面の差異によるものであると考えられる。つまり、会話調査の研究対象及び場面の違いにより、日本に滞在する期間と「ハイ」系のあいづちの使用傾向を容易に結び付けることはできないということである。このことから、同じあいづちでも、異なる研究対象と異なる調査条件とでは、異なる結論に至る可能性があることが言えよう。学習者の習得過程の特徴をより厳密に見出すためには、対象者の条件や場面を整える必要があると考えられる。

2.2 研究目的

以上の先行研究を踏まえ、本研究は学習者のあいづちバリエーションの習得状況を見出すために、研究対象の条件や場面を整えた上で、縦断的調査を行うこととする。また、以下の2点について考察することを本研究の目的とする。

①あいづちのバリエーションにおいて、学習者と日本語母語話者を比較してどのように違うか。
②学習者が日本に滞在する1年間で、あいづちのバリエーションは変化するか。もし変化するなら、どのように変化していくか。

3 あいづちの定義と形式

あいづちの定義については各研究の目的や立場によって様々である。本研究では、メイナード（1993）におけるあいづちの定義[注2]及び堀口（1997）[注3]におけるあいづちの機能を参考にし、あいづちを以下のように定義した。
あいづちとは、話し手が発話権を行使している間、また話し手が発話を終了した後に、聞き手もしくは話し手が発する実質的な内容を含まない、「聞いている」、「理解している」、「同意、否定の意を表す」、「感情を表出する」という機能を持っている短い表現である。

上記のあいづち定義に基づき、本研究では、あいづちを以下の8種類、すなわち、ウン系（ウン、ウンウン等）、ハイ系（ハイ、ハイハイ等）、ア系（ア、アーー等）、ヘ系（ヘー、ヘーー等）、エ系（エー、エーー等）、ソ（ソウ、ソウソウソウ、ソウナンダ等）系、否定（ヤ、イヤ、イイエ等）系、その他（ナルホド、ホントウ、タシカニ等）系のように分類した。

4　調査方法

　本研究では、初めて来日する6名（C1〜C6）の中国人上級日本語学習者（以下学習者）を対象に、1年間の縦断的調査を行った。この6名の学習者全員は中国の母校では日本語を専攻して勉強しており、日本語学習歴は2年〜5年[注4]である。また、この6名の学習者は調査を受けていた時に、日本の大学で1年間の交換留学の資格を持っており、この交換留学の前に日本に滞在したことはない。さらに、学習者全員は調査時点で日本語能力試験N1の資格を持っており、日本語レベルは上級である。調査は2014年10月から2015年8月にかけて実施した。具体的には、学習者が来日して1〜2ヶ月目、7ヶ月目、10〜11ヶ月目の3回、それぞれ親しい日本語母語話者との30分間程度[注5]の会話を録音・録画した。3回の会話調査を通して、計約552分間の会話データを収録した。また、会話調査を始める前に、協力者に「普通体で会話してください」と指示を行った。さらに、男女の性差によってあいづちのバリエーションの産出が異なると考え、今回の調査では協力者を全員女性という条件で統制した。
　また、学習者と比較を行うため、日本語母語話者同士（以下母語話者）の会話も同様の条件で2組4人分（J1〜J4）、計約63分間の会話データを収録した[注6]。収録した会話データを文字化し、文字化した資料を分析資料とした。文字化した資料からあいづちを抽出し、それぞれの種類のあいづちの出現回数及び全体に占める割合を計算した。

5 結果と考察

5.1 学習者と母語話者との比較

　ここでは、あいづちのバリエーションにおいて、学習者と母語話者でどのように違うかを見ていく。そして、学習者が最も習得できている3回目の会話調査の結果を母語話者と比較することにする。以下の表1では、各話者が使用したあいづちの回数及びそれぞれの種類のあいづちが全体に占める割合をまとめた。また、比較するために、学習者6人のあいづちの割合の平均値（C）と母語話者4人の平均値（J）を示した。さらに、図1と図2では、母語話者と学習者それぞれのあいづちのバリエーションについて割合を示した。示したのは母語話者と学習者で差が比較的大きかった「へ」系、「エ」系、「その他」系あいづち（図1）と「ウン」系、「ソ」系あいづち（図2）である。なお、母語話者は学習者と比べて個人差がそれほど大きくないため、母語話者4人の平均値を母語話者の使用した基準とした。

表1　学習者と母語話者のあいづちの使用回数（回）及び割合（％）

話者	種類（回（%））								
	へ	エ	その他	ウン	ソ	ア	否定	ハイ	合計
C1	11 (7.6)	6 (4.2)	19 (13.2)	87 (60.4)	11 (7.6)	5 (3.5)	4 (2.8)	1 (0.7)	144 (100)
C2	5 (2.9)	15 (8.7)	12 (7.0)	108 (62.8)	4 (2.3)	18 (10.5)	10 (5.8)	0	172 (100)
C3	2 (0.4)	15 (3.3)	18 (3.9)	292 (63.8)	58 (12.7)	73 (15.9)	0	0	458 (100)
C4	2 (1.0)	6 (2.9)	5 (2.4)	113 (54.6)	51 (24.6)	28 (13.5)	2 (1.0)	0	207 (100)
C5	13 (4.1)	0	4 (1.3)	186 (59.2)	67 (21.3)	43 (13.7)	1 (0.3)	0	314 (100)
C6	0	3 (1.2)	25 (10.3)	62 (25.4)	121 (49.6)	28 (11.5)	5 (2.1)	0	244 (100)
C	2.7	3.3	6.4	54.4	19.7	11.4	2	0.1	100
J1	13 (8.6)	8 (5.3)	29 (19.1)	57 (37.5)	27 (17.8)	17 (11.2)	1 (0.7)	0	152 (100)
J2	7 (2.9)	5 (2.0)	33 (13.5)	96 (39.2)	71 (29.0)	30 (12.2)	3 (1.2)	0	245 (100)
J3	14 (6.9)	13 (6.4)	34 (16.8)	58 (28.7)	59 (29.2)	22 (10.9)	2 (1.0)	0	202 (100)
J4	7 (2.1)	12 (3.6)	34 (10.2)	213 (63.6)	39 (11.6)	27 (8.1)	3 (1.0)	0	335 (100)
J	5.1	4.3	14.9	42.2	22	10.6	1	0	100

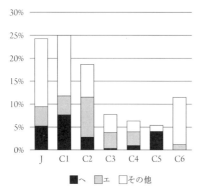

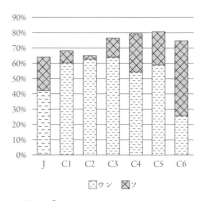

図1 「へ、エ、その他」系あいづちの比較　　　図2 「ウン、ソ」系あいづちの比較

　表1と図1、図2からわかることを以下にまとめる[注7]。

　「へ」系、「エ」系、「その他」系あいづちの使用に関して、個別の学習者を除けば、学習者の使用は母語話者より少ないことがわかる。例えば、「へ」系あいづちを例として言うと、母語話者は5％使用しているのに対して、学習者C1を除けば、他の学習者は全員5％以下の使用となっている。そのうち、特にC6では「へ」系の使用がゼロとなっており、目立っている。

　「へ」系、「エ」系、「その他」系あいづちの使用に対して、学習者C1～C5は6割近くか6割以上「ウン」系あいづちを使用している。その一方、母語話者は平均で約4割「ウン」系あいづちを使用している。さらに、学習者C6は約5割使用しているが、母語話者は約2割が「ソ」系あいづちを使用している。

　次に、「ア」系あいづちと「ハイ」系あいづちの使用について見ていく。表1に示しているように、母語話者と学習者ともに「ア」系あいづちは約1割使用しており、それほど差が見られない。そして、「ハイ」系あいづちの使用は学習者C1の1回の使用以外に、学習者と母語話者ともに使用されなかった。

　以上をまとめてみると、学習者は母語話者と比べて、「へ」系、「エ」系、「その他」系あいづちの使用が少なく、それに対して、「ウン」系、「ソ」系の使用が多いことがわかった。また、全体のバリエーションについて言うと、学習者は母語話者と比べて、あいづちの使用が偏っており、特に「ウン」系あるいは「ソ」系のあいづちに依存している。さらに、以上のあいづちに対して、学習

者の「ア」系と「ハイ」系あいづちの使用は母語話者と比べてそれほど差がないことがわかった。この2種類のあいづちに関して、学習者の使用は母語話者に近いと言えよう。

　以上、学習者の3回目の調査、つまり学習者が1年間の滞在で習得が最もできていると考えられる結果を母語話者と比較した。次項では学習者が1年間の滞在で、どのようにあいづちのバリエーションを習得してきたかを見ていく。

5.2 学習者の1年間の習得状況

5.2.1 あいづちのバリエーションの全体について

　ここでは、学習者が1回目〜3回目の会話調査を通して、どのようにあいづちのバリエーションを習得してきたかを見ていく。表2は、各学習者の1回目〜3回目の会話調査におけるあいづちの使用回数（回）及び各種類が全体に占める割合（%）をまとめたものである。

表2　各学習者の1〜3回目の会話調査におけるあいづちの使用回数（回）及び割合（%）

話者	会話	種類（回（%））								
		へ	エ	その他	ウン	ソ	ア	否定	ハイ	合計
C1	1	1 (0.6)	13 (8.0)	7 (4.3)	93 (57.1)	16 (9.8)	27 (16.6)	2 (1.2)	4 (2.5)	163 (100)
	2	6 (3.5)	6 (3.5)	15 (8.8)	104 (60.8)	19 (11.1)	16 (9.4)	5 (2.9)	0	171 (100)
	3	11 (7.6)	6 (4.2)	19 (13.2)	87 (60.4)	11 (7.6)	5 (3.5)	4 (2.8)	1 (0.7)	144 (100)
C2	1	0	1 (0.6)	1 (0.6)	134 (80.7)	4 (2.4)	16 (9.6)	6 (3.6)	4 (2.4)	166 (100)
	2	0	23 (10.8)	11 (5.1)	154 (72.0)	1 (0.5)	11 (5.1)	14 (6.5)	0	214 (100)
	3	5 (2.9)	15 (8.7)	12 (7.0)	108 (62.8)	4 (2.3)	18 (10.5)	10 (5.8)	0	172 (100)
C3	1	4 (1.0)	26 (6.4)	6 (1.5)	176 (43.2)	72 (17.7)	115 (28.3)	0	8 (2.0)	407 (100)
	2	0	27 (6.2)	13 (3.0)	237 (54.5)	61 (14.0)	93 (21.4)	2 (0.5)	2 (0.5)	435 (100)
	3	2 (0.4)	15 (3.3)	18 (3.9)	292 (63.8)	58 (12.7)	73 (15.9)	0	0	458 (100)
C4	1	0	7 (2.5)	13 (5.3)	35 (12.3)	57 (20.1)	35 (12.3)	6 (1.8)	130 (45.8)	283 (100)
	2	5 (2.5)	11 (5.5)	8 (4.0)	86 (42.8)	52 (25.9)	36 (17.9)	2 (1.0)	1 (0.5)	191 (100)
	3	2 (1.0)	6 (2.9)	5 (2.4)	113 (54.6)	51 (24.6)	28 (13.5)	2 (1.0)	0	207 (100)
C5	1	0	0	4 (1.4)	218 (78.7)	18 (6.5)	31 (11.2)	6 (2.2)	0	277 (100)
	2	7 (2.1)	2 (0.6)	8 (2.4)	211 (63.2)	49 (14.7)	56 (16.8)	1 (0.3)	0	334 (100)
	3	13 (4.1)	0	4 (1.3)	186 (59.2)	67 (21.3)	43 (13.7)	1 (0.3)	0	314 (100)
C6	1	2 (0.9)	1 (0.5)	19 (9.0)	25 (11.9)	130 (61.9)	9 (4.3)	1 (0.5)	23 (11.0)	210 (100)
	2	1 (0.4)	6 (2.5)	25 (10.3)	64 (26.2)	70 (28.7)	55 (22.5)	3 (1.2)	20 (8.2)	244 (100)
	3	0	3 (1.2)	25 (10.3)	62 (25.4)	121 (49.6)	28 (11.5)	5 (2.1)	0	244 (100)

表2を概観するとわかるように、1回目～3回目の会話調査に渡って、学習者全員に共通した何らかの一貫した変化が見られるあいづちは1つもない。しかし、「ヘ」系、「その他」系、「ウン」系、「ソ」系、「ア」系、「ハイ」系あいづちに関しては、学習者全員に共通の一貫した変化は見られないが、それぞれの形式において、個別の学習者の変化は見られる。どのような変化が見られるかについて、以下「その他」系あいづちを例として取り上げて説明する。図3では、各学習者の「その他」系あいづちの1回目～3回目の会話調査における使用した割合を示す。

　図3に示すように、学習者C1、C2、C3は3回の会話調査を通して、「その他」系あいづちの使用は徐々に増えていったが、C4、C5、C6はそういった一定した変化は見られない。この結果から、学習者C1、C2、C3はこの1年間「その他」系あいづちを徐々に習得していったと言える。ただし、それらのあいづちの変化は決して顕著ではなく、また、増加していったと言っても、3回目の調査結果を母語話者と比較してわかるように、母語話者より少ない。

　「その他」系あいづちのように、使用変化が見られる他の種類のあいづちについても、個別の学習者には使用変化が見られたが、学習者全員に共通した一

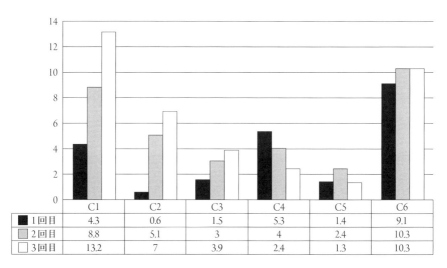

	C1	C2	C3	C4	C5	C6
■ 1回目	4.3	0.6	1.5	5.3	1.4	9.1
▨ 2回目	8.8	5.1	3	4	2.4	10.3
□ 3回目	13.2	7	3.9	2.4	1.3	10.3

図3 各学習者の1～3回目の会話調査における「その他」系あいづちの使用変化（割合・%）

貫した変化は見られなかった。つまり、学習者は1年間日本語の環境に滞在しても、「ウン」系、「ソ」系あいづちに偏って使用する問題点は依然として存在しており、全体のあいづちのバリエーションはほとんど変わらなかった。では、学習者はこの1年間は何も習得できていないということだろうか。次に、「ハイ」系あいづちを取り上げて見ていきたい。

5.2.2 「ハイ」系あいづちについて

あいづちのバリエーションについて、全員に共通した一貫した変化が見られたものはないと前述したが、「ハイ」系あいづちはこの8種類のあいづちの中では変化が最も大きく見られたものである。以下、学習者の「ハイ」系あいづちの使用について見ていく。

中島（2000）では、「ハイ」がフォーマル場面で相手が非常に疎遠な間柄の時に使われるのに対し、「ウン」はフォーマル・インフォーマル場面とも親しい間柄の時に多く使われる傾向があると指摘している。この調査は親しい友人同士の会話として設定されており、インフォーマル場面に相当する。従って、特定な場面[注8]がない限り、会話の中には「ハイ」系あいづちが産出されないはずである。実際、2組4人分の母語話者同士の会話を見てみると、「ハイ」系あいづちは1回も産出されていないことがわかった。では、学習者はどうなっているだろうか。

表3は、表2から「ハイ」系あいづちの結果を抜粋し、各学習者の1回目～3回目の会話調査の使用回数及びあいづち全体に占める割合をまとめたものである。

表3　各学習者の1～3回目の会話調査における「ハイ」系の使用状況

会話	学習者（回（%））					
	C1	C2	C3	C4	C5	C6
1回目	4 (2.5)	4 (2.4)	8 (2.0)	130 (45.8)	0	23 (11.0)
2回目	0	0	2 (0.5)	1 (0.5)	0	20 (8.2)
3回目	1 (0.7)	0	0	0	0	0

表3を見るとわかるように、1回目の会話調査時には、学習者6名のうち5名

（C1、C2、C3、C4、C6）が「ハイ」系あいづちを使用した。また、この5名の学習者のうち3名（C3、C4、C6）は、2回目の会話調査時においても「ハイ」系あいづちを使用したが、使用回数は1回目より減った。3回目の会話調査では、学習者はほとんど「ハイ」系あいづちを使用しておらず、C1のみ1回の使用が見られた。以上の結果をまとめて言うと、学習者は日本に滞在する期間が長くなるにつれ、友人同士の会話場面で「ハイ」系あいづちを徐々に使用しなくなっていると言える。

また、この「ハイ」系あいづちの使用に関連しているもうひとつの現象、インフォーマル場面においてあまり使用されない文末表現の「デス・マス」の使用にも同様の傾向が見られる。表4は、各学習者の1回目〜3回目の会話調査における文末に使用する「デス・マス」の使用回数をまとめたものである。

表4　各学習者の1〜3回目の会話調査における「デス・マス」の使用状況

会話	学習者（回）					
	C1	C2	C3	C4	C5	C6
1回目	7	1	9	12	1	4
2回目	1	0	6	3	0	1
3回目	0	0	4	1	0	0

表4に示すように、学習者全員が1回目〜3回目の会話調査を通して、文末表現の「デス・マス」を使用しなくなっている。このうち、C4は1回目の調査時に12回使用しており、6名の学習者のうち最も多かったが、2回目、3回目の調査時になると、それぞれ3回、1回というように次第に減っていった。これはC4の「ハイ」系あいづちの使用状況とほとんど一致しており、文末表現の「デス・マス」と「ハイ」系あいづちの使用との間に関連性が見られる。また、他の学習者にもこの関連性が確認できる。

文末表現の「デス・マス」と「ハイ」系あいづちはフォーマル場面において使用されると前述したように、学習者による会話中は丁寧体と普通体の使いわけの問題がかかわっている。学習者が「デス・マス」を使用しなくなっていくこの傾向は「ハイ」系あいづちの減少傾向と一致している。このことから、学習者はインフォーマル場面において、丁寧体と普通体の使いわけとともに「ハ

イ」系あいづちの非使用を習得していったことが考えられる。すなわち、学習者は「ハイ」系あいづちの非使用を単独で習得していくわけではなく、丁寧体と普通体の使いわけとともに習得していくことが示唆される。

5.3 まとめ

以上をまとめると、まず全体のバリエーションについて、学習者は母語話者と比べて、「ヘ」系、「エ」系、「その他」系のあいづちの使用が少なく、それは学習者が「ウン」系あるいは「ソ」系のあいづちの使用に依存しているためであることが明らかになった。また、学習者が1年間日本に滞在した結果、「ハイ」系あいづちとともに丁寧体と普通体の使いわけは習得できたが、「ヘ」系、「エ」系、「その他」系のあいづちの習得までには至っていないことがわかった。つまり、学習者は日本に1年間滞在しても、全体のあいづちのバリエーションはほとんど変わらず、母語話者と比べて少ないままである。

あいづちのバリエーションの習得は文法や語彙と異なり、自然習得に委ねることが多い。本研究は自然習得の環境にいる学習者を対象に、あいづちのバリエーションの習得過程を1年間というスパンで観察してきた。学習者がこの1年間あいづちのバリエーションをほとんど習得できていない結果から、学習者は自然習得の環境にいるとしても、丁寧体と普通体の使いわけのような習得できる項目がある一方で、あいづちのバリエーションのようになかなか習得できない項目があることが言える。また、あいづちのバリエーションのような項目を習得するにはより長期の日本語環境によるインプット、もしくは意識的な学習が必要であることも示唆される。

6 おわりに

本稿はあいづちのバリエーションについて、学習者と母語話者を比較してどのように違うかを分析した。その結果、学習者は母語話者と比べて、「ヘ」系、「エ」系、「その他」系のあいづちの使用が少なく、「ウン」系あるいは「ソ」系のあいづちの使用に依存していることが明らかになった。また、学習者がどのようにあいづちのバリエーションを習得していくかについて3回会話調査を

行い、考察した。その結果、学習者は1年間日本に滞在して、インフォーマル場面における「ハイ」系あいづちの非使用とともに丁寧体・普通体の使いわけを習得できた一方で、「ヘ」系、「エ」系、「その他」系あいづちは習得できておらず、それによってあいづちの全体のバリエーションもほとんど変わらなかった。本稿は学習者の習得状況を考察してきたが、学習者がなぜあいづちのバリエーションをなかなか習得できないかについて今後の課題としたい。

〈筑波大学大学院生〉

謝辞
本稿は日本語教育学会2016年度春季大会におけるポスター発表の内容に加筆・修正を加えたものです。当日の参加者から有益なご意見をいただきました。ここに記して感謝を申し上げます。また、本稿の執筆にあたり、ご指導を賜った澤田浩子先生（筑波大学）、貴重な修正コメントをくださった査読の先生方、会話調査を快く引き受けてくださった協力者の皆さまには深く感謝いたします。

注
[注1] ……… 「あーー」の「ー」は音の延長を示す。
[注2] ……… メイナード（1993: 58）では、あいづちの定義を「話し手が発話権を行使している間に聞き手が送る短い表現（非言語行動を含む）で、短い表現のうち話し手が順番を譲ったとみなされる反応を示したものは、あいづちとしない」としている。
[注3] ……… 堀口（1997）では、あいづちの機能を「聞いている信号」「理解している信号」「同意の信号」「否定の信号」「感情の表出」のようにまとめている。
[注4] ……… C1、C2、C3、C4、C5調査時点で大学生であり、1回目の会話調査時には2年〜3年日本語を勉強していた。また、C6はこの6名の協力者の中では唯一の大学院生であり、1回目の会話調査時には5年間日本語を勉強していた。
[注5] ……… 3回の会話調査で収録した会話データの長さの詳細は以下の表1の通りである。また、毎回の会話データの長さが異なるものの、今回の分析は主にあいづちのバリエーションの割合に基づいて行ったため、データの長さの違いは結果に特に影響を与えないと判断した。

表1　収録した会話データの詳細

	1回目	2回目	3回目
C1	30分16秒	31分9秒	30分34秒
C2	30分15秒	30分52秒	30分56秒
C3	32分28秒	30分29秒	31分40秒
C4	31分7秒	32分55秒	31分2秒
C5	31分52秒	31分29秒	31分6秒
C6	31分19秒	30分21秒	30分21秒

[注6] ……… 収録した2組の母語話者同士の会話はそれぞれ32分41秒のものと30分27秒のものであった。

[注7] ……… あいづちのバリエーションについてまとめる際に、学習者と母語話者と比較して同様の結果を得ている種類はまとめて述べる。また、「否定」系あいづちに関しては、「否定」されるような話題が出ない限り出現しないと予測できるため、つまり、「否定」系あいづちは他の種類のあいづちと比べて話題に依存しているため、今回は比較しないこととした。以降も同様である。

[注8] ……… 「特定な場面」というのは、「ハイ」系あいづちが出やすい場面である。中島（2001）では、フォーマル・インフォーマル場面にかかわらず、「ハイ」は①真偽疑問文に対する応答、②付加疑問文（終助詞「ね」）に対する応答、③要求文に対する応答、④呼びかけに対する応答、⑤儀礼的応答として使用されやすいと述べており、本稿ではこの5つの場面を「特定な場面」とする。

参考文献

窪田彩子（2000）「日本語学習者の相づちの習得―日本人との初対面における会話資料を基に」『南山日本語教育』7, pp.76–114.　南山大学大学院外国語学研究科

小宮千鶴子（1986）「相づち使用の実態―出現傾向とその周辺」『語学教育研究論叢』3, pp.43–62.　大東文化大学語学教育研究所

寺尾綾（2008）「ある中国語を母語とする日本語学習者の言語的あいづち―日本語の習熟度からみた縦断的分析」『阪大日本語研究』20, pp.91–117.　大阪大学院研究科日本語学講座

中島悦子（2000）「あいづちに使用される「はい」と「うん」―あらたまり度・待遇度から見た出現実態」『ことば』21, pp.104–113.　現代日本語研究会

中島悦子（2001）「自然談話における応答詞の使い分け―「はい」と「うん」、「いいえ」と「ううん」」『国士舘短期大学紀要』26, pp.75–99.　国士舘短期大学人文学会

堀口純子（1997）『日本語教育と会話分析』くろしお出版

松田陽子（1988）「対話の日本語教育学―あいづちに関連して」『日本語学』7(13), pp.59–66.　明治書院

水谷信子（1984）「日本語教育と話しことばの実態―あいづちの分析」『金田一春彦博士古稀記念論文集　第二巻　言語学編』pp.261–279.　三省堂

メイナード・K・泉子（1993）『会話分析』くろしお出版

渡辺恵美子（1994）「日本語学習者のあいづちの分析―電話での会話において使用された

言語的あいづち」『日本語教育』82, pp.110–122.　日本語教育学会

山中鉄斎（2012）「中国人技能実習生による日本語あいづち習得の縦断的習得研究」『日本語支援教育研究 (1)』pp.37–50.　日本語支援教育研究会

山本恵美子（1992）「日本語学習者のあいづち使用実態の分析—頻度及び種類」『言語文化と日本語教育』4, pp.22–34.　お茶の水女子大学内日本言語文化学研究会

柳川子（2002）「台湾人日本語学習者における相づち使用の考察—相づち詞の種類を中心に」『日本語教育と異文化理解』創刊号, pp.45–53.　愛知教育大学国際教育学会

初対面の雑談相手に向けられる
日本語学習者の否定表現
——日本語母語話者との比較から

中野 陽

❀要旨

本稿では中・上級の日本語学習者が初対面の雑談相手の発話を否定する際、相手を不快にしないよう、どのような調整を行っているか母語話者のものと比較した。その結果、学習者は、相手を不快にしないよう一定の配慮は示しているが、その示し方は母語話者とは異なり、必要最低限の情報（話し手が正しいと考える情報）の追加のみで済ませることや、「あ」や「え」などのような一部のフィラーや笑い、「多分」「あまり」のような特定の部分否定表現に頼ることが多かった。さらには、応答詞「いいえ」や、相手の発言を直接引用した上で「〜ではない」を後接するなど、否定ニュアンスを強化するような形式を母語話者よりも頻繁に使用していた。

❀キーワード
初対面の雑談、否定表現、調整行動、緩和、強化

❀ABSTRACT

This study comparatively examines how intermediate and advanced Japanese language learners and native Japanese speakers adjust their expressions when negating the utterances of first-time conversation partners to avoid causing feelings of displeasure. The results showed that although the learners had a certain level of consideration toward avoiding feelings of displeasure, the methods of doing so differed from the native speakers. There was a general dependence on only adding the minimum necessary information, using fillers such as "a" and "e", laughing, and employing partially negative expressions such as "tabun" and "amari". In addition, the learners used forms that reinforce negative nuances more frequently than the native speakers; these included using the "iie" negative response and adding the "dehanai" copula to the utterance of the conversation partner.

❀KEYWORDS
First-time conversations, negative expressions, adjustment behavior, assuagement, reinforcement

The Use of Negative Expressions
by Japanese Language Learners
toward First-Time Conversation Partners
A comparative analysis with native Japanese speakers

YÔ NAKANO

1 研究目的

　日本語学習者はある程度習得の進んだ段階であっても、初対面の雑談相手の発話を否定する際に直接的な表現を用いることがある。(1)は学習者と母語話者が大学院進学について雑談をしている場面であるが、母語話者（NSOF01）からアルバイトはするかと問われ、学習者（NNSBF03）は「しません。」と、否定命題のみで発話を終えている。

（1）〈話題：大学院進学〉
　　NSOF01：<笑い>そうだね。働いて、お金を稼ぐ…。あれ、アルバイト
　　　　　　とかって、します?。
　→NNSBF03：しません。　　　　　　　　　　　　　　　（『BTSJ』[注1] 台湾・134[注2]）

　これに対し、(2)の発話には、否定命題の述べ方を工夫したり、情報を追加したりする調整行動が見うけられる。これは母語話者同士がベトナム旅行について話している場面であるが、母語話者（JSF02）に、また行くのかと問われ、雑談相手の母語話者（JBF02）は「行かないです」という否定命題に、終助詞「ね」や、「ちょっとお金なくてー」と、あらたな情報（理由）の追加をしている。

（2）〈話題：ベトナム旅行〉
　　JSF02：えーでも、え、じゃあまた行くんですか?、今年夏とか。
　→JBF02：やー行かないですね、ちょっとお金なくてー。
　　　　　　　　　　　　　　　　　　　　　　　　　　（『BTSJ』母語話者・193）

　(1)のような発話は文法的にはまったく問題ないが、段階的にお互いのことを理解していくプロセスとも言える初対面の雑談で用いると、聞き手の体面を傷つけたり、聞き手に対して非難や突き放しといった非友好的な態度を取っていると受け取られたりする可能性がある。そこで、本研究では初対面の雑談相手に向けられる学習者の否定表現を母語話者のものと比較し、表現が直接的に

なることを避けるための調整行動をどの程度行っているか、また、行う場合にはどのように行っているのかを形式と内容の両方から明らかにしたい。

2 先行研究

　否定発話に関連する研究には、否定応答詞「いいえ」の、初級日本語教材での扱われ方と日本語母語話者の自然会話における使用のずれを指摘した小早川(2006) があるものの、文・談話レベルを対象としたものとなると「否定表現」よりも「不同意」という術語を使用した研究が中心になる（末田2000, 木山2005, 金2015, 楊2015など）。しかし、それらは「不同意」の定義や分析対象とする領域がそれぞれに異なる。

　末田 (2000) は、「不同意」自体の述べ方ではなく、その後の発話連鎖に焦点をあて、そこに出現するストラテジー（不同意の態度表明を行った側、受けた側双方のもの）を分析・考察したものである。木山 (2005) は、日本語母語話者の雑談場面に現れた「不同意」発話を実質的・儀礼的、直接的・間接的に分類し、社会的距離による出現頻度を比較した。その結果、初対面の雑談では友人同士の場合に比べ、実質的不同意を行う割合は低くなり、また、その実質的不同意は意見として述べる不同意よりも事実として述べる不同意が多かったと報告している。そしてこれらの結果を踏まえ、「会話相手との社会的距離に応じた社会的配慮が必要であることを学習者に指導することが有効であろう」と提言している。しかし、その「社会的配慮」をどのようにするべきなのか情報を提供しないと、会話教育としては十分ではなく、社会的距離のある相手に「事実として述べる」という不同意をする頻度が高くなるのであれば、その際の具体的な配慮の示し方についても研究が必要となる。

　金 (2015)、楊 (2015) は、木山 (2005) の分類に従えば「意見として述べる不同意」を行う際の「社会的配慮」に関する研究に該当するため、日本語学習者の、「事実として述べる」否定発話に出現するストラテジーがどのようであるかについては知ることはできない。

　以上、これまでの研究の成果と課題を踏まえ、本研究では初対面の雑談場面における学習者の否定発話、特に「事実として述べる」否定発話を談話レベル

で観察し、そこにあらわれる調整行動がどのようであるか、表現形式、表現内容両方から明らかにすることを目的とする。

3 分析データと調査方法

3.1 分析データ

本研究では、『BTSJによる日本語話し言葉コーパス2011年度版』から、初対面の接触場面21会話、日本語母語場面34会話を対象とした。会話参加者は日本語能力が中上級とされる学習者15名（台湾出身6名、韓国出身9名）[注3]、母語話者21名、会話時間は平均14分強であった。

初対面会話のデータのみを対象とした理由は、まず、初対面のように、相手に関する情報を持っていない（あるいはわずかである）状況では、親しい相手と話すとき以上に否定表現に配慮が求められ、調整行動がより多く出現すると考えるからである。したがって、本研究では初対面の雑談データが、学習者と母語話者の否定表現を比較する上で適したデータであると判断した。

3.2 調査方法

まず本研究では、以下の（ア）（イ）のいずれかに該当する発話がある箇所を「否定場面」として認定した。

（ア）聞き手からの情報要求に対し、否定の応答をしている箇所
（イ）聞き手の認識が誤りであると指摘している箇所

ただし、次の（ウ）（エ）については対象外とした。

（ウ）ある事柄に対する評価や見解に対する否定
    例：「やっぱ新聞は読んどかないと」
      「いや、ネットニュースで十分じゃないかな」
（エ）褒めや謙遜、謝罪などに対する儀礼的な否定

例：「新聞のことばっかり話しちゃってすみません」
　　「いえいえ、全然構いませんよ」

　（ウ）（エ）を対象外とする理由は、まず、（ウ）は「反論」とも言えるもの
だが、反論の際に聞き手の不快感を和らげるために用いられる調整行動は、個
人的かつ単純な情報について認識の不一致を示す際のものとは異なることが予
想されるためであり[注4]、（エ）については、強く否定することがかえって聞き
手の体面を保ち、友好的な態度と受け取れる場合もあるためである。
　次に、本研究では金（2015）で使われていた「表現形式」と「表現内容」と
いう2つのカテゴリーから着想を得て、調整行動を「表現形式による調整行動」
と「表現内容による調整行動」の2種類にわける。「表現形式による調整行動」
とは、発話を緩和したり、聞き手との連帯感を示したりする表現効果のある形
式を用いること、「表現内容による調整行動」は発話内容自体を間接的なもの
にしたり、あらたな情報を加えたりすることとする。表1は表現形式による調
整行動、表2は表現内容による調整行動の各項目である[注5]。

表1　表現形式による調整行動

項目	例
a.フィラー	「あ」「え」「あの」「ええと」「うーん」[注6]
b.共話 　・反復型	A：今購読しているのって朝日新聞……？ B：朝日新聞じゃなくて、毎日新聞です。
・継続型	A：今購読しているのって朝日新聞……？ B：じゃなくて、毎日新聞です。
c.部分否定	「あまり…ない」「…というほどでもない」
d.推量のモダリティ表現	「…と思う」「…かもしれない」
e.意外感を表す副詞 　（聞き手の予測に寄り添う）	「実は」「かえって」「意外と」
f.「の（だ）」文	「新聞は読まないんです」
g.接続助詞「けど」「て」「ので」 　の終助詞的用法	「新聞は読まないんですけど」 「新聞は読んでなくて」「新聞は読んでないので」
h.終助詞「ね」「よね」	「新聞は読んでないんです（よ）ね」
i.否定命題と同義の肯定形式で 　言い換える	A：新聞って毎日読むのは無理でしょ？ B：いや、大丈夫ですよ。（←無理じゃありません）
j.笑い	―

187

表2　表現内容による調整行動

項目	例
k.聞き手の推測を否定するだけでなく、話し手が正しいと考える情報を提供する	A：この記事って読売新聞に載ってたんですか。 ×B：いえ。 ○B：いえ、朝日新聞です。
l.否定の根拠を示す	A：新聞読みますか。 B：いや、時間ないんで。
m.具体例や詳細説明を加える	A：新聞読みますか。 B：いや、読んでないですね。もう3年ぐらい。
n.注釈を加える	A：新聞読みますか。 B：いや、読んでないですね。って言ってもネットでニュースはチェックしてますけどね。
o.否定命題に関する感想や意見を述べる	A：新聞読みますか。 B：いや、読んでないですね。お恥ずかしいですが。
p.否定命題に言及する前提となる知識を問う	A：新聞読みますか。 B：いや、あの、「グノシー」ってご存じですか？ニュースはそれでチェックしてます。
q.前置きをする	A：新聞読みますか。 B：個人的には、ネットで読むのが好きです。
r.対比関係にある肯定命題を持ち出す	A：新聞読みますか。 B：いや、ネットの記事は読んでるんですけど。
s.迷いを示す	A：あれって朝日新聞の記事ですよね？ B：どうだったかなー。読売新聞のような気がする。

　なお、表現形式による調整行動の各項目のうち、フィラーは山根（2002）の「対人関係に関わる機能」、終助詞「ね」は神尾（1990）の「任意要素としての「ね」」、宇佐美（1999）の「発話を緩和する機能」、終助詞「よね」は伊豆原（2003）の「聞き手との間に共通認識領域を作り出すもの」、「の（だ）」文は野田（1997）の「応答文におけるムードの「のだ」」などの記述、接続助詞の終助詞的用法は白川（2009）の「聞き手に対して柔らかくもちかける表現効果」、楠本（2015）の「「（中途終了型発話文である）ノデ」文は、聞き手の認識改変を求める「ケド」文よりも談話効果として待遇的に高められたものとなる」などの記述を参照した。また、j.の笑いは非言語ではあるが、「フェイスを脅かさないことを示す回避儀礼に関わる非同意の笑い」（笹川2008）のような指摘からも、否定発話を緩和する機能として無視できない行動であるため、便宜的に表現形式の調整行動

に含めることとする。また、分析にあたっては、否定発話が（3）のように「表現内容による調整行動」を伴って連鎖する場合は、聞き手による先行発話にもっとも関連性が高い、中心発話[注7]（実線部）に出現するもののみを「表現形式による調整行動」として認定した。これは、各項目が「表現内容による調整行動」に該当する部分（破線部）で用いられる場合、聞き手の認識を否定すること自体に直接関わる調整とは考えにくいからである（（3）の場合、追加情報内に現れる「て」や「けど」の終助詞的用法、フィラー「そのー」などがそれにあたる）。つまり、このような場合、2Bの「実は」「（の）だ」「よね」を「表現形式による調整行動」、破線で示した2文を「表現内容による調整行動」であると認定した。

（3）　〈話題：新聞を読むか〉
　　1A：新聞は読んでいらっしゃいますか？
　　2B：**実は**読んでない**んですよね**。ほとんど時間がとれなくて。
　　3A：あー。
　　4B：**そのー**、読みたいとは思っている**んですけど**。

　さらに、否定発話終了の単位は、聞き手が次にターンを取るまでとし、発話を繰り返している場合（たとえば例（3）で3Aに「あー、読んでないんですか」のような発話が見られる場合）は、あらたな情報要求への応答であるとも考えられるため、その直前の発話までで区切ることにした。

4　調査結果と考察

　まず、調整行動の有無を比較した結果を表3に示す。学習者の否定発話には調整行動の全くない事例が17.5％出現したが、母語話者はわずか4％であった。
　本研究の研究課題の1つである、「調整行動をどの程度行っているか」の答えとしては、学習者は母語話者よりも否定命題のみでの発話が有意に多いことがわかった。とはいえ、全否定場面のうち、調整行動が82.5％出現したのであれば頻度は高いという解釈も可能である。学習者も否定発話をする際には何らかの調整行動が必要だと感じていることがうかがえる。そこで、もう1つの研

189

表3　調整行動の出現数比較

調整行動	日本語学習者	日本語母語話者
あり	▽ 132* (82.5%)	▲ 194* (96.0%)
なし	▲ 28* (17.5%)	▽ 8* (4.0%)
計（全否定場面）	160 (100%)	202 (100%)

▲有意に多い　▽有意に少ない　*p<.05

究課題である、「どのように調整行動を行っているか」に対する答えを確認するため、まず、調整行動が見られた事例について、「表現形式のみ」、「表現内容のみ」、「表現形式＋表現内容」を比較した。その結果、学習者は「表現形式＋表現内容」と「表現内容のみ」がほぼ同率（39.4%、38.6%）で、「表現形式のみ」がもっとも少なかった（22.0%）。それに対し母語話者は「表現形式＋表現内容」が77.3%と、他の2項目を大きく引き離している。また、「表現形式のみ」、「表現内容のみ」、「表現形式＋表現内容」と学習者、母語話者の3×2とでクロス集計表を作成しカイ二乗分布を用いた独立性の検定を行ったところ有意差が確認された（$\chi^2(2) = 54.807$、$p<.01$、Cramer's $V = 0.410$）。残差分析の結果、「表現内容のみ」「表現形式＋表現内容」のあいだに5%水準で差が見られた（表4）。

表4　種類別・調整行動の出現数比較

調整行動の種類	日本語学習者	日本語母語話者
表現形式のみ	29 (22.0%)	27 (13.9%)
表現内容のみ	▲ 51* (38.6%)	▽ 17* (8.8%)
表現形式＋表現内容	▽ 52* (39.4%)	▲ 150* (77.3%)
合計（調整行動あり）	132 (100%)	194 (100%)

▲有意に多い　▽有意に少ない　*p<.05

　学習者の否定発話は、表現内容による調整行動のみ伴うことが母語話者よりも有意に多いことがわかったが、それでは具体的にどのような項目が用いられていたのだろうか。学習者の結果を基準に上位3位までを示したのが表5である。母語話者の頻度と比較しやすくするため、出現率（表現内容の調整行動が1つでも見られた否定発話の合計に対する割合）で示すこととする。

表5 表現内容による調整行動（出現率における上位3位まで）

		日本語学習者		日本語母語話者	
		出現率	実数	出現率	実数
k.	正しい情報の提供	33.0%	34（22）	44.3%	74（8）
l.	否定の根拠	19.4%	20（4）	32.9%	55（1）
m.	具体例や詳細説明	17.5%	18（0）	37.7%	63（0）

※実数の右にある数字はそれが単独で使われた回数を示す

　両グループともに「正しい情報の提供」が1位であったが、学習者は2位が「否定の根拠」、3位が「具体例や詳細説明」であった。それに対し、母語話者は、2位と3位が逆であり、さらに、項目間の出現率に大差は見られなかった。1位の「正しい情報の提供」についても、日本語学習者はそれ単独で用いているケースが22件と、全体の6割以上、日本語母語話者は8件と、全体の1割程度しかなかった。(4)はその一例である。日本語学習者（NNSM07）には妹がいるという話の続きである。NSM07の推測（「日本」）の否定にあたり、正しい情報（「韓国」）も追加しているが、調整はそれのみである。

(4)〈話題：NNSM07の妹〉
　　NSM07：えっ、日本で住んでる?。
→NNSM07：いえ、いま韓国。
　　NSM07：《沈黙4秒》自分は兄弟がいないから[息を吸い込む音]。

（『BTSJ』韓国・124）

　一方、日本語母語話者はこれに何らかの表現形式による調整、あるいは表現内容による調整も組み合わせて行う事例が大半であった。(5)はJBF02が自身のシンガポール旅行についてJSF02が行った推測（「最近」）の否定にあたり、正しい情報（「結構前」）を追加し、その発話に終助詞「ね」、また、その事態に対する感想（「マーライオンが水吹くの見たいんですけどねー」）も添えている。

(5)〈話題：シンガポール旅行〉
　　JSF02：最近行ったんですか?。

→JBF02：いや、結構前です**ねー**。

　　JSF02：あー。

→JBF02：マーライオンが水吹くの見たいんですけど**ねー**。

　　JSF02：あ、見てないんですか？＝。　　　　　　　（『BTSJ』母語話者・193）

　ここでは、否定命題が提示されてからも発話交換が活発に行われ、スムーズな談話展開となっている。これに対し（4）では学習者による追加情報（「韓国」）の直後に4秒沈黙が起き、さらにそののち母語話者があらたに「自身に兄弟がいない」という話を持ち出していることから、この学習者の否定発話（「いえ、いま韓国」）が、母語話者の次発話に影響を与え、「妹の現住所」という話題で会話を継続することを困難にしたことがうかがえる。

　次に、「表現形式による調整行動」に関する結果を表6に示す。

表6　表現形式による調整行動（出現率における上位3位まで）

	日本語学習者		日本語母語話者	
	出現率	実数	出現率	実数
a. フィラー	55.6%	45	55.4%	98
j. 笑い	19.8%	16	6.2%	11
c. 部分否定	16.0%	13	11.3%	20
f. 「の（だ）」文	16.0%	13	28.8%	51

　表6は表現形式による調整行動のうち出現率の高かったものの上位3位まで（3位は同数であったため、4項目となる）の結果である。出現率で見ると学習者と母語話者でフィラーと部分否定は似通っているが、笑いと「の（だ）」文は順位がほぼ逆であり、学習者が非言語情報である笑いに頼っていることがうかがえる。また、具体的に使われていた形式を確認したところ、まずフィラーは、「あ」や「え」が両者ともに見られたものの、「ええと」と「あの」は母語話者にしか見られなかった。特に「ええと」は母語話者が否定発話の冒頭において7回使用していたのに対し、日本語学習者のデータからは1例も出現がなかった。具体的な使用例は次の（6）のようなものであり、これと類似した否定場面で、ある学習者は（7）のようなフィラーを用いていた。

（6）〈話題：YM01の学生時代の専攻〉

BM01：あでも、情報ーのほうに行くんだったら、情報工学かなんかです
か?、システム＜とか＞{<}。

→YM01：**＜えっと＞**{>}、まったく関係ありません＜笑い＞。

（『BTSJ』母語話者・178）

（7）〈話題：NNSBF04の父親の出身〉

NSSF01：あー、え、でもお父さんは台湾でしょう?。

→NNSBF04：**え**、いいえ、わた、私のえ、父は、四川人［中国語で］。

（『BTSJ』台湾・178）

　高木・森田（2015）は、質問に対する反応の開始部分に現れる「ええと」に
ついて、日本語話者はまずは「ええと」を産出することにより、「今自分に宛
てられたその質問に応答するには、ある難しさを伴うが、それでも応答の産出
に最大限に努める」という主張を受け手（質問者）に示すことができるとして
いる。今回観察したデータにおいて、学習者は否定場面以外の環境では（8）
のように「ええと」を使用していたが、否定場面ではまったく見られなかった。

（8）〈話題：夜間授業の時間と曜日〉

NSSF01：何時から?、夜間は。

→NNSBF02：**えと**、6時25分から、10時5分まで、《沈黙2秒》月曜から、
あのー、金曜まで。

（『BTSJ』台湾・133）

　このことから、学習者は、高木・森田（2015）の指摘にあるような「ええと」
の働きをあまり認識していないことがうかがえる。

　部分否定表現の形式についても、母語話者のデータからは「〜というわけで
はない」「必ずしも〜とは言えない」「〜というか」といった引用表現を含む形
式や、「そうでもない」「〜とも違う」のように「は」ではなく「も」を使用す
る例が5例見られたが、学習者からは1例も見られず、「多分〜ない」や「あま
り〜ない」のような、初級レベルの形式に偏っていた。

　さらに、否定ニュアンスを緩和する表現とは逆に、むしろ強化する表現形式

193

として応答詞の「いいえ」や、相手の発言を直接引用した上で「ではない」を後接する形式（「～じゃない。」「～では／じゃ なくて」も含む）の使用が、日本語母語話者に比べて多く使用されていたことがわかった（表7）。

表7　否定ニュアンスを強化する形式の出現数

	日本語学習者	日本語母語話者
応答詞「いいえ」	25	0
直接引用＋「～ではない」	15	5

　特に顕著であったのは、応答詞「いいえ」の使用である。学習者からは25例出現したが、母語話者のデータからは1例も出現しなかった。小早川（2006）は、初級日本語教科書では「問いに対する否定応答」として「いいえ」の出現が82％を占めていたが、自然会話において「問い」に対する否定応答にはほとんど用いられなかったことを指摘しているが、今回の学習者と母語話者の使用頻度の差は、その指摘を支持するものとなった。
　また、「ではない」の使い方にも母語話者と学習者では使用の違いが見られ、学習者は（9）のように相手の発言を直接引用するかたちで用いる事例が15例であったのに対し、母語話者は5例のみで、（10）のような継続型の共話を利用することで直接引用を避ける事例が9例見られた。

（9）〈話題：NNSM04の来日経験〉
　　NSM04：1年生の時に来たことがあ＜る＞{＜}[↓]。
　　NNSM04：＜あ、はい＞{＞}はい、来たことがあります。
　　NSM04：修学旅行か、何かで??。
→NNSM04：修学じゃなくて、親戚が＜いて＞{＜}、　　　　　　（『BTSJ』韓国・121）

（10）〈話題：JBF03の研究〉
　　JOF01：あっ、じゃ、あっ、じゃあ日本語教育を。
　　JBF03：じゃなくて、全然…、（うん）えと、地域研究の、（うんうんうん）中
　　　　　　国、の方 'ほう' の研究＜をしてまして＞{＜}。
　　JOF01：＜あっ、そうなんですか＞{＞}=。　　　　　　（『BTSJ』母語話者・196）

（9）でNNSM04は相手発話の一部をそのまま使用して「修学じゃなくて」と発話しているが、（10）でJBF03は「日本語教育」を使用せず、継続型の共話で連帯感をも示している。母語話者は、相手が直前に用いた表現をそのまま使用するかたちで否定することは、相手の体面を傷つけることになり、否定ニュアンスを強化することにつながることを意識していることがうかがえる。

5 まとめと今後の課題

　本研究の調査により、次のことがわかった。まず、中・上級の日本語学習者は初対面の雑談相手の発話を否定する際、何らかの調整行動を伴うことが多い。しかし、その調整行動は、最低限の情報（話し手が正しいと考える情報）の追加のみになりがちである。また、否定ニュアンスを緩和する表現形式も十分には理解・運用できておらず、「あ」や「え」など一部のフィラーや笑いに偏っている。さらに、否定ニュアンスを強化するような表現形式（応答詞「いいえ」や相手の発言を直接引用した上で「～ではない」を後接するなど）も頻繁に使うことがわかった。これらのことから、日本語学習者は、初対面の相手と雑談をする際、何らかの配慮は示す必要があるという意識はありながらも、具体的にどのような調整行動によって示せばよいのか、また各表現形式が持つ緩和・強化のニュアンスについて十分に認識ができていないことが示唆された。

　ただし、本研究には課題も残っている。まず、今回の日本語学習者の発話データは台湾と韓国の学習者のみであったため、他の言語を母語とする学習者の発話データの観察が求められる。また、本研究で調整行動の下位項目として挙げたものは完全に網羅的であるとは言えない。表情のような非言語情報や、声のトーンのようなパラ言語情報も含め、より詳細に観察をする必要がある。さらに、日本語学習者の直接的な、または調整行動が十分ではない否定発話がその後の発話連鎖、相互作用にどのような影響を与えるのかも探る必要がある。今後、これらの課題についても調査を行って知見を深めたい。

〈大阪府立大学大学院生〉

謝辞

本稿は2016年度日本語教育学会春季大会（目白大学、2016年5月22日）において発表した内容を加筆・修正したものです。会場でコメントをくださった帝塚山大学の森篤嗣先生をはじめ多くの皆様に感謝申し上げます。本稿の執筆にあたっては、指導教員である張麟声先生、国立国語研究所の野田尚史先生からご指導いただき、神戸女学院大学の建石始先生からもご助言をいただきました。また、査読者の先生からも貴重なご指摘をいただきました。皆様に心より感謝申し上げます。

注

[注1] ……… 宇佐美まゆみ監修『BTSJによる日本語話し言葉コーパス2011年度版』。会話データに付した下線やフォントの変更は本稿筆者によるものであるが、それ以外の部分には手を加えずに引用している。

[注2] ……… 『BTSJ』からの引用である場合、ここで取り上げられている発話者の情報（学習者の場合は出身国）と、当データベースにおける会話番号を記しておく。

[注3] ……… 『BTSJ』の会話参加者データによると初対面の接触場面会話に参加している日本語学習者は韓国出身が中級レベル、台湾出身が上級レベルとなっている。

[注4] ……… 例えば金（2015）における「語尾は同意を誘う問いかけにする」「不同意表明の前に同意の意見を述べる」といった調整行動は、個人的かつ単純な情報について認識の不一致を示す際に用いられることはあまりないと思われる。

[注5] ……… 表内の例文はすべて作例である。

[注6] ……… ここでは代表形のみ示し、「ああ」「ううーん」「あのー」「えっと」なども、それぞれのバリエーションとして数に含める。

[注7] ……… 佐久間（2000）で用いられている、文章における中心文に対応する概念。

参考文献

伊豆原英子（2003）「終助詞「よ」「よね」「ね」再考」『愛知学院大学教養部紀要』51(2), pp.1–15. 愛知学院大学

宇佐美まゆみ（1999）「「ね」のコミュニケーション機能とディスコース・ポライトネス」『女性のことば・職場編』pp.241–267. ひつじ書房

神尾昭雄（1990）『情報のなわ張り理論』大修館書店

木山幸子（2005）「日本語の雑談における不同意の様相―会話教育への示唆」『言語情報学研究報告』6, pp.165–182. 東京外国語大学

金桂英（2015）「話し合いでの「不同意コミュニケーション」における「配慮」の様相―接触場面での物事を決める話し合いの分析から」『待遇コミュニケーション研究』12, pp.35–51. 待遇コミュニケーション学会

楠本徹也（2015）「中途終了型発話文「けど」「ので」の要求・断り行為場面における待遇的談話機能」『東京外国語大学留学生日本語教育センター論集』41, pp.47–60. 東京外国語大学留学生日本語教育センター

小早川麻衣子（2006）「初級日本語教科書に現れた応答詞—「いいえ」系応答詞の提示にみる問題点」『日本語教育』130, pp110–119. 日本語教育学会

佐久間まゆみ（2000）「文章・談話における「段」の構造と機能」『早稲田大学日本語研究教育センター紀要』13, pp.67–84. 早稲田大学

笹川洋子（2008）「異文化コミュニケーションに現れる笑いのモダリティ調節について」『神戸親和女子大学言語文化研究』2, pp.29–52. 神戸親和女子大学

白川博之（2009）『「言いさし文」の研究』くろしお出版

末田美香子（2000）「初対面場面における不同意表明と調整のストラテジー」『日本語教育論集』16, pp.23–46. 国立国語研究所日本語教育センター

高木智世・森田笑（2015）「「ええと」によって開始される応答」『社会言語科学』18(1), pp.93–110. 社会言語科学会

野田春美（1997）『「の（だ）」の機能』くろしお出版

山根智恵（2002）『日本語の談話におけるフィラー』くろしお出版

楊虹（2015）「話し合いにおける不同意表明発話のモダリティ」『研究年報』46, pp.87–102. 鹿児島県立短期大学

資料

宇佐美まゆみ（監修）（2011）『BTSJによる日本語話し言葉コーパス（トランスクリプト・音声）2011年度版』

依頼会話における
《雑談部》の展開ストラテジー
——ベトナム語と日本語の対照研究の観点から

グエン ティ ニュー イー

❧要旨

本稿では、日本語母語話者・ベトナム語母語話者それぞれにとって好ましい依頼会話の談話構造を明らかにするために母語話者同士の会話を分析した。特に、依頼者が被依頼者を依頼目的に関する話へと引き込むために、依頼行動開始に先立って依頼対象をめぐる事柄に関する雑談をお互いに交わす《雑談部》を中心として分析を行った。ベトナム語では、《雑談部》で依頼対象を話題にすることで、被依頼者に好奇心を与え、被依頼者から【状況説明要求】や【依頼申し出】が得られる展開が望ましいことがわかった。一方、日本語では、依頼の負担度が重いほど《雑談部》がより複雑に展開され、依頼の準備のステップにとどまっていることが明らかとなった。

❧キーワード
雑談部、依頼会話、展開パターン、
ベトナム語、日本語

❧ABSTRACT

This paper presents preferred structures of Request conversations carried out by native speakers of Vietnam and Japan. Particularly, this paper investigates how participants performed "Chat-part" which is aimed at providing requestee with background information of the circumstances. The results reveal that in Vietnamese raising the topic of the request through "Chat-part" was often employed because it arouses the curiosity of the requestee. Participants preferred this type of progression because the strategy gives requestee opportunities to "query the request", to offer to "undertake the request". In contrast, Japanese interlocutors assumed that "Chat-part" is faltering at the preparation stage. It is believed that the more complicated "Chat-part", the higher the sense of burden and the greater the incidence of requests.

❧KEYWORDS
Chat-part, Request conversations, Pattern, Vietnamese, Japanese

The Strategies of "Chat-part"
in Request Conversations
From the perspective of comparative analysis of
Vietnamese and Japanese

NGUYEN THI NHU Y

1 はじめに

　筆者は、ベトナムにおける日本語教育に携わってきたが、その経験から言えば、これまでのベトナムの日本語教育現場においては、依頼会話をはじめとした会話の指導は、語彙、語形の正確さといった文法項目、言語形式としての丁寧さのみに重点が置かれており、談話構造を重視した指導はほとんどなされてこなかった。ベトナム語母語話者の日本語学習者が円滑な会話を行うためには、依頼目的にふさわしい語彙、文法項目の運用にとどまらず、適切な依頼会話の談話構造を場面に応じて選択し、相手への様々な配慮を示すことが必要である。

　本稿では、依頼会話、特に先行研究であまり扱われていない、依頼の前の雑談の部分に焦点を当てて分析し、日本語とベトナム語の依頼の仕方の異同について論じる。

2 先行研究

　依頼の前置きや依頼の終結部など、依頼を談話構造の観点から見る対照研究はこれまでに多くなされている。以下、依頼の談話構造に関する研究を簡単にまとめる。

　猪崎（2000）は依頼談話の構成や発話機能の観点から、依頼談話が〈依頼予告〉〈先行発話〉〈先行発話応答話段〉〈依頼〉〈依頼応答〉〈依頼者また被依頼者の結論〉の順で構成されていると述べている。徐（2006, 2007）は日本語母語話者および台湾人の依頼会話の構造について、〈先行部〉〈依頼部〉〈終結部〉から構成されていることを指摘した。張（2002）では、依頼会話は〈先行予告〉〈先行発話〉〈依頼〉〈依頼交渉〉の流れで展開されていくという。これらの先行研究に共通しているのは、それぞれ用語は異なるものの、依頼会話の構造として〈依頼するまでの会話〉〈依頼〉〈依頼に関する交渉〉という展開となっている点である。従来の依頼会話の研究の主眼は〈依頼〉以降にあり、その中の〈依頼するまでの会話〉は、依頼に至る前の会話として一括して扱われている。

　グエン（2014）は、日本語とベトナム語の依頼会話を、依頼者が依頼を行う

目的を持って話題を切り出すところから依頼を予告する前までの《雑談部》と、依頼会話の中心の部分で、雑談部の終了後から依頼行為が終結するところまでの《依頼部》の二つの部分に分けている。グエン（2014）によると、《雑談部》で行われる雑談は、依頼対象についての情報をお互いに求めたり、評価を交わしたりすることで、依頼者が被依頼者にこれからそれについて何か言う旨を伝え、被依頼者に唐突さを感じさせないよう、心構えをさせておくことができ、依頼の目的を成功させることに大きな役割を果たしていると指摘されている。また、グエン（2014）では、依頼対象に関する雑談を行わない会話が、両言語とも全く見られなかったと指摘されていることから、この雑談は両言語ともに必要な段階であり、《雑談部》が欠落すると日本語学習者が日本語母語話者と上手くコミュニケーションが取れないと考えられる。

　以上のことから、本稿では、依頼に先立つ雑談を依頼会話の一つの重要な部分として扱い、分析を行っていきたい。

3　研究方法

3.1　研究目的

本稿の研究目的として次の2点を挙げる。

（1）ベトナム語と日本語の依頼会話における《雑談部》を分析し、依頼場面の負担度によって雑談がどのように展開されているかを観察する中で、日本語母語話者・ベトナム語母語話者それぞれにとっての好ましい依頼のストラテジーを明らかにすること。

（2）異文化によるコミュニケーション上の摩擦、不愉快さなどを避けられるようにするために、日本語教育における依頼の言語行動の指導方法への提案を示すこと。

3.2　ロールプレイの場面設定

　本稿で扱う分析データは、自然会話を資料とせず、ロールプレイの手法を用いて収集した。その理由は、自然な会話では諸条件が統制されず、状況や人間

関係が異なってしまい、両言語を対照することができないからである。ロールプレイに先立ち、日本語母語話者・ベトナム語母語話者それぞれが親しい関係ではどのような場面で依頼するかを確認するために、予備調査を行った。予備調査は、20代後半から50代の社会人と大学院生を中心とした日本語母語話者とベトナム語母語話者（各20名）を対象として、「ものを借りる・貸す」の負担度に関する意識調査（質問紙による調査とフォローアップインタビューの2種類）を実施した。予備調査の結果に基づき、以下の3場面（表1）を設定した。

表1 場面設定

	負担度	場面
場面1	軽	親しい同僚が読んでいる本が面白そうなので、読みたいと思い貸してもらう。
場面2	中	来月のスピーチコンテストのビデオ撮影を担当するが、ビデオカメラを持っていない。ビデオカメラを持っている親しい同僚にビデオカメラを貸してもらう。
場面3	重	ノートパソコンを買うために貯金しており、今月の給料が出たら買おうと思っていた。しかし、今なら電気屋さんのバーゲンで安く買えるので、同僚に1万円貸してほしいと頼む。

　場面1および場面2は日常生活の中で親しい間柄に起こりやすい場面である。場面3のお金の貸し借りは、日本ではよほどのことがない限り起こり得ない場面だと予想されるが、ベトナムの場合は有り得ないわけでもない場面だと捉えられているため、「依頼しにくい場面」としてあえて設定することにした。

3.3 データ収集

　調査協力者は、20代後半から40代後半までの日本語母語話者およびベトナム語母語話者、それぞれ男性同士のペア2組と、女性同士のペア3組の計5組ずつである。会話参加者の性別が会話に影響を与える可能性が高いことから、ロールプレイはすべて同性同士で行った。また、実際の会話にできるだけ近い会話にするため、実際に親しい関係にある相手とペアになってもらった。この各言語の母語話者5組に、上述の三つの場面における依頼のロールプレイをしてもらい、それを録音、文字化したものを分析データとして用いた。なお、本稿のデータは、対象者の居住地域が、日本語母語話者は関西地方、ベトナム語母語話者は中部地方と限られている。また、調査協力者が5組と少なく、ベト

ナムおよび日本全体への一般化が難しい点が調査の限界として挙げられるが、今後データを増やしてさらに考察を行う予定である。

3.4 分析方法

まず、ロールプレイで得られた依頼会話のすべての発話に発話機能ラベルをつけた。そして、以下の基準で、依頼会話の談話構造を《雑談部》《依頼部》の二つの部分に分けた。

図1 依頼会話の全体構造

《雑談部》：依頼者が依頼を行うという目的を持って話題を切り出すところから依頼対象に関する雑談を被依頼者と交わして、依頼を予告する前までの談話の部分。

《依頼部》：《雑談部》の終了後から依頼行為が終結するところまでの部分。《依頼部》は、依頼者の依頼理由を説明したり、被依頼者の状況を確かめたりする〈依頼理由〉、依頼を明言したところから依頼を受けるかどうかが決まる時点までの〈依頼遂行〉、依頼を遂行するための手続きに関わるやりとりなどの発話から会話を終結する発話までの〈依頼相談〉の三つの部分に下位区分される。

本稿では、《雑談部》を中心とする両言語の特徴を、発話の連鎖と話題内容に注目して、以下で詳しく論じる。

4 分析結果および考察

《雑談部》は、両言語ともに、いずれの場面においても、ほぼすべての会話に現れていた。下の表2は日本語の依頼会話とベトナム語の依頼会話の《雑談部》における両言語の発話の連鎖を、展開パターンとして示したものである。

表2　依頼会話における展開パターン型のまとめ

場面	日本語	ベトナム語
場面1	①〔依頼対象の情報要求−提供型〕	①〔依頼対象の情報要求−提供型〕
場面2	①〔関連情報要求−提供型〕 ②〔所有確認要求−確認型〕	①〔関連情報要求−提供型〕 ②〔所有確認要求−確認型〕
場面3	①〔関連情報要求−提供型〕 ②〔所有確認要求−提供型〕	①〔関連情報要求−提供型〕

4.1　負担度が軽い場面1

　場面1の小説の貸し借りでは、依頼内容の負担が軽く、依頼対象が眼前にあることから、依頼対象に関する情報などを直接要求できるので、展開パターンは両言語とも①〔依頼対象の情報要求−提供型〕しか見られなかった。

　日本語の会話例1では、依頼者は05JM1の「何読んでんの」のように、被依頼者の手元にある依頼対象の小説について話題を持ち出して依頼対象について情報を聞き出し、14JM2の【依頼対象への評価】によって、依頼対象が借りる価値のあるものだと確認した上で、《雑談部》を終了させている。このように、依頼者が被依頼者に情報を求めることで、被依頼者を自分の話に自然に引き込んでいる。

会話例1[注1]　依頼者：JM1　　被依頼者：JM2

05	JM1:	あれ？(1.1)何読んでんの？	依頼対象の情報要求
06	JM2:	え-「もしドラ」って知ってる？	依頼対象の情報提供
07	JM1:	あ.	依頼対象へ理解
08	JM2:	ちょっと前流行っ［たやつ.	依頼対象の情報提供
09	JM1:	［知ってる,　　　　　　［それ！	依頼対象へ理解
10	JM2:	hhまじで？［(え)-.hh	継続支持
11	JM1:	でも：(1.0)>あれもう<,買ったんだ？	依頼対象の情報要求
12	JM2:	そうそうそう,買っちゃったちょっ［と:.	依頼対象の情報提供
13	JM1:	［どう？面白い？	依頼対象への評価要求
14	JM2:	ああ,めっちゃ面白いよ.	依頼対象への評価
15	JM1:	>今<どんぐらい？	状況確認要求

続いて、ベトナム語依頼会話の会話例2も同様に、07VF4の発話で話題に関するやりとりが開始され、その話題となった小説をめぐって情報をお互いに交換することで《雑談部》が展開されている。このように、両言語とも依頼対象の情報（本のタイトル、所有確認）を聞き出すことで、その依頼対象に関心を持っていることを被依頼者へ伝え、話を進めやすい雰囲気を作り、依頼を行いやすいタイミングで、《依頼部》の【状況確認要求】を行っている。特に、依頼者が13JM1「どう?面白い?」と依頼対象の評価を要求して被依頼者からの「めっちゃ面白いよ」などの評価を得たり、09VF3や14VF3で依頼者が依頼対象への評価を表したりすることで、その後の依頼を行う理由へとつなげることができている。

会話例2　依頼者：VF1　　被依頼者：VF2

07	VF4:	= Ủa,mà đang đọc quyển chi↑ hay↑ rứa? Quyển chi mà↑ nhìn↑ đẹp↑ rứa?	あら、何の本を読んでいるの?面白そう?表紙のデザインが良さそうね。	依頼対象の情報要求
08	VF4:	À, cuốn ni là::cuốn tiểu thuyết mới: mua↓à↓ mà↓.	あ、これは買ったばかりの小説だよ。	依頼対象の情報提供
09	VF3:	Nhìn cái để hấp dẫn↑ rứa↑.	タイトルだけでも面白そうね。	依頼対象への評価
10	VF4:	¥Cậu¥đọc cuốn này chưa?	もう読んだ?	依頼対象の情報要求
11	VF3:	Ấm¥đấu¥.hhhh Đọc rồi thì kêu ¥thấy¥hấp¥dẫn↑ làm↑ chi↑.	熱でもあるの?読み終わってたら聞く必要ないじゃない?	依頼対象の情報提供
12	VF3:	= Nội dung về↑ cái↑ chi rứa?	何について書いてあるの?	依頼対象の情報要求
13	VF4:	À:::, tiểu thuyết về::chuyện::(.) tình lãng mạn	うーん。ロマンチックな恋愛の小説だよ。	依頼対象の情報提供
14	VF3:	Ồ cha↑. Đúng↑ gu↑ mình↑ luôn↑.hhhh.	あらそう。ちょうど読みたいジャンル。	依頼対象への評価
15	VF3:	= Đọc¥đến¥mô¥ rồi?	どこまで読んでいる?	状況確認要求

　このように、《雑談部》は、被依頼者に唐突な感じをもたらすことなく依頼行動に入るためのいわば準備の段階で、依頼を行うのに都合の良い環境、つまり依頼の場を作るためのものだと言える。

4.2　負担度の中程度の場面2

　場面2では、展開パターンは両言語とも①〔関連情報要求－提供型〕、②〔所有確認要求－確認型〕の二つが見られた。
　まず、①〔関連情報要求－提供型〕は、依頼対象と関連のある情報を間接的に相手に提供し、相手に自分の会話の目的に気づかせるものである。日本語の会話例3では、依頼者は英会話スクールに関する話題を提示して、自分がスピ

一チコンテストに出るという状況を理解してもらえるよう詳しく説明している。

会話例3　依頼者：JF6　　被依頼者：JF5

07	JF5:	>あの<最近はあまりさ,寝る-寝られなく［て∷.	関連情報提供
08	JF6:	［あ,そんなに忙しいの	関連情報要求
09	JF5:	そう. なん［か（　　　　）hhh	関連情報提供
10	JF6:	［↑そんなに忙(h)し(h)いんだ(h).hh.h	関連情報への評価
11	JF5:	.hなんか：［:もす-あのね, 今,(.)英会(h)話(h)学校っ［てるんだけどね,	関連情報提供
12	JF6:	［あ∷.　　　　　　　　　　［あ∷.	継続支持
13	JF5:	.hあのその,もうすぐスピーチコンテス［トがあって,［その（　）	関連情報提供
14	JF6:	［あ∷,　　　［その準備で	関連情報要求
15	JF5:	そうなの＼そ(h)うな［の.＼	関連情報提供
16	JF6:	(あhh)　　　　［結構真面［目に,［(0.5)通ってるんだね.	関連情報への評価
17	JF5:	［h　　［結構真面目に. なんかね,そう覚えな きゃいけなく［て∷.	関連情報への評価同意
18	JF6:	［あ∷.［(　　　)]	継続支持
19	JF5:	［すごい],先生も厳しい人で［さ∷.hh	関連情報提供
20	JF6:	［hh.h.h　　 関連情報への評価 ［それは］(0.6)　　　［確かに［大変かも.	関連情報への評価
21	JF5:	［＼それは］あ(h)の(h)［:,　　　［.hh　ね∷.なんか［もう結構寝る時間もな［く:,＼ が(h)んばって-＼	関連情報提供
22	JF6:	［ん∷.　　　　　　　［hhhh	継続支持
23	JF5:	［な-なんで［こんな頑張ってるんだろと思いながらも［∷.h	関連情報提供
24	JF6:	［hhhh　　　［.hhhhhhh　　　　　　　［で,わ発表会ってなる とね∷.	関連情報への理解
25	JF5:	そ∷.［∷.けっこう,(.)>しかも<年に1回しか［なくて［∷>しかも<なん-ちょっと:, ［(　)	関連情報提供
26	JF6:	［ん∷.　　　　　　　　　　　［あ∷∷［s∷∷ ［sn＼↑出るんだ.＼	関連情報要求
27	JF5:	あそ(h)hhそ(h)うそ(h)う.［.hhhh	関連情報提供
28	JF6:	［hhへ∷［∷.	関連情報への評価
29	JF5:	［うん.そうなのそ［なの∷.それでちょっと ね∷,もう最近気合(h)いを入れて,	関連情報への評価同意
30	JF6:	［え∷.あ∷.	継続支持
31	JF5:	まあ,自分の英語(.)力のためにも:,	関連情報提供
32	JF6:	はい	継続支持
33	JF5:	勉強になるかあと思って.	関連情報提供
34	JF6:	英語はできといて,［ね,損はない］し［ね∷.	関連情報への評価
35	JF5:	［ね,損はない.］　　［うん.	関連情報評価同意
36	JF6:	そ∷.	関連情報への理解
37	JF5:	(0.4)しかもね.その先生が:,(.)なんか:,(0.5)その(.)スピーチ（中略）	状況説明

依頼者は、07JF5の発話で「最近はあまり寝られなくて」という自分の近況について伝え、被依頼者の08JF6「そんなに忙しいの？」という質問を受けて初めて、英会話スクールの話題を持ち出している。ここでは、依頼者は、11JF5、13JF5、19JM1などの依頼目的と関係のある情報を自ら提供し、さらに、21JF5、23JF5、25JF5でスピーチコンテストのために一生懸命頑張っていることを伝え、その後依頼の理由となる【状況説明】へとつなげている。

　同様に、ベトナム語の会話例4では、依頼者は依頼対象のビデオカメラに関することを直接話題とするのではなく、依頼対象のビデオカメラを次の話題として出しやすい「英語習得」「英語スクール」の話題から雑談を始めている。このように、両言語とも依頼者は、近況報告の雑談として「英語習得」「英語スクール」の話題を持ち出すことで、スピーチコンテストの話へと展開し、その時にビデオカメラが必要であるという【状況説明】へと話をつないでいく。この段階で依頼者は、目的を持って関連情報を提供しているが、被依頼者はそれに気づかないまま、雑談として話を進めている。このような方法によって、依頼者は相手に違和感や唐突さなどを与えることなく会話を進めようとしている。

会話例4　依頼者：VM1　　被依頼者：VM2

9	VM1:	Ở bữa ni::;, ông::tiếng Anh::lớp tiếng Anh bên trung tâm nở răng rối ?	あのう、その英語スクールはどう？	関連情報要求
10	VM2:	Cũng tàm tạm,ngữ pháp đó::thì hản::: cũng tạm↑ổn↑. Có điều nghe thì::nhanh quá nghe không được:còn nói thi:cứ cà chập cà chạng↑ rứa↑.Chưa được chi↑hết↑, nói chung↑ à: nghe nói là↑ không↑ được↑ chi↑hết↑:::>Y như vịt nghe sám↑rứa↑.<	まあまあ。文法なんかは大分よくなったけど、聴解と会話は下手くそなのよ。まあ、全然だめなんだ。まあ、ちんぷんかんぷんだなあ。	関連情報提供
11	VM1:	Ờ.	そうか。	理解
12	VM1:	= Bên lớp tui:tuần sau: hản:::tổ chức: thi hùng↑biện↑.	私のクラスは来週スピーチコンテストがあるのよ。	関連情報提供
13	VM2:	À, hùng biện tiếng Anh à?	そうか。英語の？	関連情報要求
14	VM1:	Ờ.	そう。	関連情報提供
15	VM1:	= Hản biểu ghi hình lại::mà tui không có máy ghi hình↑tới↑.	ビデオカメラに撮ってほしいと頼まれたんだけど、ビデオカメラを持ってない。	状況説明

　次に、②〔所有確認要求－確認型〕について、日本語の会話例5では、依頼者はビデオカメラを借りるという目的に向けて、被依頼者がビデオカメラを持っていることの確認を求める依頼対象の【所有確認要求】によって《雑談部》

を始めている。ここでは、03JF3の【所有確認要求】に対して04JF4で確認がとれたことで、ビデオカメラを話題とする《雑談部》を展開していく。その後、06JF3で英会話スクールの話題を持ち出して08JF3、10JF3でのスピーチコンテストのためにビデオカメラが必要であることを伝え、その後の依頼の理由となる【状況説明】へとつなげている。

会話例5 依頼者：JF3　被依頼者：JF4

03	JF3:	JF4さんって, [　　] ビデオカメラ持ってたっけ?		所有確認要求
04	JF4:	[うん] ビデオカメラは,↑うん,えっとね,↑ちょっと古くてもいいの(に)やっ[たら持っている けど,		所有確認
05	JF3:	[うんうんうんうん	理解
06	JF3:	あ,ビデオカメラーあ [のね,実は,((手をたたく音))私今英会話学校に通っ[てて:,		関連情報提供
07	JF4:	[うん　　　　　　　　　　　　　　　　　[あ,そう なんや.		関連情報への理解
08	JF3:	でhh [h.hh(0.8)ちょっと(.)微妙やねんけど,ス [ピーチコンテストに出る [こ とになって,　　　　　　　　　　　　　　　　[h		関連情報提供
09	JF4:	[hh　　　　　　　　　　　　　　　　[hh　　　　　　　　[h す(h)ご(h)い(h)や(h)ん(h)[頑(h)張(h)って(h)る(h).h [hhh		関連情報への評価
10	JF3:	>ちょっと<かわいそうな姿を [ビデオに撮って,自分でもう一回見て泣こ[うと¥思 うねんけど¥]	[hで(h),あまりにも	関連情報提供
11	JF4:	[(hhhh)　　　　　　　　　　　　　　　　　[hhhh 　　　　　　]		関連情報への理解
12	JF3:	h [hhその時に,] 私ビデオカメラ持ってなくって,=		状況説明

　ベトナム語の会話例6では、依頼者は04VF6で依頼対象のビデオカメラを持っているかどうかに関して被依頼者に確認を求めるという発話で《雑談部》を開始している。その後、依頼者は06VF6でビデオカメラについて所有の経緯を求める。ここで被依頼者に08VF5で「お姉さんは何かに使いたいんですか」と自分の意図に気づかせることに成功している。ゆえに、09VF6【状況説明】から、10VF5【依頼申し出】に至ったのである。なお、【依頼申し出】とは、依頼者が依頼しようとしている事柄を被依頼者が自分からすると申し出ることを指す。

会話例6 依頼者：VF6　被依頼者：VF5

04	VF6:	Mà hôm trước bữa::lễ hội văn hóa, chị thấy em mang máy lên quay phim. Máy của em à?	で、この間の文化祭にビデオカメラ、持ってきたよね。あれはあなたの?	所有確認要求
05	VF5:	Dạ.	はい	所有確認
06	VF6:	Mua lâu chưa?	いつ買ったの?	依頼対象の情報要求
07	VF5:	Chắc phải cả năm rồi, mà có↑ máy↑ khi xài↑ mô↑.	1年前くらいだけど、あまり使わないよ。	依頼対象の情報提供

08	VF5:	= Chị cần dùng↑ chi↑ à ?	お姉さんは何かに使いたいの?	状況説明要求
09	VF6	Chị định quay lại hình thi húng biện tiếng Anh ấy mà.	英語スピーチコンテストの本番をビデオに撮りたいんだ。	状況説明
10	VF5:	Rứa chị↑ lấy↑ máy em mà quay. Em có dùng tới↑ mô↑.	じゃ、私のやつを遠慮なく使って。めったに使わないから。	依頼申し出

　このように、ベトナム語では依頼者はできる限り、被依頼者に依頼目的に気づかせることで被依頼者が依頼を申し出てくれることを期待しており、08VF5【状況説明要求】と10VF5【依頼申し出】を引き出すことに成功している。

　ベトナム語母語話者にとっては、自分から依頼を行うより、被依頼者からの【依頼申し出】の方が望ましいため、【依頼申し出】をしてもらえるように、被依頼者に共感してもらいやすいような話題を選択するなど工夫する傾向がある。

4.3 負担度が重い場面3

　場面3の依頼対象であるお金は、日本語母語話者にとって話題にするのがためらわれるものであり、それゆえ当然「お金に余裕があるか」のように、個人的な情報を聞き出しにくく、相手のお金に関する詳細な状況を確認することは難しい。場面3は日本語母語話者にとっては特殊な状況であるため、《雑談部》における展開パターンは①〔関連情報要求−提供型〕しか見られなかった。一方、ベトナム語母語話者にとっては、お金の貸し借りは、負担は重いがよく起こる依頼であり、お金と直接関わる話題を出しても支障がないと考えられるため、場面2と同様に①〔関連情報要求−提供型〕、②〔所有確認要求型〕が用いられている。

　日本語の会話例7では、依頼者はお金を借りるという目的に向けて、05JF1でパソコンを話題とする【関連情報要求】を行って《雑談部》を始めている。依頼者が05JF1でパソコンの話題を持ち出すと、パソコンの調子が悪くなったという被依頼者の06JF2の訴えを受けて、08JF1では依頼者も同じ状況であることを伝えている。その後、被依頼者からの【関連情報要求】を受けて、依頼者は自分の状況を述べ、お金の話へとつなげている。

会話例7　依頼者：JF1　　被依頼者：JF2

05	JF1:	ね:,家でパソコン使ってる?	関連情報要求
06	JF2:	うん.(0.5)なんかね,最近すごく調子が悪くって:.	関連情報提供
07	JF1:	ああ.	関連情報へ理解
08	JF1:	私もおんなじなんだけど,それで,hh まぁそろそろ買い替えたほうがいいかな: と思ってるんだけど.	関連情報提供
09	JF2:	もう何年使ってるやつ?	関連情報要求

209

10	JF1:	もうね,3年使ってる.		関連情報提供
11	JF2:	ああ,そろそろかな [::::]		関連情報へ理解
12	JF1:	[ねぇ::]で,ちょっとお金も−ためてるんだけど,		関連情報提供
13	JF2:	あ,すごいね::.		関連情報へ評価
14	JF1:	あ,いやあ,		関連情報へ評価同意
15	JF1:	=で,ちょっとお願いがあるんだけど:,		前置き
16	JF2:	う:ん.		受け入れ
17	JF1:	あ:のう,今(0.5)電気屋さんでバーゲンしてるのよね.[ほしいと思っているパソコン.		状況説明

　このように、日本語母語話者は、「パソコンの買い替え」「貯金買い換え話題を持ち出して被依頼者の共感を得た上で17JF1のような「電気屋さんのバーゲン」という「お金」を想起しやすい話題へと自然な流れで展開させており、被依頼者を自らの話に引き込もうとしている。

　この、依頼対象と直接関連する「パソコンの買い替え」「貯金」のような話題の提示は、日本語の場面3の会話展開のストラテジーだと言える。それらの話題について、依頼者は、最初は被依頼者に情報要求をするという形で雑談を始めるが、雑談の話題が自分の目的から逸脱しないように、被依頼者からの【関連情報要求】がなされると、自分の状況について情報提供を行って、話題をめぐる雑談をしながら依頼目的へ誘導しつつ、《雑談部》を進めていっている。

　一方、ベトナム語の依頼会話でも同様に①〔関連情報要求−提供型〕が観察されているが、4.2で述べたように、ベトナム語母語話者の依頼者は、自分が依頼しようとしている事柄を、被依頼者が自分からすると申し出てくれることを期待しているため、被依頼者の【依頼申し出】を引き出せるように、会話例8のように工夫を重ねて会話を展開している。

会話例8　依頼者：VF5　　被依頼者：VF6

01	VF5:	Chị, (.) mà khi mô mới có lương chị hè ?	お姉さん、いつ給料をもらえるんですかね？	関連情報要求
02	VF6:	Thì:::chắc 26–27 chi đó. Công ty mình khi mô chẳng rứa.	26–27くらいかな。私達の会社はいつもそれくらいだよな。	関連情報提供
03	VF5:	Ờ:: =	そうか。	関連情報への理解
04	VF5:	=chờ dài::: cả cổ::::	首が長くなるほど待ってるのよ。	関連情報への評価
05	VF6:	>Làm gì mà chờ lương ?<	何のことで待ってる？	状況説明要求
(中略)				
11	VF6:	Một triệu thì tau cho mi mượn.	100万なら貸そうか。	依頼申し出

01VF5の発話で依頼者は、まず「給料の支払い日」の話題を持ち出して被依頼者に情報を要求し、02VF6の発話で被依頼者の情報提供を受けた後、03VF5で【関連情報への理解】を行っている。ここまでは、「給料の支払い日」に関する雑談とも見えるが、03VF5に続けて依頼者は【関連情報への評価】を行う。この04VF5は意図的に唐突になされており、それを受けた被依頼者が必ず事情を聞きたくなるような発話である。実際、被依頼者はこれに対して05VF6で【状況説明要求】を行っている。ここで、依頼者は被依頼者が自分の会話の目的に気付いたと判断し、《依頼部》へと話を展開させていく。この04VF5の【関連情報へ評価】は《雑談部》と《依頼部》をつなぐ発話として働いており、被依頼者の側から《依頼部》を開始するきっかけが作られている。ベトナム語の《雑談部》は、このような工夫によって、被依頼者の【依頼申し出】を引き出し、依頼の目的達成へと向かっていく。

さらに、②〔所有確認要求－確認型〕にあたるベトナム語の会話例9は【前置き】を行うことで《雑談部》を始めている。01VF1の"VF2↑nì↑:::---"「VF2さん」の【前置き】は、相手の名前の呼びかけだけのあいまいな発話であるが、柔らかい口調で、最後の音を伸ばして発話されていることから、表面的な呼びかけの意味だけではなく、何か言いたいことがあると相手に解釈させるものである。それに対する被依頼者の02VF2の発話は、単なる返事のみではなく依頼者の意図を理解していることが表されている。その後、依頼者は、03VF1の発話で被依頼者に【所有確認要求】を行っており、これによって被依頼者にお金に関する依頼を行うことを示唆している。

会話例9　依頼者：VF1　被依頼者：VF2

01	VF1:	VF2↑nì↑:::--	VF2さん	前置き
02	VF2:	Ừ, cái↑chi↑rứa↑mi?	うん、何の用なの？	受け入れ
03	VF1:	Mày còn::tiền↑đúng↑không? Mày có↑dùng chi không?	お金がまだあるよね. 何か使いたいことがある？	所有確認要求
04	VF2:	U::cũng có↑::	そうだね.あるのはあるけど、	所有確認
05	VF2:	= Mi cần dùng chi à?	何か使いたいことがあるの？	状況説明要求

この03VF1のような【所有確認要求】は、場面3の日本語依頼会話では行われなかったが、場面3のベトナム語依頼会話では使用されている。予備調査において、ベトナム語母語話者の「お金の貸し借り」に関する意識調査を行った

結果、ベトナム語母語話者にとって100万ドン程度のお金の貸し借りは、それほど負担が重くないと感じる人が多く、特に親しい関係である相手に頼まれた場合、快く貸すことが多いことが確認できた。また、何らかの事情がある場合に、お金を借りようと思っている人は比較的気軽に依頼できるという結果も得られた。場面3のお金の貸し借りは、ベトナム語母語話者の依頼においては、小説やビデオカメラの貸し借りと同様に扱われているようである。

　また、グエン（2014）では、【前置き】は日本語の依頼会話ではよく使用されているが、ベトナム語では、使用を避ける傾向にあると述べている。特に、友人関係の場合、「ちょっとお願いがあるんだけど」という【前置き】は、よそよそしさを与える。依頼の具体的負担を軽減させることに有効であるどころか、相手に心理的な準備を前もって与えることで相手に負担を重く感じさせ、距離を置いてしまう可能性が高いために、使用されにくい。そのため、被依頼者にこれから依頼を行うという心理的準備を与える【前置き−受け入れ】の連鎖によって《雑談部》を展開するのは負担度が重い場面3に限られた特徴と言える。

4.4 まとめ

　以上本稿では日本語とベトナム語の依頼会話における《雑談部》を分析した。

4.4.1 《雑談部》の展開パターンにおける両言語の相違点

　負担度が軽い場面1では、両言語とも小説に関する情報などを直接要求できるため、〔依頼対象の情報要求−提供型〕が使用されていたが、負担が重くなる場面2に関しては、両言語とも〔関連情報要求−提供型〕の展開パターンが好まれ、間接的に依頼対象と関連のある情報を相手に提供し、相手に自分の会話の目的に気づかせようとしていた。ただし、場面3の依頼対象であるお金は、ベトナム語では、場面2と同様に〔所有確認要求−確認型〕〔関連情報要求−提供型〕によって展開されている。反対に、日本語母語話者にとっては、お金は話題にしにくく、相手のお金に関する状況を直接確認することができないため、〔関連情報要求−提供型〕しか見られなかった。

　本稿の日本語の会話データから、日本語では《雑談部》は、依頼の負担度を問わず、《依頼部》に先立ち、被依頼者に唐突感を与えずに、自分の意図に沿っ

た話を行うという準備段階にとどまっている。その反面、ベトナム語の会話データから、《雑談部》の終了後、被依頼者から《依頼部》の【状況説明要求】をしてもらうという展開パターンが好まれることが明らかとなった。そのような展開ストラテジーを使用することで《依頼部》への足がかりを上手く作ることができ、【依頼申し出】を引き出すための準備のステップになると考えられる。

4.4.2 〔関連情報要求－提供型〕の話題選択による両言語の相違点

《雑談部》において持ち出された話題に関しては、両言語には大きな相違点が観察された。日本語の依頼会話の場面2では、スピーチコンテストに出場するのにビデオが必要だという話を単刀直入に行うより、遠回しに「最近あまり寝られなくて」のような自分の忙しさとその理由である「英会話学校に行っている」ことなど、間接的な話題から依頼へつなげていくという展開が好まれていた。同様に、場面3では、お金について直接的に言及する「給料」の話題ではなく、「パソコンの買い替え」から「貯金」の話題へ遠まわしに展開するという間接的な話題の方がよく見られた。

それに対して、ベトナム語母語話者にとっては、場面2のビデオカメラも場面3のお金の貸し借りも、「英会話学校に行っている」「パソコンの買い替え」あるいは「仕事の最終目的」といった間接的な話題より、「スピーチ大会に出る」といった話題、また、ベトナム語ではお金と直接関わる話題に支障がないため「給料日」「貯金の状況」といった直接的な話題の方が好まれることが観察された。グエン（2014）によると、ベトナム語母語話者は頼む側も気楽に頼み、受ける側も依頼を軽く受けられるのに対し、日本語母語話者は、依頼をなるべく避けようとしている。本稿のこのような相違点は、日本語母語話者よりベトナム語母語話者の方が依頼できる事柄の範囲が広いという文化的な違いと関わっていると考えられる。

5 おわりに

以上、本稿では、日本語とベトナム語の依頼の《雑談部》における両言語の異同を論じた。本稿で明らかになった結果の、ベトナムにおける日本語教育の

現場への応用としては、機能シラバスの日本語教科書を開発する際、【依頼】の機能のパートで活かすことができると考えられる。会話指導の際、指導の効果を高められるようにモデル会話を暗記させるのみならず、依頼会話を構成する発話機能とその展開パターンも指導すべきである。特に、依頼を開始する話題の選定、日本語母語話者の特徴である【前置き】の使用などについても留意して指導すべきである。本稿の結果が、日本語母語話者とベトナム語母語話者が接触する場面における異文化コミュニケーションの誤解や摩擦を最小限に抑えるのに有効なものになると考えられる。　　　　　　〈大阪大学大学院生〉

注
［注1］……… 各会話例の白い部分が《雑談部》、網掛けの部分が《依頼部》である。

参考文献
猪崎保子（2000）「接触場面における「依頼」のストラテジー—日本人とフランス人日本語学習者の場合」『日本語教育論集世界の日本語教育』10, pp.129–145.　独立行政法人国際交流基金　https://www.jpf.go.jp/j/project/japanese/archive/globe/10/index.html
徐孟鈴（2006）「依頼会話【先行部】の考察—日本語母語場面、台湾人母語場面、日台接触場面のロールプレイデータを比較して」『言葉と文化』7, pp.67–84.　名古屋大学大学院国際言語文化研究科
徐孟鈴（2007）「依頼の先行部の考察—日本語母語場面、台湾人母語場面、日台接触場面のロールプレイデータを比較して」『言葉と文化』8, pp.219–238.　名古屋大学大学院国際言語文化研究科
張穎（2002）「依頼会話の展開パターンに関する日中対照研究」『言語文化と日本語教育』28, pp.8–14.　お茶の水女子大学日本言語文化学研究会
グエン，ティニューイー（2014）「依頼会話に関する日・越対照研究—談話構造を中心として」大阪大学大学院言語文化研究科修士論文

談話における出来事の生起と意外性をいかに表すか
——中級学習者と日本語母語話者の語りの比較

小口悠紀子

✤要旨

本研究では、時間軸に沿った語りにおけるある特定の場面において、中級レベルの日本語学習者がどのように新しい出来事や意外性を表現しているのかを探るため、母語話者との比較を行った。その結果、ある場面を第三者の視点から描写する場合、中級学習者が使用する接続表現、標識「が」、副詞の種類が母語話者と大きく異なることが分かった。また標識「が」や登場人物の状態を表す表現の使用には母語による違いが見られた。本稿の結果から、中級以上の学習者にとって、形式の知識はあるが運用に結びつかない表現に関して、ある程度の長さや具体的な場面の中で再度提示することにより、語りの表現支援につなげていく重要性を指摘する。

✾キーワード
語り、ナラティブ、I-JAS、中級学習者、評価を表す表現

✤ABSTRACT

The purpose of this study is to analyze which expressions do intermediate learners of Japanese use to describe unexpected events on their speaking story telling tasks of the I-JAS corpus.

Through my research, I found there were three different features of using expressions: 1) Conjunctions, 2) Subject Marker -ga, 3) Adverb between native speakers and learners.Furthermore, I also found learner's variability in the use of expressions to show surprising and subject marker –ga between English learners of Japanese and other learners.

Thus, from the perspective of Japanese language education, Japanese teachers should provide an opportunity to use those expressions that attach importance to context in discourse of a sufficient length and help learners to produce narrative stories vividly.

✾KEY WORDS
Narrative, I-JAS, Intermediate learners, The expression of evaluation

How Intermediate Learners of Japanese Describe an Unexpected Event on Their Oral Story Telling Tasks
A comparison with Japanese native speakers

YUKIKO KOGUCHI

1 問題の所在と本研究の目的

　私たちは日常生活において、自身の体験や見たり聞いたりしたことを時間軸に沿って語る機会が頻繁にある。例えば国内で生活する日本語学習者にとって面白かった話、悲しかった話、偶然目撃して驚いた話、友人から聞いた奇妙な話など、日常の出来事を描写し日本語で雑談する機会は非常に身近なものであろう。また、留学生活の中で起こり得る一例として「先生と誤解が生じてレポートを受け取ってもらえなかったがどうすればよいか」というような相談から、「いつどこで最初の誤解が生じたのか、どこでその誤解が助長されたのか」というような事情説明、「なぜそのような誤解を招くような事態が起こってしまったのか」というような誤解の弁明など、良好な人間関係の構築や修復にかかわる場面においても、過去に起こった出来事を他者に語ることが必要となる。

　しかし、現状の日本語教育現場で扱われる教材は、基本的に対話を前提として構成されており、学習者が実際に経験したり、見たり聞いたりした出来事を時系列に沿って語るための練習をする機会はほとんどない。その影響か、学習者の発話は会話のやりとりなど短い応答は流暢であっても、自分の考えや出来事をまとめて話す際には不明瞭で分かりにくいことが指摘されている（渡邉1996）。それだけでなく、実際に学習者の語りを聞いていると、淡々と出来事が展開し、話の盛り上がりや驚き、笑いの個所が分からなかったり、発話意図などが読み取りにくかったりする問題も感じる。

　では、学習者の語りにおける日本語運用を支援するために教師は何を教えたらいいのだろうか。日本語の表現習得を促すことで学習者の語りをより分かりやすく、惹きつけられるものにすることはできないだろうか。こうした疑問を動機として、本研究では、中級日本語学習者の時間軸に沿った出来事についての語りの実態と問題点を日本語母語話者との比較によって明らかにすることを目的とする。

2 先行研究と研究課題

　本稿では「語り」を、Labov (1972) [注1] を参考に、過去の2つ以上の出来事について、時間軸に沿って語られる談話と定義する。さらに、本稿で扱う語りには、話者自身が体験したことはもちろんのこと、見たり聞いたりした内容も含まれるものとする。

　日本語学習者の語りにおける言語表現の実態や問題点を指摘した先行研究をここでは二つに分けて概観する。まず一つめは日本語学習者の語りの分かりにくさに焦点を当て、話者の出来事の捉え方や談話の展開という観点から行われた研究、二つめは語りに現れる表現形式の機能について取り上げた研究である。

　前者の場合、代表的な研究として渡邉 (1996)、南 (2005) が挙げられる。渡邉 (1996) は、話者が出来事をどのように捉えているかと、出来事の流れをどのようにつなげているかを知るために、視点表現と接続表現の分析を行った。その結果、学習者は母語話者と比べて、受け身・授受などの視点表現の使用が少なく、視点を統一しない傾向が見られ、これらが分かりにくさの一因となっていた。また、「て」形接続を多用する傾向があり、時間の流れや前件と後件の関係が分かりにくくなる事例が見られた。南 (2005) は語りを扱った研究が第二言語習得の分野ではあまり行われていないことを指摘しつつ、習熟度が異なる学習者の語りの分析を行った。その結果、習熟度が高い方が話の推移・展開のような背景情報をより多く含める他、修辞的技法を用いて生き生きと表現する傾向が見られた。これらの研究では、場面と場面の接続や語りの構造にかかわる文法的な表現の使用において、母語話者と学習者の傾向の違いや習熟度が低い学習者が抱える問題が明らかにされてきた。しかし、時間軸に沿った語りには様々な場面展開があることが想定されるものの、ある特定の場面描写に見られる言語特徴については十分明らかにされていない。とりわけ、語りにおいては新しい出来事の生起や意外な場面展開が話の流れの中で重要な意味を持ち、聞き手の興味をそそることが多い。こうした場面を学習者がいかに表しているのかは明らかになっていない。

　語りに現れる表現形式の機能に着目した研究としては、加藤 (2003)、木田・

小玉（2001）がある。加藤（2003）は母語話者の体験談において、事実的な「たら」「そしたら」が果たす機能について分析している。その結果、接続辞「たら」「そしたら」が選択・使用される動機は、これらの表現が出来事の事実描写だけでなく、意外性という話者の評価も同時に表す機能を持つことによるものであると指摘している。特に、体験談のように時間軸に沿った語りにおいては、出来事の事実的描写だけでなく、その出来事に対する話者の感想や評価を織り込み、聞き手に提示する（加藤2003）とされる。語りにおける評価を重要視する研究に、Labov & Waletzkey（1967）、Labov（1972）がある。これらの研究では語りを構成する6つの要素として、1）概要、2）設定・方向付け、3）出来事の進行、4）評価、5）解決・結果、6）結末を挙げているが、その中でも特に（描写する出来事に対する）話し手や登場人物の感情・気持ち、話の意図を表す評価部分を非常に重要視している。また、Schiffrin（1981）は、話し手が語りの内容に対する態度や感情を聞き手に伝えることは、語りの内容について相対的に重要度の差異をつけることを意味するとしており、評価を表すことは聞き手の理解促進や興味を引き付けることにつながる。

　こうした背景をふまえると、加藤（2003）で取り上げられているような話者や登場人物の評価を表す表現形式の使用は、学習者の語りをより分かりやすく、魅力的なものにするために重要な項目である。しかしながら、木田・小玉（2001）では、上級学習者を対象に、驚きや意外性といった話者や登場人物の評価を表す「たら」や擬音語・擬態語などの指導に焦点を当てた授業実践を行ったところ、授業前の学習者はこれらの表現をほとんど使用できないことが分かった。すなわち、学習者は表現形式を知っていても、実際に母語話者と同じような動機づけに基づいて語りにおける表現を選択・使用できていない可能性がある。

　以上、日本語学習者の語りを対象にその問題点や習得実態を明らかにした研究を概観したが、残された課題として（1）語りにおいて重要な意味を持つと思われる新しい出来事の生起、意外性のある場面について、学習者がどのように表しているのかは明らかになっていない、（2）話者や登場人物の評価を表す表現形式の使用は、学習者の語りをより分かりやすく、魅力的なものにするために重要な項目であると考えられるが、学習者がそれを適切に選択・使用できているのかは十分検討されていない、という2点がある。

そこで、本研究では残された課題を解決すべく、以下を研究課題として設定し、日本語母語話者と学習者の語りが収録されたコーパスの分析を行う。

【研究課題】
中級レベルの日本語学習者は語りにおける新しい出来事の生起や意外性のある場面を、どのような表現を用いて表しているか。その表現は日本語母語話者とどう異なるか。また、学習者の母語により差が見られるか。

3 分析対象

分析対象としたのは、現在構築中の『多言語母語の日本語学習者横断コーパス（I-JAS）』（大学共同利用機関法人人間文化研究機構国立国語研究所公開）である。I-JASは12の異なる母語の教室環境日本語学習者、および日本国内の教室環境学習者、自然環境学習者、成人日本語母語話者による発話と作文のコーパスである（迫田他2016）。本稿では、「ピクニック」（5コマのストーリーテリング課題、図1参照）

図1 「ピクニック」（迫田他2016）

の発話文字化資料のうち、第一次公開データに収録されている日本語母語話者、及び、3つの異なる言語を母語とする日本語学習者のデータを分析対象とした。具体的には、日本語母語話者（以下、JJJ）15名と、日本語を外国語として学習している中国語母語話者（CCM）、英語母語話者（EAU）、韓国語母語話者（KKD）の日本語学習者各15名、計60名の分析を行った。学習者はいずれもJ-CATとSPOTによるレベル判定が行われており、中級後半程度、日本語能力試験でN2程度であると位置づけられている[注2]。課題に使用された5コマ（場面①〜⑤）のイラストは、主人公である男女がサンドイッチを作ってピクニックに行くが、知らぬ間にバスケットに飛び込んだ飼い犬がサンドイッチを食べてしまうというものである。学習者はタス

クを開始する前に、まず絵をよく見るよう指示され、ストーリーの内容確認をする時間が1分以内で設けられた。また、学習者は「ピクニック」というタイトルと「朝、ケンとマリはサンドイッチを作りました」に続けてストーリーを話すよう指示された。登場人物の名前（ケン、マリ、犬）や日本語能力試験の旧2級以上の名詞語彙（犬、地図、バスケット）には、日本語と英語の訳を付与し振り仮名がつけられていた。このタスクは、自身の経験ではなく、第三者に起こった出来事を外部からの視点として描写する課題であり、先行研究で述べた加藤（2003）、木田・小玉（2001）が用いた経験談の語りとは性質が異なる。しかし、本稿では対象者が使用する表現形式を比較することを目的とするため、語りの対象となる場面や出来事が統一できるストーリーテリング課題による産出を対象とする方が適当であると判断した。

　分析対象は、物語の中で登場人物にとって新しい出来事が生起し、登場人物にとって意外性[注3]があると考えられる場面④で用いられた表現形式である。場面④と⑤は時に連続した複文の中で語られることもあったが、その場合もバスケットから犬が飛び出し、ケンとマリが驚く場面の描写だと判断される部分のみを抽出し、場面⑤に描かれているようなサンドイッチなどを犬が全て食べてしまった、もしくは犬に食べられてしまったという言及は結果の数値には含んでいない。対象とする産出データの選定、分析作業は執筆者が行ったが、その全てにおいて日本語教育経験がある日本語母語話者1名によるチェックを受け、一致しない点については話し合いのもと解決した。

4 結果と考察

　まず、JJJ、CCM、EAU、KKD、各15名全員が場面④について何らかの言及をしていた。以下に、CCMとEAUが産出した例を示す。

（1）　うーん彼は、彼らは着いた後、犬はバスケットボーバスケットに出てきました　　　　　　　　　　　　　　　　　　　　　　　　　（CCM45）

（2）　太郎（犬）は突然にー、えっとバスケットからえっとー、あわられ、あわられて、　　　　　　　　　　　　　　　　　　　　　　　（EAU05）

このように、場面④は主に、ケンがバスケットを開けると中から犬が飛び出した様子が複文、もしくは二文で語られている。

　以下では、場面④の描写に用いられた表現で、特徴的であったものとして、「展開をつなぐ接続表現」、「動作主に言及する標識」、「出来事描写に伴う副詞」「登場人物の状態を表す表現」について順番に述べる。結果の数値と割合は紙幅の都合上、表中に示す。なお、全てのグループにおいて対象としたのは各15名であり、1話者が同一項目に含まれる表現を複数使用した例はなかった。つまり、各表現における出現数は同時にその項目を使用した人数を表す。合計数が15に満たない場合は該当する表現を産出しなかった話者がいたことを示す。

4.1 展開をつなぐ接続表現

　各話者が「犬が飛び出す」という出来事と前件の展開をつなぐ際に使用した接続表現を表1と例3～5に示す。

表1　展開をつなぐ接続表現の出現数

話者	展開をつなぐ接続表現	計
JJJ	と6、　とたん（に）3、　すると2、　ところ2、　途中に1、　間に1	15
CCM	時6、　て3、　たら2、　後1、　途中1	13
EAU	時（に）5、　て4、　たら2、　ところ1、　そこで1	13
KKD	時4、　て3、　たら3、　けど2、　で（文頭）1、　でも1、　それで1	15

　まずJJJの使用を見ると、前件の事柄が契機となって後件の事柄を発見した（庵他2000）という関係を表す「すると」「と」「ところ」が10例、前件の事態が実現した瞬間に意外や驚きを伴う後件の出来事が起こる（日本語記述文法研究会2008）という展開を表す「とたん（に）」の使用が3例と、後件で生起する出来事の発見や意外性を表す接続表現の使用が大半を占める。

（3）　バスケットを開けました、すると中から犬が飛び出してきました (JJJ37)

（4）　バスケットを開けてみると、中から、犬が飛び出してきて、ケンとマリはとても驚きました　　　　　　　　　　　　　　　　　　　　　(JJJ15)

221

一方、学習者が使用した接続表現は母語話者と異なる傾向が目立つ。まず、いずれの学習者も「時」「て」が上位を占めている。最も使用が多い「時」に関しては「主節の出来事が成立する時を同時点的に表すが、時間的前後関係から見ると主節の出来事が成立する時間は従属節の出来事が成立する時間の同時、直前、直後のいずれか」（日本語記述文法研究会 2008: 171）であり、比較的汎用性が広いことから、学習者にとって使いやすい接続表現である可能性がある。また「て」に関しても、時間の流れに沿って順に生起する複数の事態をつなぐことができることから、学習者がよく使用する接続表現とされる。

（5）　バスケットを開ける時犬は、あ飛んで、出ました？あ出ました（CCM10）

　しかし、ここで注目すべきは、JJJによる「時」「て」の使用が1例も見られなかったことである。ただし、JJJの語り全体を見てみると次のような連続した出来事の単純な継起を表す場面②においての「て」の使用は見られた。

（6）　ケンとマリは地図ううむ見ていろいろ考えてこ公園に行くことにしました　　　　　　　　　　　　　　　　　　　　　　　　　　　　　　　（JJJ10）

　つまり、JJJは時間軸に沿って起こる出来事の語りであっても、場面④のような出来事を描写する場合には「て」ではなく「と」や「すると」を使うことで、出来事の叙述とともに意外性を表していると言える。加藤（2003）では、自らに起こった出来事の意外性を表しつつ出来事を叙述する場面で母語話者が「たら」「そしたら」を多く使用すると指摘しているが、本研究の課題は第三者に起こった出来事についての語りであったため、蓮沼（1993）で述べられているように外部の視点からの語りとして「たら」より「と」が選択されたと考えられる。
　ここで表1の結果に戻ると、学習者による「たら」の使用も各話者2～3名見られたことが分かる。渡邉（1996）では学習時間が1～3年7か月（1000時間程度）の中国語母語話者5名の語りを分析した結果、「て」の使用は顕著であるが、事実的用法の「たら」（蓮沼1993）の使用がほとんどなかったことを指摘している。本稿の対象者とレベルの差があまりないことを考えると、中級から上級にかけ

ての段階は「たら」のような表現のバリエーションが増える過渡期である可能性がある。これについては今後習熟度別のデータを分析していく必要がある。

　今回の分析では、そもそもの人数が少ないこともあり強い傾向ではないものの、実際の教室での指導において類似の語りの場面で「たら」を使用している学習者がいた場合には、体験談か外部の視点からの語りであるのかによって「と」と使い分けるよう示すことで、より適切な表現へと導くことができる。

　接続表現の使用において、学習者の母語による大きな傾向の違いは見られなかったが、KKDに関しては「けど」「でも」という逆接表現を使用することにより、出来事の意外性を表していると考えられる例が3例見られた。こうした表現の使用は、単純に出来事を生起した順に羅列していくのではなく、重要な意味を持つ展開部分では聞き手にその意外性を伝えようという学習者の動機に基づくものであると推測される。

4.2 動作主に言及する標識

　各話者が「犬が飛び出す」という出来事を描写する際に、動作主である犬に対して使用した標識を表2、図2に示す。

　JJJとKKDは「が」の選択率が100%であった。野田（1996）によると、物語に既に登場した対象については主題として「は」で言及されることが多いが、予想していなかった意外な出来事や行動を新しい出来事として述べる際には、非主題を表す「が」が用いられるという。すなわち、JJJの「が」の使用は意外な出来事の動作主を表していると言える。一方で、CCM、EAUは「が」の選択率が54%、53%とJJJやKKDと比較すると低く、学習者の母語によって大

表2　動作主に言及する標識の出現数

話者	は	が	他	計
JJJ	0 （0%）	14 （100%）	0 （0%）	14 （100%）
CCM	6 （46%）	7 （54%）	0 （0%）	13 （100%）
EAU	5 （33%）	8 （53%）	2 （13%）	15 （100%）
KKD	0 （0%）	14 （100%）	0 （0%）	14 （100%）

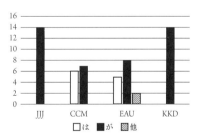

図2　標識の出現数（回）

きな差が見られた。

　KDDによる「が」の選択率がCCMやEAUと比べて高く、JJJと類似した傾向であったことについては、母語が影響した可能性がある。今回対象とした学習者の母語のうち、中国語と英語には日本語の「は」や「が」のような標識がないのに対し、韓国語は若干の違いはあるものの非常に類似した標識を有する。つまり、KKDは意外性がある展開場面での動作主の言及において、こうした類似性を持つ母語の標識の知識を利用し「が」を用いた可能性がある。これについては、実際に追調査として韓国語母語話者5名に図1の5枚のイラスト描写課題を実施したところ、全員が日本語の「が」と近い機能を持つ"가"で言及した。

（7）피크닉　　　　바구니안에서　　　흰둥이가　　　뛰어 나왔어요.
　　　ピクニック　バスケットの中から　シロ（犬）が　飛び出してきました

　韓国語と英語を母語とする中・上級学習者が登場人物にどのような標識を使用するかを調べたNakahama（2011）、中浜（2013）では、韓国語母語話者の「は」と「が」の使い分けの習得は英語母語話者より早く、母語の標識の類似性が影響している可能性を指摘している。Nakahama（2011）、中浜（2013）では登場人物が初めて導入される場面か連続して言及される場面かによる標識の使い分けについて調査していたが、本研究の結果から新しい出来事の生起やその意外性を表す場面において登場人物に言及する際にも同様に母語の影響がある可能性が示された。

4.3 出来事描写に伴う副詞

　各話者が「犬が飛び出す」という出来事を描写する際に、使用した副詞を表3と例8〜10に示す。

表3　出来事描写に伴う副詞の出現数

話者	出来事描写に伴う副詞	計
JJJ	なんと2	2
CCM	突然2、　一瞬で1、　パッと1	4
EAU	突然（に）3、　急に1、　いきなり1、　偶然（突然の誤用の可能性）1	6
KKD	急に1	1

JJJが使用した副詞は「なんと」の2例のみであった。

（8）　バスケットを開けた途端に、なんと、犬が、飛び出してきました（JJJ50）

　これは想定していたものと違う出来事が起こることを予期させる表現であり、話者や登場人物の意外な心情を表す表現だと言える。一方、学習者が使用した表現を見ると、CCMは「突然」「一瞬で」のように犬が飛び出す事象の生起にかかる時間が極めて短いことを表す表現（仁田2002）を用いている他、「パッと」を用いて犬が飛び出した時の様子を表現していた。EAUも同様に「突然」「急に」「いきなり」のように事象の生起にかかる時間の短さを表していた。KKDは1例のみの使用でCCMやEAUと比べ使用が少なかったが、他の学習者と同じく「急に」という時間を表す副詞を使用していた。

（9）　ピクニックを、うん、ピクニックをする時、うん犬が突然、あんぼく、
　　　　バスケットから、あ出た　　　　　　　　　　　　　　（CCM16）
（10）　で、そして、ケンとメーリさん、ケンとメリは、えっと公園に行って、
　　　　あ、んー、食べる時に、えっと一犬、犬が、いきなり、出ました、ね
　　　　　　　　　　　　　　　　　　　　　　　　　　　　　　　（EAU23）

　つまり、大変興味深いことに、場面④で使用された副詞は、母語話者が意外性を表す副詞、学習者が出来の生起時間の短さを表す副詞というように、表す意味がまったく異なることが分かった。こうした違いの背景に、まずJJJは「と」「すると」「ところ」「とたん」のように、前件がきっかけとなって、もしくは前件が実現した直後に後件が起こるという接続表現を用いていることから、既に前件と後件が生起する時間が短いことを想起させることができ、副詞で補う必要性が低かった可能性がある。それに対し、運用できる接続表現が乏しい学習者は、先行する出来事と後件の出来事発生との時間的距離の短さを表す副詞表現を使用することで表現不足を補おうとした可能性がある。

4.4 登場人物の状態を表す表現

最後に、各話者が「登場人物であるケンやマリの状態」を表す際に、使用した表現を表4と例11に示す。

表4　登場人物の状態を表す表現の出現数

話者	登場人物の状態を表す表現	計
JJJ	びっくり（です、しました）4、　驚きました3	7
CCM	びっくり（します、しました、した、させました）6、　驚いた1	7
EAU	びっくり（しました、して、した）3	3
KKD	びっくり（しました、した）6、　びっくりした<N>1	7

JJJ、CCM、KKDは、話者全員に使用が見られたわけではないものの、びっくりしたり驚いたりした様子を表している。ここでEAUのみ驚きを表す表現の使用が少なかったことから、データを質的に分析してみた。すると、以下の例のように、ケンとマリの驚きには一切言及せずに、結果として場面⑤において昼食が食べられてしまって残念だった、悲しいという気持ちを表している例が15例中10例見られた。なお、同様の例はJJJには3例しか見られなかった。

（11）お昼ご飯を食べる時、急に犬をバスケッ、バスケット、から、飛んで
　　　しまいました、うーん食べ物を、見た時、犬にも食べられちゃっ、食べ、
　　　てしまいました、残念でした　　　　　　　　　　　　　　　　（EAU37）

日本語は出来事の過程を捉える志向にあり、英語は出来事の結果を分析する志向にある言語であることはよく言われるが、こうした事象の捉え方の違いによる表現形式への影響についても、今後詳しく検討していく必要があろう。

5　本研究のまとめ

本研究は、新しい出来事の生起や意外性のある場面を第三者の視点から描写する場合、母語話者と中級学習者が使用する接続表現、標識、副詞の種類が異

なるだけでなく、学習者がどのような代用表現を用いて出来事を表現しようとしているかについてや、母語が影響している可能性を示した。具体的には、(1)母語話者は接続表現を使用することで、出来事の叙述を第三者の立場から行うとともに、展開の意外性を表しているが、学習者の接続表現の使用は出来事の生起を順に叙述するに留まっていると言える。例えば、母語話者は意外な出来事が後件で生起することを表す「と」「すると」「とたん（に）」などを使用しているのに対し、学習者は複数の出来事が同時、継起として起こったことを叙述する「時」「て」を主に使用していた。(2) 意外な出来事が生じた際の動作主への言及形式については、韓国語母語話者が日本語母語話者と同様に「が」を用いているのに対し、英語、中国語母語話者による「が」の使用はその半数程度であった。母語の標識の類似性が韓国語母語話者の「が」の使用に影響した可能性がある。(3) 意外な出来事を表す副詞は出現数が少なかったが、母語話者は意外だという心情を表す「なんと」を用いているのに対し、学習者は「突然」「急に」などを用いて事象の生起にかかる時間の短さしか表せていなかった。(4) 意外な出来事が生じた際の登場人物の状態を表す表現については、母語話者、学習者ともにびっくりしたことや驚いた様子を叙述し、大きな差は見られなかったが、英語母語話者の使用数が比較的少なかった。これについては、母語における事態の把握の仕方が影響している可能性を示唆した。

　今回、母語話者が使用した表現形式については、中級学習者にとって既習の可能性が高い[注4]ことから、学習者は知識としては持っているが、実際の文脈の中で効果的に使えない状態である可能性がある。砂川（2015）は、現状の日本語教育において学習者が日本語運用を行うために参照できる（文法）記述が不足していることを指摘しており、太田（2014）は運用につながる文脈（①誰が誰にどんなときになんのために使うか、②共起表現や文章展開、③他の類義表現ではなくなぜそれを使うのか）情報の記述が不足していると指摘している。本研究で対象とした学習者の語りからは、新しい出来事が生起する時間の短さを表す副詞の使用は見られたものの、母語話者のように出来事の評価を含む表現の使用は困難である様子が窺えた。このことから、中級以降の学習者には段階的に、語りにおいて重要となる話者や登場人物の心情、意外性を含みながら出来事を描写する表現についても指導していく必要があろう。

特に、接続表現や標識、副詞などの表現は、日ごろは文単位か、長くても 2 文程度の文脈で導入・練習を行うことで既習項目とされることが多い。しかし、中級以上の学習者がこうした表現を運用することに鑑みれば、教師はある程度長さのある文脈を用いたり、日常で起こり得る語りの場面を想定したりしながら提示する工夫が必要である。

　なお、本稿において母語話者が「評価」を表すために使用した表現については、あくまで時系列に沿った出来事を第三者の目線から描写するというストーリーテリング課題において使用されたものであり、その他の「語り」の場面に応用するには、文体差等に配慮する必要がある。中俣（2014）では、『現代日本語書き言葉均衡コーパス』を分析したところ、発見を表す「と」の多くが小説に表れたことを指摘している。「すると」のような表現も、日常の話し言葉より小説や物語などで頻繁に使用されることが想像できる。学習者が文体に応じた表現を習得するには時間がかかると考えられるが、こうした点についても今後研究が蓄積されることで、砂川（2015）が目指す学習者が日本語運用を行うために参照できる記述の提供に貢献できると考える。　　　　　　　〈首都大学東京〉

謝辞
本稿は、2016年度日本語教育学会秋季大会（於愛媛ひめぎんホール）、及び、学習者コーパス研究会（於国立国語研究所）での発表内容に加筆・修正を加えたものです。論文化に向けてご助言をくださった砂川有里子先生をはじめ、貴重なご意見をくださった皆様に厚くお礼申し上げます。
また本稿は、大学共同利用機関法人人間文化研究機構が所有するデータ集『多言語母語の日本語学習者横断コーパス（International Corpus of Japanese As a Second Language、通称：I-JAS）のオンライン公開版による成果の一部です。代表の迫田久美子先生をはじめ、関係者の皆さまには、深く感謝し、心よりお礼申し上げます。

注
［注1］ ……… Labov（1972）はこれを「ナラティブ（Narrative）」と呼んでいる。
［注2］ ……… J-CAT（Japanese Computerized Adaptive Test）は日本語能力自動判定テストで、聴解、語彙、文法、読解の4セクションから日本語能力を測定するものである。SPOT（Simple Performance-Oriented Test）はTTBJ（Tsukuba Test-Battery of

Japanese）の1つで、言語知識と言語運用の両面から日本語能力を測定する
ものである（迫田他2016）。

[注3] ……… 本研究では「意外性」を「考えていたことと非常に違っていること、または
そのさま」と定義する。

[注4] ……… 日本語能力試験の出題語彙レベル、『みんなの日本語』初級Ⅰ、初級Ⅱ、中
級Ⅰ、中級Ⅱの出題語から推測。ただし、「なんと」は未習の可能性がある。

参考文献

庵功雄・高梨信乃・中西久実子・山田敏弘（2000）『初級を教える人のための日本語文法
ハンドブック』スリーエーネットワーク

太田陽子（2014）『文脈ををがく―運用力につながる文法記述の理念と方法』ココ出版

加藤陽子（2003）「日本語母話者の体験的な語りについて―談話に表れる事実的な「タラ」
「ソシタラ」の機能と使用動機」『世界の日本語教育』13, pp.57–74. 国際交流基金

木田真理・小玉安恵（2001）「上級日本語学習者の口頭ナラティブ能力の分析―雑談の場
での経験談の談話指導に向けて」『日本語国際センター紀要』11, pp.31–49. 国際交流
基金日本語国際センター

迫田久美子・小西円・佐々木藍子・須賀和香子・細井陽子（2016）「多言語母語の日本語
学習者横断コーパス International Corpus of Japanese as a Second Language」『国語研プロジ
ェクトレビュー』6(3), pp.93–110. 国立国語研究所

砂川有里子（2015）「日本語の教育と研究の間―来し方と行く末」阿部二郎・庵功雄・佐
藤琢三（編）『文法談話研究と日本語教育の接点』pp.319–348. くろしお出版

中浜優子（2013）「タスクの複雑さと言語運用（正確さ、複雑さ、談話の視点設定）との
関連性」『第二言語としての日本語の習得研究』16, pp.146–163. 第二言語習得研究会

中俣尚己（2014）『日本語教育のための文法コロケーションハンドブック』くろしお出版

仁田義雄（2002）『副詞的表現の諸相』くろしお出版

野田尚史（1996）『「は」と「が」』くろしお出版

日本語記述文法研究会（2008）『現代日本語文法6』くろしお出版

蓮沼昭子（1993）「「たら」と「と」の事実的用法をめぐって」益岡隆志（編）『日本語の
条件表現』pp.73–97. くろしお出版

南雅彦（2005）「日本語学習者のナラティブ―ラヴォビアン・アプローチ」『言語文化と日
本語教育Ⅵ』pp.137–150. くろしお出版

渡邉亜子（1996）『中上級日本語学習者の談話展開』くろしお出版

Lavob, W. & Waletzkey, J. (1967) Narrative Analysis: Oral versions of personal experience. In J. Helm
(Ed.) *Essays on the Visual and Verbal Arts* (pp.12–44). Seattle: University of Washington Press.

Lavob, W. (1972) *The Transformation of Experience in Narrative Syntax Language in the inner city.*
Philadelphia: University of Pennsylvania Press.

Nakahama, Y. (2011) *Referent markings in L2 narratives: Effects of task complexity, learners' L1 and proficiency
level.* Tokyo: Hituzi Syobo Publishing.

Schiffrin, D. (1981) The Variation in Narrative. *Language,* 57, pp.281–303.

参考資料

『みんなの日本語』初級I　第2版本冊　スリーエーネットワーク

『みんなの日本語』初級II　第2版本冊　スリーエーネットワーク

『みんなの日本語』中級I　本冊　スリーエーネットワーク

『みんなの日本語』中級II　本冊　スリーエーネットワーク

談話における出来事の生起と
意外性をいかに表すか

日日研が求めているもの[注1]
——日本語学と日本語教育をつなぐために

庵 功雄

✿要旨

本稿では、本研究会が求めている研究について論文名を挙げて説明した。具体的には、コーパスを用いて使用実態を調べる、学習者の誤用の背景を考える、その分野における研究上の「常識」を疑う、類似形式の違いに気づけるように周りの日本語に耳をすます、有標形式だけでなく無標形式にも目を向ける、観察されている事象の本質を考えるといった観点から、日本語学と日本語教育をつなぐ研究が生まれる可能性があることを指摘した。さらに、「シャドーボクシング」のように、他人（または、他人に見立てた自分自身）に説明（しようと）することが自分自身の理解を深めるとともに、研究上の新たな発見につながる可能性を高めることを述べた。

♟キーワード
コーパス、負の転移、日本語教育文法、研究の常識、説明

✿Abstract

In this paper, I explained, with some examples, researches needed in our journal, which will build a better bridge between the Japanese linguistics and the Japanese language teaching. They are classified as follows: researches investigating the actual frequency of grammatical items using corpus, ones explaining the cause of learners' mistakes, ones making a new finding by doubting "common knowledge" in the field, ones focusing on unnoticed differences between synonyms, ones considering unmarked forms as well as marked ones, ones trying to grasp the essentials of observed facts. It was also pointed out that in a process of explaining to others what one thinks (s)he "knows" one may reach a deeper understanding and make a new discovery.

♟Key words
corpus, negative transfer, pedagogical grammar of Japanese, common knowledge in research, explanation

What Kind of Researches are Needed in Our Journal?
For building a better bridge between the Japanese linguistics and the Japanese language teaching

Isao Iori

1 はじめに

　本研究会が発足したのは2009年で、それ以来、多くの方のご支援に支えられて、研究会誌『日本語／日本語教育研究』も今号で8号を刊行することができた。たいへんありがたいことである。

　ただ、研究発表および投稿論文の件数の増加に反して、本研究会が発足当初以来求めてきたタイプの研究論文の数は必ずしも増えているとは言えない現状がある。本稿では、改めて本研究会が求めているタイプの論文を具体的に提示し、読者のみなさんの参考に供したいと思う。

　本研究会のHPに本会の理念が次のように記されている。

（1）　日本語／日本語教育研究会は以下の三本柱を活動の理念としています。
　　　1. 日本語教育貢献を明示的に打ち出した日本語学研究の活性化
　　　2. 若手研究者（大学院生）・海外の研究者が発表できる場の創出
　　　3. 研究会による大学院生の育成・研究指導

　本稿では、上記1～3のうち、1を中心に述べていくことにする。その際、本研究会の主要構成メンバーである、日本語教師、非日本語母語話者の大学院生、モノリンガルの日本語母語話者の大学院生というカテゴリー別を含め、合計5つのタイプに分けて述べることとする。

2 日本語教師の方へ——「この形式は本当に使うかな？」

　最初に紹介するのは、日本語教師の方に適したタイプの研究である。

　日本語教師の特徴は、日々学習者と接していて、誤用例をはじめとする学習者のデータに日々接していることである。本節では、そうした日本語教師の方にとって取りかかりやすい論点として、「この文法項目は本当に使うだろうか」というものを取り上げ、その観点から書かれた論文を紹介する。

2.1 庵功雄（1995）「ガ〜シタイとヲ〜シタイ」『日本語教育』86

約20年前に書いた拙論である。当時は、「〜シタイの前が他動詞のときは、ヲをガに変える」という規則が大部分の日本語の教科書に書かれていた。しかし、次のような例でヲをガに変えると非常に不自然に感じられる。逆に、ガをヲに変えると不自然になるという例はほとんど見かけなかった。

（2）誕生日に限らず、できるだけ楽しい気分で毎日を (??が) 過ごしたい。
（中村邦生『月の川を渡る』。BCCWJ。PB49_00257）
（3）お互いの気持ちを (??が) 確かめたかっただけなんだ。
（五十嵐貴久『1985年の奇跡』。BCCWJ。LBr9_00261）

この論文は、当時入手可能なコーパスを使って、この直感を検証したもので、調査の結果、「食べる、飲む」以外の全ての動詞で、ヲがガよりも圧倒的に多く使われており、ガの用例がある動詞はごく一部で大部分の動詞ではヲの用例しかないことがわかった。

2.2 庵功雄（2009）「推量の「でしょう」に関する一考察」『日本語教育』142

この拙論は、（4）のような非母語話者の会話や、（5）のようなゼミ生からもらったメールで気づいた誤用例をもとに論文化したものである。

（4）教師：田中君、どこにいるか知らない？
　　学生：図書館 ?? でしょう（okだと思います）。
（5）（奨学金免除の書類の締切を尋ねた筆者からのメールに対する返信）
　　締切は金曜日です。水曜日までにいただければいい ?? でしょう（okと思います）。

これらの例で、「でしょう」を使うと違和感を覚える。これは、野田尚史氏の言う「かちんとくる誤用」の例だと言える。一方、「と思います」なら問題はない。この論文では、このことの理由を、コーパス調査、教科書調査、文献

調査を経て論文化したが、調査の結果、「でしょう。」の用例数は極めて少なく天気予報以外ではほとんど使われないこと、教科書の用例がほとんど天候関係のものであることなどがわかった。

3 非日本語母語話者の方へ
　　──「この言い方は母語の影響なのでは？」

2つ目に紹介するのは、非日本語母語話者の方に適したタイプの研究である。

非日本語母語話者のバイリンガルは、日本語教師やモノリンガルの大学院生に比べて、（本人を含む）自分と同じ母語の学習者の誤用に接したとき、誤用の理由がわかりやすいという点で、大きなアドバンテージ（利点）を持っている。

白川（2002）は非日本語母語話者に見えている日本語を「ニホン語」と称し、日本語教育文法[注2] の目的をニホン語の記述にあるとしているが、こうした研究において有利なのは明らかに非日本語母語話者である（庵 2002, 2013, 2017）。本節では、そうしたタイプの研究を紹介する。

3.1 張麟声（2001）「私に対してはこれは簡単だよ」『日本語教育のための誤用分析』スリーエーネットワーク

中国語を母語とする日本語学習者（中国語話者）に次のような誤用が見られることがある[注3]。

（6）　まず、新生児が減って、子どもの数が減少することは子どもの健やかな成長??に対して（okにとって）大きな影響がある。

（7）　だから、一つ一つの国家は晩婚化の問題??に対して（okについて）、自分の国情に基づいて政策を採用したほうがいい。

張（2001）は中国語話者にこうした誤用が見られる原因を、中国語で「にとって」「について」に当たる語がともに「対于」であり（「について」は「关于」でも表せる）、「に対して」が「対」であることから、「対」という漢字が原因で負の転移が起きていると説明している[注4]。

3.2 陳昭心（2009）「「ある／いる」の「類義表現」としての「結果の状態のテイル」」『世界の日本語教育』19

結果残存（結果の状態）のテイル形は中国語話者にとって産出が難しく、中国語話者はテイル形の代わりにタ形を使うことが多いことは、第二言語習得の世界では広く知られている（張2001, 庵2010, 稲垣2013）。

（8）（部屋に入って）あっ、窓ガラスが ??割れた（ok割れている）。
（9）（スカートを試着しようとしてファスナーの不具合に気づいたとき）
　　　すみません。ファスナーが #壊れました（ok壊れています）。

（cf. 黄・井上2005）

しかし、中国語話者の誤用には次のようなものもある（陳2009）。

（10）（家に帰ったとき母が言う）お帰り。お客さん ??いる（ok来て（い）る）よ。
（11）（路上で財布を発見して）あっ、財布が ??ある（ok落ちて（い）る）！

陳（2009）はこれらの誤用を中国語の存在文の転移と考え、調査を行い、それを実証している。この論文は上述の「ニホン語（＝学習者に見えている日本語）」の実態を明らかにしたものとしても高い価値を持っている。なお、これに似た現象はブラジル・ポルトガル語話者においても見られる（トッフォリ2017）。

4　大学院生の方へ──「研究の常識」を疑ってみよう

2節と3節では学習者のデータに接することから研究のヒントを得られる人に適したタイプの研究を紹介したが、本節では、日本語教育の実践の機会に乏しいモノリンガルの大学院生の方に適したタイプの研究を紹介する。
　本節のテーマは「研究の常識」を疑うということである。

4.1 杉村泰（2013）「中国語話者における日本語の有対動詞の自動詞・他動詞・受身の選択について ── 人為的事態の場合」『日本語／日本語教育研究』4

開けにくいふたを開けることができたとき、日本語母語話者は（12）のように言うのに対し、中国語話者は（13）のように言う、ということはよく知られている（小林1996ほか）。

(12) あっ、開いた！
(13) あっ、?開けた／?開けられた！

こうした研究上の「常識」を知っておくことは（日本語教育に関しても）重要だが、それだけでは新しい研究にはつながらない。こうした「常識」を将棋や囲碁では「定跡／定石」と言うが、将棋や囲碁のトップ棋士はこうした「常識」を知り、それを越えるものを作り出している。同じことが研究にも言える。

　例えば、次のような場合、「常識」では自動詞が使われるはずだが、（14）のような自動詞は座りが悪く、（15）のような他動詞の方が適切である（杉村2013）。

(14) さあ、ケーキが?切れたから、食べよう。
(15) さあ、ケーキをok切ったから、食べよう。

杉村（2013）は、こうした類例を作り、それについて、日本語母語話者と中国語話者にアンケート調査を行っている。その結果、両者の判断がほぼ一致するものもあれば、ずれる場合もあることがわかった。

　この論文を書く上で、研究の「常識」を知っていることは必要だが、それを鵜呑みにせず、自分で考えて検証する姿勢を持つことがより重要なのである。

4.2 井本亮（2015）「連用修飾関係「大きくV」について」『日本語／日本語教育研究』6

日本語の副詞的連用成分の研究では、結果の様態を示す修飾が詳しく研究さ

れている。例えば、(16)は「風船が大きい」という風船の結果の様態を示している。これは、英語のSVOC文型（生成文法で言うsmall clause）とも関係するという点で、研究者の興味を引いてきたと考えられる。

(16) 風船が<u>大きく</u>膨らんだ。(結果の副詞)

　一方、(17)(18)のような「大きく」はこうした研究ではあまり取り上げられていない。これは、こうした用法は「大きく」固有の（idiosyncratic）問題で「文法的」というより「語彙的」な問題と考えられているためかもしれない。

(17) このあたりの風景はこの10年で<u>大きく</u>変わった。(変化の差)
(18) ケーキを<u>大きく</u>切る。(分割変化の産物のサマ)

　井本（2015）は、「大きく」の用法のタイプごとに、学習者へのアンケート調査によって、学習者の理解度（「大きく」の意味を正しく理解しているか）と難易度評価（「大きく」の意味のわかりやすさについてどのように考えているか）を調べた。また、コーパスにおける「大きく」の用例調査を行った。調査の結果、(17)のような「変化の差」を表す用法や（18）のような「分割変化の産物のサマ」を表す用法はコーパスの用例が非常に多い一方、学習者の理解度が低いことがわかった。このことを踏まえ、井本（2015）はこのタイプの「大きく」を積極的に教えていくべきであると結論づけている。
　井本氏は連用修飾成分研究の第一人者だが、日本語教育の現場に身を置き、学習者にとってどのようなことが必要かということを考える中でこうした結論に至った。これは論者が考える日本語教育文法のあり方でもある。

5 みなさんへ──「この違いは何だろう？」について考えてみよう

　本節では、全てのカテゴリーの大学院生、若手研究者のみなさんにとって可能なタイプの研究について取り上げる。

237

5.1 陳昭心（2011）「「忘れた」と「忘れていた」の使い分けに関する指導上の留意点」『日本語／日本語教育研究』2

「忘れる」という動詞は使い方が難しい動詞である。例えば、中国語では（19）（20）が同形になるため、中国語話者にとって難しいと考えられる（ただし、この使い分けはかなり多くの言語の話者にとって難しいかもしれない）。

(19)（好きなテレビ番組の開始時間が近づいていることに気づいて）
　　　忘れて（い）た／??忘れた！（と急いで帰る）
(20)（宿題をカバンに入れていなかったことに学校で気づいて）
　　　?忘れて（い）た／忘れた！

陳（2011）は、これらの用例を踏まえ、アンケート調査によって、台湾人中国語話者と日本語母語話者のズレを調べた上で、適切な指導を行うために必要な条件を考察している。

　この論文の最大のポイントは（19）（20）のような例に気づくか否かであり、そのためには自分の周囲の日本語に常に耳をすましておくことが重要である。

5.2 阿部二郎（2015）「引用句内におけるコピュラの非出現について」『文法・談話研究と日本語教育の接点』くろしお出版

（21）（22）のような例で、引用の「と」の前にコピュラが入るかは自由変異（free variation）のように見える。

(21) あの人はアメリカ人 {φ／だ} と思う。
(22) この問題を解決するのは困難 {φ／だ} と思われる。

阿部（2015）はまず、このことをコーパスで検証した。その結果、「と思う」の前には「だ」が出る傾向が高いのに対し、「と思われる」の前には出ない割合が高いことがわかった。

　阿部（2015）は、この結果を砂川（1987）の引用における「場の二重性」の議論を用いて説明している。典型的な引用文には、引用文にも引用文を含む文全

体にも発言の場が存在する（場の二重性）のに対し、「と見える」のように完全にモダリティ形式化したものの場合には引用文内にしか発言の場が存在しなくなる。「と思う」は場の二重性を保持しているため、引用文には判断が存在し、そのためにコピュラ（「だ」）が存在しないと舌足らずになるのに対し、「と思われる」は「と思う」と「と見える」の中間に位置するため、場の二重性がある解釈もない解釈も可能でありコピュラがある場合もない場合も許容されるということである。

　この論文のポイントもまた、(21)(22)のような場合にコピュラが落ちるかどうかという現象に気づくことであるが、それに加えて、分布の偏りが出たときに、それを説明できる知識を持っていることが必要になるのである。

6 もう一歩進んで考えてみよう

　最後に、既存の知識をもう一歩進めたところで、新しい観点が見えてくることを示す論を紹介する。

6.1 佐藤琢三（2015）「補助動詞テオク」『文法・談話研究と日本語教育の接点』くろしお出版

「〜ておく」の意味はかなり詳しく調べられており、「〜てある」が準備をした結果、今準備ができていることを表すのに対し、「〜ておく」は準備をすることに焦点があるといったことが指摘されている（庵・高梨・中西・山田2000）。

(23) 今日試験だけど、十分勉強 {してある／*しておく} から大丈夫だ。
(24) 今日試験だけど、十分勉強 {*してあった／しておいた} から大丈夫だ。

　このように、「〜ておく／〜てある」のように有標の形で表現されているものについては、その意味を理解し、説明することはそれほど難しくないのが普通であり、日本語教育の「説明」はそこで終わっているのが普通である。

　しかし、「〜ておく」の意味を「準備」と言うだけで十分かと言うとそうとは言えないことが次のような例からわかる。

（25）夕食の支度をするために買い物を ｛した／しておいた｝。

　この例では「夕食支度をするために」と言っているので、「した」（無標形）を使っても「しておいた」（有標形）を使っても、「準備」の意味は伝わるはずである。では、何のために「〜ておく」（有標形）を使うのだろうか。佐藤（2015）はこの点を問題にしているわけだが、論文中にもあるように、これは、まさに「学習者にとっての問題」であり、学習者の目線から、すなわち、上述の「ニホン語」という目線からすれば、当然問題としなければならないものである。

　佐藤（2015）は「〜ておく」のスキーマ的意味を「動作主が動詞の示す行為の結果や影響を意図してその行為を遂行したことを有標的に示す」ことと規定し、そうした表現が選択されやすい要因を4つ挙げて検討している。その過程で、母語話者に対するアンケートが用いられているが、これもコーパス一辺倒ではない論証の仕方として参考になる[注5]。

6.2 佐藤琢三（2017）「知覚されていない〈過程〉とその言語化――「ある／いる」「している」「した」の選択可能性をめぐって」本号所収

　最後に取り上げるのは、本号所収の佐藤氏の論文である。

　この内容については、実際に読んでいただくのがよいと思われるので詳しくは述べないが、この論文は、3.2で取り上げた陳（2009）やトッフォリ（2017）で観察されているのと同種の事象をきっかけに、その理由を考察したものと捉えることができるのではないかと思われる。この位置づけが正しいとすれば、この論文は、4.1で取り上げた杉村（2013）と類似した性格も持っていると言える。すなわち、「結果残存用法の一部は「存在」に近づく」という「常識」（まだ、必ずしもこのように理解されているとは言いにくいところもあるが）を疑い、そこからさらに一歩踏み出したものと考えられるということである。

　また、次の部分にも注目したい。これは、「先行研究で言及されているものの、その後の研究で活かされていない」観点を取り上げることであり、こうした観点を持つことで、研究上のbreakthroughが得られる可能性がある。

（26）　ところで、寺村（1984:136）は知覚されていない過程の読み込みという

点について、「いわゆる動作の継続（つまり事象の始まりの結果の存在）の場合は、眼前の情景をそのまま写したものであるが、いわゆる結果の状態の場合は、眼前の状態を、ある過去の事件の結果であると解釈する思考が介在している。この型の表現が成立するためには、上のような解釈を誘発するような状況がなければならない。」（傍点は本稿の筆者）という示唆的な指摘をしている。本稿の議論は、まさに寺村のいう「解釈を誘発する状況」について考えたものである。

（佐藤 2017: 18）

7 おわりに

　本稿では5つのタイプに分けて、「日日研が求めている研究」について記した。今回取り上げた現象は、日本語を教えたり、研究したりしている方にとってはなじみのあるものばかりだと思われる。そうしたなじみのある現象をいかに研究の場に持ってくることができるかが問題なのだが、そのことにつながる方策として、次のことを挙げたいと思う[注6]。

(27) 常に「説明」を考える。

　理解することは相対的に言えば簡単であるが、それを他人（教師の場合は学生）に説明することは簡単ではない。自分が明日取り上げる文法項目、語彙項目その他について、「何を聞かれても大丈夫」という状態を作ることが大変であることを考えればこのことはご理解いただけるだろう。しかし、それを目指して「シャドーボクシング」を繰り返す中で、多くの気づきが得られるのである。
　優れた芸人の最大の資質は、常に芸のことを考えられることだと言われている。酒井（2006）の「運・鈍・根」というのも同じことを言っているのだと思われる（庵2013）。
　研究のネタは至る所に転がっている。それを見つけられるか否かは、それを見つけるための努力を続けるか否かにかかっているのである。　　　〈一橋大学〉

注

[注1] ……… 本稿は、2016年10月2日に学習院女子大学で開催された第8回日本語／日本語教育研究会で行った同名の講演の内容を加筆修正したものである。

[注2] ……… 白川（2002）では「日本語教育文法」という語は使われていないが、現在の用語法で言う日本語教育文法の内容を指していると見なすことができる。

[注3] ……… (6) (7) はいずれも『JCK作文コーパス』の中国語話者によるものである（http://nihongosakubun.sakura.ne.jp/corpus/）。

[注4] ……… 「について」を「に対して」と誤る誤用は韓国語を母語とする日本語学習者（韓国語話者）にも見られる。これは、韓国語では「について」と「に対して」がともに「에 대해」になることに由来する負の転移と考えられる（庵2017）。

　　　　　・わたし、今になって思って、あーずいぶん、自分が悪い先生いい加減な先生だと思って、その時の仕事に対しては (??ついては) 恥ずかしい記憶しかないんですね。　　　　　　　　　　　　　　（KYコーパス KS03）

[注5] ……… ただし、調査法については、稲垣（2009）と同様に優先度タスク（preference task）を使って、「無標形の方がいい、有標形の方がいい、どちらも同じぐらいいい、どちらも同じぐらい悪い」という4者択一で調べるといった手法をとることも考えられる。

[注6] ……… 以下の内容について詳しくは、庵（2017）を参照されたい。

参考文献

阿部二郎（2015）「引用句内におけるコピュラの非出現について」阿部二郎・庵功雄・佐藤琢三（編）『文法・談話研究と日本語教育の接点』pp.57–78.　くろしお出版

庵功雄（1995）「ガ～シタイとヲ～シタイ」『日本語教育』86, pp.52–64.

庵功雄（2002）「書評　白川博之『外国人のための実用日本語文法』」『一橋大学留学生センター紀要』5, pp.123–128.　一橋大学

庵功雄（2009）「推量の「でしょう」に関する一考察」『日本語教育』142, pp.58–68.

庵功雄（2010）「アスペクトをめぐって」『中国語話者のための日本語教育研究』創刊号, pp.41–48.　日中言語文化出版社

庵功雄（2013）『日本語教育・日本語学の「次の一手」』くろしお出版

庵功雄（2017）『一歩進んだ日本語文法の教え方1』くろしお出版

庵功雄・高梨信乃・中西久実子・山田敏弘（2000）『初級を教える人のための日本語文法ハンドブック』スリーエーネットワーク

稲垣俊史（2009）「中国語を母語とする上級日本語学習者による目的を表す「ために」と「ように」の習得」『日本語教育』142, pp.91–101.

稲垣俊史（2013）「テイルの二面性と中国語話者によるテイル習得への示唆」『中国語話者のための日本語教育研究』4, pp.29–41.　日中言語文化出版社

井本亮（2015）「連用修飾関係「大きくV」について」『日本語／日本語教育研究』6, pp.63–78.

黄麗華・井上優（2005）「対照研究と日本語教育」松岡弘・五味政信（編）『日本語教育の開かれた扉』pp.122–136. スリーエーネットワーク

小林典子（1996）「相対自動詞による結果・状態の表現」『文藝・言語研究』29, pp.41–56. 筑波大学

酒井邦嘉（2006）『科学者という仕事』中公新書

佐藤琢三（2015）「補助動詞テオク」阿部二郎・庵功雄・佐藤琢三（編）『文法・談話研究と日本語教育の接点』pp.1–18. くろしお出版

佐藤琢三（2017）「知覚されていない〈過程〉とその言語化—「ある／いる」「している」「した」の選択可能性をめぐって」『日本語／日本語教育研究』8, pp.5–20.

白川博之（2002）「外国人のための実用日本語文法」『月刊言語』31(4), pp.54–59. 大修館書店

杉村泰（2013）「中国語話者における日本語の有対動詞の自動詞・他動詞・受身の選択について」『日本語／日本語教育研究』4, pp.21–38.

砂川有里子（1987）「引用文の構造と機能」『文芸言語研究　言語篇』13, pp.73–91. 筑波大学

張麟声（2001）『日本語教育のための誤用分析』スリーエーネットワーク

陳昭心（2009）「「ある／いる」の「類義表現」としての「結果の状態のテイル」」『世界の日本語教育』19, pp.1–15. 国際交流基金

陳昭心（2011）「「忘れた」と「忘れていた」の使い分けに関する指導上の留意点」『日本語／日本語教育研究』2, pp.237–254.

寺村秀夫（1984）『日本語のシンタクスと意味II』くろしお出版

トッフォリ, ジュリア（2017）「ブラジル・ポルトガル語を母語とする日本語学習者の結果残存のテイルの使用傾向に関する一考察」2016年度一橋大学言語社会研究科修士論文

243

[連載]
博士課程生活講座！
～茂木さんに聞いてみよう～
第4回　先行研究の読み方（前編）

茂木俊伸

若手研究者から院生に送るエッセーです。ちょっと先輩の声に耳を傾けてみませんか？　何か新しい世界が見えてくるはずです。

[企画]
読みやすい本
大学院生応援企画「ビブリオバトル」
(2016年10月2日開催) より

日本語／日本語教育研究会では、2016年10月2日（日）に第8回研究会のプログラムとしてビブリオバトルを行いました。テーマは「読みやすい本」。当日、取り上げられた作品は以下の通りです。

御厨貴『オーラル・ヒストリー』
苧阪満里子『ワーキングメモリ─脳のメモ帳』
川平ひとし『中世和歌論』
秋田喜代美『読む心・書く心─文章の心理学入門』
西江雅之　『新「ことば」の課外授業』

ビブリオバトルに来られなかった人のために、ここでは各登壇者に報告を書いてもらいました。お楽しみください。

総務委員　岩田一成・建石始

245

第4回 先行研究の読み方（前編）

茂木俊伸（熊本大学）

　このエッセイでは、日本語学・日本語教育学分野の博士課程（博士後期課程）にいる人、または博士課程に進学しようと考えている人に向けて、若手（だと自分では思っている）大学教員が、自分の経験の中で「後輩たちの役に立ちそうなこと」について語ります。

1 はじめに

　前回（第3回）は、大学院生としての時間の使い方のお話でした。その中で、研究活動におけるインプットとアウトプットについて触れたのですが、今回（と次回）はインプットの側面、主に「先行研究」と呼ばれる文献を読む方法について詳しく見ていきます。

　ゼミや研究会で発表すると、よく「先行研究とどう違うの？」と言われます。しかし、何のために、いつ、どれくらい、どうやって先行研究を読むのかについて、詳しく指導されることはあまりないのではないでしょうか。先行研究の扱い方は、個人の経験に依存しがちで一般的な技術として捉えられにくい、いわゆる暗黙知の領域のものと考えられてきたように思われます。

　しかし、これまで学会発表を聞いてきた印象や論文査読の経験から言うと、先行研究の読み方が"怪しい"層が一定数いると感じます。例えば、学部段階でよく言われる「個別の論文の不十分な点を探す」という読み方は、間違いではありませんが、それだけで十分でもありません。先行研究の読み方がインプットの質に関わり、最終的には発表や論文などのアウト

プットにも影響するのであれば、読み方を意識する方法を考えてもいいのかな、と思うのです。

2 先行研究を読むことの意味

では、なぜ先行研究を読むのでしょうか。「巨人の肩の上に立つ（Stand on the shoulders of giants）」という有名な表現で説明されるように、それは、「研究」という行為自体が、個人で行うものであっても、個人の中で完結するものではないからです。研究は新しいことを提示するものですが、自分にとって"新しい"思い付きや意見を出せばいいわけではなく、同じ研究領域の「みんな」にとっての新しさがある内容でなくてはなりません。先人の積み重ねてきた土台の上に、新たに一つの石を置くのがあなたの仕事であるならば、その石の価値を示す責任は、あなたにあります。研究指導において、研究の「意義」や「位置づけ」という表現がよく使われるのは、このためです。

3 先行研究を読むタイミング

先行研究はいつ読むものでしょうか。日本語教育学分野の研究支援本である本田ほか（2014）や細川（2015）、あるいは社会学分野の平岡ほか（2013）（この本は、先行研究の扱い方を解説した第Ⅰ部「知の見取り図を描く」に実に7つの章を割いています）を見ると、いくつかのタイミングがあることが分かります。おおざっぱに言えば、次のようにまとめられるでしょう。

①分からない状態で読む→テーマや方法を明確化するために読む
②（ある程度）分かった状態で読む→立ち位置を明確化するために読む

①は、おおよそのイメージはあるけれども、まだ何がやりたいのか、何が研究になるのかが明確ではない段階です。詳しくない分野について新たな知識を得るという側面もありますが、先行研究を使ってアイディアをよ

り具体化し、消化していくことで、研究の方向性を見定めることが目標と言えます。

　次の②は、ある程度分析を進め、その結果の意味を考える段階です。先行研究の助けを借りながら、自分が明らかにしたことの学問的な意味を他者に明確に説明できるように、論点を整理し、研究の位置づけを図ります。

　そもそも、研究活動は、「インプット（集める、読む、調べる）→手と頭を動かす（整理する、考える）→アウトプット（書く）→手と頭を動かす→インプット→……」というサイクルの繰り返しですから、先行研究を読むのは何回目のサイクルでもかまわないわけです。しかし、研究の初期段階（①）か進んだ段階（②）かで、理解度も読み方も変わります。同じ論文でも、気になったものは意識的に再読してみましょう。（なお、さらに後の論文の執筆段階で、先行研究の記述を正確に引用して批評するためにもう一度読む必要もあるのですが、ここでは省略します。）

4 先行研究の分類と読み方

　「先行研究を読む」という場合、ターゲットとなる文献は、自分のテーマと研究方法との重なり具合によって、次の表のように分類できます。

表　先行研究の分類

方法＼テーマ	同じ	違う
同じ	A	C
違う	B	D

　通常、「先行研究」として強く意識するのは、Aのエリアの文献です。自分の研究に直接関わるところですから、ウェブで少し調べて「ない」と片付けるのではなく、網羅的に探して読むことが望まれます。一方、ここにたくさん「ある」と「もうダメだ……」と落ち込む人がいますが、これまで分かっていることを踏まえて自分が貢献できることを探せばいいので

すから、不利とも言い切れません。また、この貢献がはっきり示せないのであれば、そのテーマが本当の意味で自分のものになっていない、ということも分かります。

　研究の効率性だけを考えるなら、このAの論文だけを読んでおけばいいことになりますが、残りの3つのエリアにも意味はあります。むしろ、こちらの方が、研究の視野を広げるためには重要と言えるでしょう。

　まず、同じテーマを異なる方法論から論じているBのエリアの文献は、自分と同じ（あるいは類似の）現象が異なる視点からどのように分析され、どのような問題を提起するものとされているかを見ることができますから、特に、自分のテーマがどのような意味や可能性を持つのかを考えるヒントになります。

　一方、自分に近いスタンスで異なる内容を扱っているCのエリアの文献は、あまり「先行研究」として意識されることはないかもしれません。しかし「違う現象でも共有できる問題意識はないか」という読み方をすれば、自分のテーマとの類似性を見出すことができる可能性があります。このとき、今取り組んでいるテーマが、より大きな問題の一部として捉え直されるかもしれません。

　最後のDのエリアの文献は、どちらかと言えば「勉強」の一環として読むことが多いものです。乱読によって自分の研究が進まなくなるのは本末転倒ですが、前回触れたとおり、院生時代に読んだものが後の大きな貯金になることは間違いありませんし、自分の研究の、特に当たり前だと思っていたスタンスの部分を相対化する材料にもなります。Cにも関わりますが、理論的な枠組みに興味のある人なら、個別的な現象の分析の詳細よりも、「なぜ、何のためにそう考えるか」というその理論の考え方をしっかり勉強してほしいところです。

　なお、研究のテーマ自体、広げたり絞ったりしながら徐々に明確化していくものですから、どの先行研究がより重要であるのかも、研究の進展に伴って変わります。むしろ、Aのエリアが絞り込まれるくらい先行研究との関係がはっきりすれば、先の①の段階は脱出できていると考えてもいいかもしれません。

5 おわりに

　佐藤（2016: 23）が「過去の論文はよく知っているけど何一つ建設的なことが出てこない評論家タイプ」を批判するように、先行研究は読めばいいというものではありません。教育的配慮もあって、「先行研究を読みすぎると自分の研究ができなくなるから、そんなに読まなくてもよい」と指導されることもあるかもしれません。しかし、博士論文を一つのストーリーとしてまとめるためには、適切な時期に適切な目的を持って、自分のフィールドの見取り図ができる程度の広さ・深さで、先行研究を読んでおくことが必要でしょう。

参考文献
佐藤雅昭（2016）『なぜあなたの研究は進まないのか？―理由がわかれば見えてくる、研究を生き抜くための処方箋』メディカルレビュー社
平岡公一・武川正吾・山田昌弘・黒田浩一郎（監修）（2013）『研究道―学的探求の道案内』東信堂
細川英雄（2015）『増補改訂 研究計画書デザイン―大学院入試から修士論文完成まで』東京図書
本田弘之・岩田一成・義永美央子・渡部倫子（2014）『日本語教育学の歩き方―初学者のための研究ガイド』大阪大学出版会

御厨貴著
『オーラルヒストリー』
（中央公論新社、2002年）

田中祐輔（東洋大学）

1 推薦理由

　文化人類学や歴史学の分野で用いられてきたオーラルヒストリー研究の手法は、一見「日本語／日本語教育研究」とは縁遠いように思われるかもしれませんが、日本語教育の内容や手法、今後の指針を議論する上で本書から得られる知見は大きいものと判断されるためここに推薦します。

2 内容紹介

　本書は「口述歴史」「口述史」「口述記録」とも称されるオーラルヒストリーについて、その歩みと定義、準備、実施、整理、利用法、意義、可能性までが網羅された解説書です。著者は官僚や政治家への聞き取り調査を行う政治史学者で東京大学名誉教授の御厨貴氏です。本書の特徴の一つに、著者自身の研究がその根幹を成していることが挙げられます。とりわけ、インタビュイーとの交流エピソード、調査における困難と対応などの経験談は非常に魅力的で、研究内容やスタイルから私たちが学べることが数限りなくあります。

3 折り返し点を迎える日本語教育とオーラルヒストリー研究の重要性

　国際交流基金の直近調査によると海外の国・地域の日本語学習者数が調査開始以来はじめて減少に転じました。場合によっては停滞や衰退とも言

251

える状況下では、将来に向けた取り組みや指針についての合意形成が難しくなっていくことが予想されます。自明の前提として存在した成長や拡大が力を失い既存の枠組みそのものが確かさを持たなくなると、日本語教育の効果や成果も覚束無いものとなるからです。この場合、価値観そのものを問うような議論が必要となり、「日本語教育はどのような役割を果たし、何を目指すべきか」というそもそも論からスタートしなければならなくなります。

　ただし、ここで留意しなければならないのは、新たな価値観の枠組みは、無から新規に生み出されるものではあり得ないということです。むしろそうした創造的な作業は、その社会なり業界なりの「歴史」に立ち返って、時間軸を縦に伸ばした思考の中で達成されるものと考えられます。今後、私たちが、日本語教育のあり方や指針を志向する上で歴史研究は欠かせないものとなることでしょう。とりわけ、オーラルヒストリーはその根幹を成す一つの手法であり、多くの示唆をもたらす可能性を持つものであるのです。

苧阪満里子著
『ワーキングメモリ──脳のメモ帳』
（新曜社、2002年）

小口悠紀子（首都大学東京）

1 推薦理由

──牛乳がなかったので、スーパーに買いに行った。でも、"広島カープ優勝記念"で半額になっているお肉と惣菜に気を取られ、牛乳を買うのを

忘れた。

――学会発表の質疑応答で大御所の先生に一度にたくさん質問された。最初の質問に答えているうちに、2番目と3番目の質問内容を忘れてしまった。

　こんな経験、ありませんか。私たちは日常生活で想像以上に情報の保持と処理を同時に行っています。しかし、それは必ずしもうまくいくわけではありません。なぜなら情報の保持と処理を司るワーキングメモリの容量に極めて厳しい制約があるからです。そんなワーキングメモリを題材とした数ある研究書の中で、本書を薦める主な理由は①親しみやすい日常的な事例から始まること、②外国語学習に関する記述が豊富であること、③研究事例や根拠を示した上で主張が記述してあること、の3点です。日本語教育に携わるすべての方に読みやすく興味深い一冊と言えるでしょう。

2 内容紹介

　本書ではワーキングメモリを「脳のメモ帳」と呼び、その仕組みや働きを、日常生活や言語学習に関する身近な話題を交えながら分かりやすく紹介しています。全9章からなる構成は、幼児のワーキングメモリはどうなっているのか、加齢とともにワーキングメモリはどのように衰えていくのか、というように家族や友人と話題にできそうな内容から、ワーキングメモリの測定方法、ワーキングメモリの神経基盤など、より専門的な領域の話まで網羅しています。研究例も図解が豊富で分かりやすく、説得力があります。

3 ワーキングメモリと第二言語習得研究

　学習者が持つワーキングメモリ容量には個人差があります。この容量が第二言語習得の認知プロセスや学習者の言語適正を解明する上で重要な役割を持つと考えられています。近年の研究において、ワーキングメモリが大きいほど、第二言語での会話中に気づきが起こりやすいこと（Mackey et al. 2012）、TOEFLの読解、文法の得点が高いこと（Harrington & Sawyer 1992）な

どが分かっており、日本語学習者を対象としたワーキングメモリ容量を測定するツール（松見・福田・古本・邱 2006）も開発されました。しかし、まだまだワーキングメモリと第二言語習得の関係については分かっていないことも多く、今後発展が見込まれる分野です。こうした研究を理解したり、個々の学習者の日本語習得を支援したりしていくためにも、ぜひ今手にとってほしい一冊です。

川平ひとし著
『中世和歌論』
（笠間書院、2003年）

劉志偉（埼玉大学）

1 推薦理由

本書は筆者が博士論文を執筆する際に拝読した先行研究の1冊です。研究内容のみならず、著者の文才にも魅了されたことが強く印象に残っています。非母語話者の筆者が学術論文を書く際に、日本語の書き言葉の勉強として大いに学恩を受けました。こうした日本語教育との接点から本書を推薦させて頂ければと思います。

2 内容紹介

本書は中世和歌研究者の第一人者であった故川平ひとしによる名著で、第26回角川源義賞を受賞しています。2003年に初版として刊行され、2008年に復刊されました。著者独自の6つの切り口から中世の和歌がどの

ような文学的世界なのかについて論じられています。

3 書き言葉として読む

　日本語を勉強する際に文型学習が重要であることはいうまでもありません。日本語能力試験対策で「〜のみならず」「〜ざるを得ない」等を習得した学習者も少なくないでしょう。ここでは筆者は文末の文型だけでなく、文中の表現と「呼応」して勉強することが重要であることを喚起したい。これは特に日本語で学術論文を書く必要のある非母語話者にお勧めします。そもそも中世においては歌中に「疑ひ」の言葉が来れば、歌末に「ラン」と結ぶ、のように「呼応」的に捉える和歌作法の専門書が存在しており、この類の記述が後に係り結びの法則の発見や活用の研究に繋がっていったことは周知の通りです。「呼応」はまさしく日本語の特質の1つとも言えます。このような日本語の特質に着目して、学習者が先行研究を読む際に、専門内容とは別に、「呼応」という方法で論文を読むと書き言葉の勉強において大変効果的です。一例を以下に挙げます（下線部を参照されたい）。

　　冷泉家本の実体や実状が陸続と紹介されるにつれて、全くの新資料はもとよりのこと、従来知られていた資料についても従前の説や研究の検証が求められ、既往の知見の修正や一層の細密化が促され、同時に新たな課題も次々と提起されてくるという事例も少なくない。

（復刊本、3頁）

　このような「究極の呼応」ともいうべき視点で書き言葉を読むことにより、学習者にとって日本語学習最大の難点ハとガの使い分けを部分的に解決できることも考えられます。
　また、学習者は類義形式の表現に常に関心を払う意識も重要です。例えば、打ち消しを伴う表現に関しては「〜を免れない」「〜に委ねる他ない」「〜言わねばなるまい」のような表現を可能な限りまとめてインプットすると良いでしょうか。そうすれば、産出難の解消は勿論のこと、単調な表

現の使用を回避することもできます。このような視点に立ったテキストや参考書がほぼ皆無という現状の中、『（留学生のための日本語教科書）文型本位・学術日本語の基礎』（松岡弘編著、1994、一橋大学教材）に否定表現をまとめて示した箇所があることをここで特筆しておきたい。

秋田喜代美著
『読む心・書く心——文章の心理学入門』
（北大路書房、2002年）

俵山雄司（名古屋大学）

1 推薦理由

今回のビブリオバトルのテーマは「読みやすい本」でしたが、本書は、いろいろな意味で「読みやすい本」だと言えます。まず、この本は「心理学ジュニアライブラリ」というシリーズの一冊で、対象とする読者は中学生・高校生です。そのため、親しみやすい「です・ます」体で書かれており、イラストや図も豊富です。また、薄くて小さい本なので持ち運びも楽で、その意味でも読みやすいと言えます。

2 内容紹介

本書は、読解プロセス、読解のスタイル、文章作成プロセスについて、心理学（特に認知心理学）の分野の知見に触れつつ、読解・文章作成のコツを示している本です。
例えば、心理学の知見として、本書で紹介されている実験にこんなもの

があります。ある文章について接続詞を抜いたバージョンと、通常のバージョンを用意し、それぞれ別の大学生グループに読んでもらいます。すると、接続詞ありのグループの方が内容をよく覚えています。ただし、これと別に実施した推理能力テストの点数が高い人は、どちらのバージョンでも記憶は変わらず、推理能力テストの点数が低い人は、接続詞のある場合、かなり内容を詳しく思い出せます。ここから、推理力の高い人は、接続詞がなくても、文間の関係を埋めて読めるのに対し、推理力の低い人は、接続詞が内容の理解や記憶に大きな役割を果たしていることがわかります。こんな実験を引用しながら、読解における接続詞の大切さを説いてくれるのです。

3 「読みやすさ」と「深さ」の両立

　本書の特徴は、「読みやすい」だけでなく、知らず知らずのうちに、内容的にも「深い」ところまで連れていってくれる点です。上で述べた実験結果の紹介はその一例ですが、これを含めて、専門的な研究論文10編の成果が、記述の中で引用されています。

　また、いくつかの重要な専門用語についても紹介されています。「内的辞書」「推論」「ボトムアップ処理」「トップダウン処理」「方略」「モニタリング」「批判的読み」「長期記憶」「作動記憶」。これらはこの本に太字で登場するキーワードですが、本書を読み進めるなかで、無理なくその内容を理解できるようになっています。

　このように「読みやすさ」と「深さ」を両立している本書は、認知心理学的な研究手法に興味はあるが、いきなり専門書はちょっと…という人にお勧めです。また、読解・作文力を上げたいが、お説教くさいのは嫌だという人にも向いています。知的好奇心を刺激されながら、自然と「読む力・書く力」の向上に役立つ知識が身に付くこと請け合いです。

257

西江雅之著
『新「ことば」の課外授業』
(白水社、2012年)

太田陽子（一橋大学）

1 推薦理由

　表紙には、パプアニューギニアの空の下、白い流木の枝に立ち、はるか水平線を見つめるひとりの少年の写真（撮影は著者自身）。そこに一言、
　　　──「青い」という語がなくても、空や海の色は表現できる。──
　これだけでも、「ことば」に関心のある人なら誰でも、わくわくと心がはやり、表紙を開かずにはいられないのではないでしょうか。本書は、こうした期待とトキメキの中で「ことば」について考えていくことのできる良書です。

2 内容紹介

　著者の西江氏は、アフリカ諸語やピジン・クレオール研究の先駆者として有名な文化人類学者で、「ハダシの学者」と呼ばれていました。本書は、書名の通り、著者の「言語学講義」の授業だけでは飽き足らなくなった受講生たちがもっと自由に既成の学の枠を超えて様々な話を聞きたいと集まって開かれた「特別（課外）授業」の記録です。内容は「ドンドンドンは、アフリカではンド・ンド・ンド」（音声）や「「昨日」と「明日」が同じ単語？」（意味）といったことから、「グローバリゼーションと英語」といったことまで多岐にわたり、専門用語を使うことなく、実はかなり専門的な現象についても語られています。

3 本書の魅力と効果

　本書の魅力は、わかりやすい語り口で既成概念を問い直すところにあります。例えば「日本だってわずか2000年くらい前は前文字社会だった」……2000年を「わずか」ととらえるスパンで言語を眺めることなど、最近忘れていたのではないかと気づかされます。そうして凝り固まった頭のストレッチ効果とともに、「ことば」とどう向き合い、どうおもしろがっていけばよいのかが伝わってきます。ことばは1回限りの演奏だと著者は言います。「剥製」にした言語を眺めてわかった気にならず、1回ごとの「演奏」を味わって研究していきたいと思わせてくれる一冊です。

論文執筆者一覧

庵 功雄（いおり いさお）
　　一橋大学国際教育センター教授

植松容子（うえまつ ようこ）
　　昭和女子大学人間文化学部専任講師

川﨑一喜（かわさき かずき）
　　京都府立大学大学院文学研究科学術研究員

関 玲（かん れい）
　　筑波大学大学院人文社会科学研究科博士課程

金 瑜眞（きむ ゆじん）
　　筑波大学大学院人文社会科学研究科博士課程

グエン ティ ニュー イー
　　大阪大学大学院言語文化研究科博士後期課程

小口悠紀子（こぐち ゆきこ）
　　首都大学東京大学院人文科学研究科助教

酒井晴香（さかい はるか）
　　筑波大学大学院人文社会科学研究科
　　博士前期課程

佐藤琢三（さとう たくぞう）
　　学習院女子大学国際文化交流学部教授

杉村 泰（すぎむら やすし）
　　名古屋大学大学院人文学研究科教授

疏 蒲剣（そ ほけん）
　　名古屋大学大学院国際言語文化研究科
　　博士後期課程

薛 恵善（そる へそん）
　　名古屋大学大学院国際言語文化研究科
　　博士後期課程

チョーハン アヌブティ
　　筑波大学大学院人文社会科学研究科博士課程

陳 琦 (ちん き)
　　筑波大学大学院人文社会科学研究科
　　博士後期課程

中野 陽 (なかの よう)
　　関西学院大学日本語教育センター非常勤講師

朴 秀娟 (ばく すよん)
　　神戸大学国際教育総合センター専任講師

増地ひとみ (ますじ ひとみ)
　　愛知淑徳大学助教／早稲田大学大学院
　　文学研究科博士後期課程

渡辺裕美 (わたなべ ひろみ)
　　滋賀大学国際センター特任准教授

コメント

佐藤琢三　知覚されていない〈過程〉とその言語化
――「ある／いる」「している」「した」の
選択可能性をめぐって

留守中に来客があったことを告げるのに、日本語では「お客さん、来て
(い)るよ」のように「している」を使うのが普通であるのに対し、中国
語では存在文を使うのが普通であり、そのため中国語話者に「いる」を
使う誤用が多いといった現象が存在することが言語習得の分野で知られ
ている。本論文では、こうした現象を対象を広げて考察している。その
結果、対象をよく知っている（知悉度が高い）ほど「している」が使いや
すくなること、対象が空間として認識しやすいほど「いる」が選択され
やすくなることなどがわかった。対象についての認知の仕方が言語形式
の選択の仕方に反映することを示した、認知言語学的研究と日本語教育
の接点を示す好論文である。
(I)

杉村　泰　二者会話場面における日本語の「この」「その」「あの」の選択
――日本語母語話者と中国人上級日本語学習者の比較

指示詞には「指し方」の点から、現場指示、文脈指示などの違いがある。
このうち、これまでの研究は主に文脈指示などの非現場指示に関するも
のであった。本論文は、現場指示について、いくつかの要因を考慮して
調査を行ったものである。その結果、日本語母語話者は、実際の距離よ
り心理的距離を優先する傾向が見られることなどがわかった。指示詞の
持つ様々な用法がどのようなきっかけで発動されるのかという、対照言
語学的にも興味深い内容に踏み込み、研究の発展可能性を感じさせる好
論文である。
(I)

植松容子　韓国語母語話者、中国語母語話者の
「勘どころ」を押さえた記述とは
――「スルようになる」を例に

「スルようになる」という表現は、それに相当する形式を持つ韓国語母
語話者においては過剰使用が起こりやすく、相当する形式を持たない中
国語母語話者には非用が起こりやすいという。そのため、それぞれの話
者にどのような文法記述が必要になるのかを、上級学習者の書き言葉デ
ータ・話し言葉データに基づいて論じた論文。ネイティブ教師には気づ
きにくい「学習者の視点」に注意を向けることの重要性と、学習者の母
語に配慮した「勘どころ」を押さえた文法記述の必要性を具体的に示す
研究である。
(M)

チョーハン アヌブティ
　　ヒンディー語を母語とする日本語学習者の格助詞ヲの習得
　　──述語の他動性という観点から

格助詞には、相手を表すニ、道具を表すデ、起点を表すカラのように、意味がはっきりしているものもあるが、ヲのように様々な意味を表すものもある。本論文では、述語の他動性という観点からヲに関連するヒンディー語話者の誤用が分析されている。その結果、ヲの習得には対象に対する他動性（他動性が高いほど習得しやすくそれが低いほど習得しにくい）や意図性が影響していることが示唆された。言語理論と言語習得を結びつけて研究することの有用性を示した好論文である。　　　　　　　　（I）

薛　惠善　学習者の母語から見た機能の損失を表す「壊す」の意味
　　──韓国人日本語学習者の意味習得への提言

外国語を学ぶ際に、語彙については対応物を見つけてそれで済ませる場合が多い。この方略は具体的な事物を指す名詞の場合は相対的にうまくいくが、動詞や形容詞の場合は微妙なズレが生じやすい。本論文は、「壊す」の意味を表す日本語と韓国語の動詞を比較して両者のズレを考察したものである。その結果、「壊す」は主に人工物に使うのに対し、韓国語の対応する動詞は自然物にも使えること、「壊す」は物理的な損傷がなくてもいいのに対し、韓国語の動詞はそれが必要であるといった違いが観察された。学習の盲点になりやすい点を考察対象とした好論文である。　　　　　　　　　　　　　　　　　　　　　　　　　（I）

川﨑一喜　テイドに関する一考察──クライとの比較を通して

「英語力は大学卒業｛ていど／くらい｝が望ましい。」のように、「ていど」と「くらい」には、両方が使える場合もあれば、「過労死する｛＊ていど／くらい｝働いた」のように、片方しか使えない場合もある。そのため、コーパスを用いて「ていど」の使用実態を調査し、「ていど」および「ていどに」の用法を「くらい」と比較した。結果として、高い程度から低い程度まで様々な程度を表せる「くらい」に比べて、「ていど」は低程度に偏るなど、従来の研究にはない両者の違いを指摘・考察している。
　　　　　　　　　　　　　　　　　　　　　　　　　　　　（M）

朴 秀娟 「とても」における日本語学習者と日本語母語話者の
　　　　　使用実態の違い
　　　　　――話しことばを中心に

学習者が多用する副詞「とても」について、学習者と日本語母語話者の
使用実態を比較し、その違いを指摘するとともに、学習者の使用が初級
教科書における導入の反映と考えられることを指摘した論文。初級で学
ぶ語彙や文法項目には、中級・上級になって「問題」が見えてくる項目
があることを、現場の教師は経験的に気づいている。その「気づき」の
重要性を示すとともに、実態を分析し、どのような指導が求められるか
を論証する方法論についても具体的に参考になる研究である。　　　（M）

疏 蒲剣　程度の判断基準から見た「かなり」類と「少し」類の違い

程度副詞「かなり」と「少し」は、「太郎は ｛かなり／少し｝ 酒を飲んだ」
や、比較の文「この酒はその酒より ｛φ／かなり／少し｝ 高い」のよう
な場合はいずれも使えるが、同じく比較の文「太郎は次郎より ｛かなり
／?少し｝ 酒を飲んだ」では「少し」は使いにくい。いずれも程度を表
すと考えられてきた2つの副詞の違いを分析した論文であるとともに、
基本語彙の研究として、教育現場にもすぐに活かせる内容となってい
る。　　　　　　　　　　　　　　　　　　　　　　　　　　　　（M）

増地ひとみ　日本語教育で《非標準的なカタカナ表記》と
　　　　　　《文字種選択の仕組み》を扱う意義
　　　　　　――交通広告における調査結果を例に

「おトク」や「キレイ」など、和語・漢語をカタカナ表記した「非標準
的なカタカナ表記」の実例と特徴を示し、日本語教育においてこうした
「非標準的なカタカナ表記」と「文字種選択の仕組み」を扱う意義を考
察した論文。日本語が世界の他の言語と比べて難しいとされる項目（あ
まり多くない）の筆頭に挙げられる表記の現代的な課題を扱っており、イ
ンターネットやSNSによって海外の学習者も簡単に生の日本語にアク
セスできるこの時代に、教師が知っておくべき内容である。　　　（M）

渡辺裕美・関 玲・酒井晴香・陳 琦
　　　逆接接続詞の繰り返し使用に関するコーパス調査

逆接を表す「しかし」「しかしながら」「だが」「ところが」について、
繰り返し使用されるか否かという観点から検討した論文。小論文コーパ
ス・学術論文コーパスの使用実態調査、および母語話者を対象とした許
容度調査の結果、「しかし」は繰り返し使用が許容されていることが示
された。「しかし」が持つ特徴を新たに指摘するとともに、類義接続詞
の研究として、新しい視点と方法論を提供している。　　　　　　（M）

金 瑜眞　韓国人日本語学習者による句末イントネーションの生成
　　　——母語の影響の再検討と発話場面による影響に注目して

韓国人学習者の日本語句末イントネーションの中には、日本語母語話者
にマイナスの印象を与えるものがあることが知られている。本論文は、
この点を自発音声（ロールプレイ）の分析を通して再検討したものである。
その結果、いくつかの点において先行研究と異なる結果が得られた。音
声研究と音声教育をつなぐ上で参考になる知見が含まれた論文である。
　　　　　　　　　　　　　　　　　　　　　　　　　　　　　　（1）

関 玲　中国人日本語学習者のあいづちバリエーションの習得状況
　　　——来日留学生の縦断的調査を通して

上級学習者がより自然な日本語（話しことば）を習得しようとした際に何
を学べばよいかというのは重要な問題である。本論文では、あいづちの
バリエーションの経時的変化という観点からこの問題に取り組んでい
る。調査の結果、一部の形式のあいづちは習得が進んだものの、習得が
進まないものも見られた。このように、あいづちは自然習得が難しいも
のであると言え、会話教育における明示的な教育が重要であることが示
唆されている。
　　　　　　　　　　　　　　　　　　　　　　　　　　　　　　（1）

中野 陽　初対面の雑談相手に向けられる日本語学習者の否定表現
　　　——日本語母語話者との比較から

話し相手の発話を否定するという言語行動は相手との人間関係にかかわ
るものであるため、慎重に行う必要があり、日本語非母語話者にとって
こうした否定場面でどのような調整行動を行えるかは重要な言語能力で
ある。本論文では、初対面場面における否定表現を日本語母語話者と非
母語話者で比較した結果が考察されている。その結果、母語話者は表現
形式と表現内容の双方を用いて否定表現を婉曲化しようとしているのに
対し、非母語話者はそうした運用が十分にできていないことがわかっ
た。学習者にとってリスクをともなう場面での調整行動についての研究
に関する有益なデータが提供されている。
　　　　　　　　　　　　　　　　　　　　　　　　　　　　　　（1）

グエンティニューイー
　依頼会話における《雑談部》の展開ストラテジー
　──ベトナム語と日本語の対照研究の観点から

談話分析の目的の1つに、異なる言語間で好まれる談話展開のパターーン
の違いを明らかにするということがある。本論文は、依頼の際にベトナ
ム語と日本語の間に見られる談話展開の共通点と相違点を調べたもので
ある。どちらの言語でも、本題に入る前の「雑談部」が存在する点は共
通しているが、その雑談部の構成が両言語で異なり、ベトナム語では依
頼内容に直接関連する内容に言及することが多い一方、日本語ではより
間接的な内容が好まれる。発話行為を教える際に留意すべき点を考える
上で参考になる知見が述べられている。　　　　　　　　　　　　(I)

小口悠紀子　談話における出来事の生起と意外性をいかに表すか
　　　　──中級学習者と日本語母語話者の語りの比較

「対話」の力を重視する現行の日本語教育の中で、「自分の考えや出来事
をまとめて話す力」を学ぶ機会は多いとは言えない。そこで、母語が中
国語・英語・韓国語である中級レベルの学習者が、時間軸に沿った出来
事をどのように表現しているのかを、母語話者と比較しつつ調査した。
学習者の「語り」を、単に「分かりやすくする」というだけでなく、「惹
きつけられるものにする」ためには何が必要なのか、という視点は興味
深く、必要とされる言語表現が具体的に示されている点で現場に直結す
る研究となっている。　　　　　　　　　　　　　　　　　　　(M)

庵　功雄　日日研が求めているもの
　　　　──日本語学と日本語教育をつなぐために

本研究会は2009年に発足し、9月に第1回大会、翌2010年5月に研究会
誌第1号を刊行した。この間も、日本語教育の現場にはさまざまな変化
があり、研究の世界も一層の多様化を見せている。こうした状況の中
で、本研究会がこれまでどのような研究を評価し、また今後、どのよう
な研究を求め、応援していきたいと考えているのかということについ
て、具体的な研究を紹介しつつ論じている。本論文について、会員の皆
様からの積極的なご意見、ご要望、ご批判、ご助言をお願いしたい。
　　　　　　　　　　　　　　　　　　　　　　　　　　　　　(M)

日本語／日本語教育研究会　規約

第1条　（名称及び所在地）本会は日本語／日本語教育研究会と称し、事務局を
株式会社ココ出版内におく。

第2条　（目的）本会は、日本語学、日本語教育に関心を持つ国内外の若手研究
者に発表の場を設け、斯界の発展に貢献することを目的とする。

第3条　（事業）本会は、上記の目的を達成するために、次の事業を行う。
- 研究会誌『日本語／日本語教育研究』の刊行
- 大会の開催
- その他、必要な事業

第4条　（会員）本会の会員の種類を次の通りとする。
- 一般会員：本会の目的に賛同し、所定の一般会費を納入した者。
- 賛助会員：本会の目的に賛同し、本会の維持に協力するために
所定の賛助会費を納入した者。
- 海外会員：海外に居住し、本会の目的に賛同する者。

第5条　（入会及び退会）1. 会員になろうとする者は、所定の入会手続きを行う
こととする。
2. 本会を退会する場合は、事務局に申し出なければな
らない。

第6条　（会員の権利）会員は、研究会誌の配布を受ける。また、研究会誌に投
稿すること及び、大会で口頭発表するための権利を有する。

第7条　（役職）1. 本会に次の役員を置く。
- 代表　（1名）
- 大会委員長　（1名）
- 編集委員長　（1名）
- 会計監査　（1名）

2. 代表は総会において会員の中から選出する。
3. 大会委員長、編集委員長、会計監査は代表が任命する。

第8条　（任期）代表の任期は3年とし、1期に限る。

第9条　（事務局）本会の事務局は、下記に置く。
郵便番号 162-0828　東京都新宿区袋町 25-30-107
株式会社ココ出版内

第10条　（会員総会）本会は毎年1回定例総会を開催する。

第11条　（会計）1. 本会の事業遂行に必要な経費は、会費、寄付金、及びその他
の収入でまかなう。
2. 本会の会計年度は、毎年4月1日に始まり、翌年3月31日に
終わる。
3. 各会計年度の決算は、会員に報告し、かつ翌年度の総会で承
認を得なければならない。決算は、会計監査によって監査さ
れなければならない。

第12条　（改訂）本規約の改定は、代表の提案により、総会で定める。

第13条　（設立日）本会の設立日は、2009年9月27日とする。

附則1：本規約の発効日から翌年の会員総会（定例）までの代表は、第1回大会の出席者によって互選された者が代行する。互選された者は翌年の会員総会まで代表代行として本会に関する事業を行う。代表代行の権限は代表と同じであるとする。代表代行が次期代表に選ばれることは妨げられない。

会費等に関する細則
1. この細則は、規約第4条の規定のうち、会費について定める。
2. 一般会員の会費は、年額2,500円とする。
3. 賛助会員の会費は、年額10,000円とする。
4. 海外会員は、会費無料とする。

本規約は、2009年9月27日より発効する。
※2015年4月1日改訂

日本語／日本語教育研究会 第9回研究大会　研究発表の募集

日本語／日本語教育研究会 第9回研究大会
[日時] 2017年10月1日（日）
[会場] 大阪大学豊中キャンパス（文法経研究講義棟文41大講義室、文11講義室）

「口頭発表」と「ポスター発表」部門があります！

I　発表資格・発表内容・発表形態

①　発表者は、会員でなければなりません。共同発表の場合は、少なくとも筆頭発表者（代表者）が会員であることが必要です。
②　発表の応募に際しては、会員／非会員の別は問いません。どなたでも応募できます。ただし、非会員は、採用が決まった場合、入会しなければなりません。
③　発表内容は、学会・学術誌等において発表されていないオリジナルな内容に限ります。他の学会等に研究発表を応募している人、あるいは学会誌等に論文を投稿している人が、同様の内容で、同じ時期に並行して本研究会の大会発表に応募することはできません。
④　発表形態には「口頭発表」と「ポスター発表」があります。「口頭発表」は、40分（発表25分、質疑15分）の予定です。「ポスター発表」は、1時間の予定で、ポスターのサイズは、A0判（84cm×119cm）1枚以内とします。なお「ポスター発表」は本研究会の趣旨に合う内容であれば応募者全員を採用します。
⑤　使用言語は、日本語とします。

II　応募要領

応募者は「発表要旨」を、「自動登録システム」からアップロードする形で応募してください。ファイルは、①Word形式、②テキストファイル、③pdfファイル、のいずれかで提出してください。

[提出締切] 2017年7月21日（金）22時必着
[提出先] 自動登録システム　http://www.cocopb.sakura.ne.jp/gakkai/taikai.cgi

1.「自動登録システム」では以下の情報をお尋ねしています。
①　希望発表形態（「口頭発表」または「ポスター発表」）
②　会員か／非会員か
③　発表題目
④　応募者に関する情報：応募者が複数の場合は、それぞれについて記してください。
　　氏名・ふりがな
　　所属・身分（大学院生の場合は、学年・指導教員名）
　　電子メールアドレス
　　郵便番号・住所

電話番号（携帯可）・ファクス番号

不採用の場合にコメントを希望するか否か

　　（会員のみコメントを希望できます。非会員へのコメントは行いません。なお、会員資格を持つのは、2017年7月14日（金）までに会費を直接納入、または振込によって支払った人に限られます）

口頭発表が不採用の場合、ポスター発表での発表を希望するか否か

⑤ 「口頭発表」については、プレゼンテーション機器使用の希望がある場合は、具体的に書いてください。「ポスター発表」においても、プレゼンテーション（デモンストレーション）にPCなどを使うことは可能ですが、その場合、PCなどは発表者が準備してください。プロジェクターは会場では用意できません。

2. 「発表要旨」は次のように作成してください。

① 用紙サイズ：A4サイズ

② 字数・行数：40字（以内）×40字（以内）

③ ページ数：「口頭発表」4〜6ページ（以内）、「ポスター発表」1ページ

④ 文字サイズ：10.5ポイント

⑤ 余白：上下20mm・左右25mm

⑥ 第一ページは、最初の1行目に希望発表形態（「口頭発表」または「ポスター発表」）、2行目を空白とし、3行目から発表題目（タイトル）を書いてください。題目は、採択された場合、原則として変更できません。タイトルの下は1行を空白として、その次の行から要旨本文を書き始めてください。この「発表要旨」には名前を書かないでください。

⑦ ページ番号は下・中央に付けてください。

⑧ 発表要旨には、タイトル、要旨本文のほか、図表・資料・注・参考文献も付けてかまいませんが、文字の大きさはすべて同一（10.5ポイント）としてください。

⑨ 発表要旨には、応募者の氏名や所属などの個人情報を含めないようにご注意ください。要旨本文においても、応募者が特定できるような書き方（たとえば「拙論」として具体的な論文名を掲げるなど）は避けてください。謝辞等も付けないでください。

III 採否の決定について

採否は大会委員会で決定し、「口頭発表」「ポスター発表」ともに、応募者には7月28日（金）前後に、事務局から電子メールで採否結果とコメントをお送りします。

採択された場合は、9月20日（水）までに『発表予稿集』の原稿を提出していただきます。原稿は、「発表要旨」と同じ体裁で、「口頭発表」は8ページ以内、「ポスター発表」は1ページ以内です。採択通知時にあらためて「発表原稿作成要領」をお送りします。

採択された場合には、急病等の場合を除き、必ず発表していただきます。発表予定の日に他の所用を不用意に入れるなどしないようにしてください。

『日本語／日本語教育研究』投稿規定

【投稿論文の種類】

投稿論文は、論文A（16ページ以内）と論文B（8ページ以内）の二種類とする。両者は分量が違うだけで、内容に区別はない。

論文AとBの分量

　　論文A—16ページ以内（投稿時、タイトルページ1ページと本文14ページ。修正稿の段階で0.5ページの追加を認める）

　　論文B—8ページ以内（投稿時、タイトルページ1ページと本文6ページ。修正稿の段階で0.5ページの追加を認める）

全ての論文は「投稿論文」として扱い、複数の査読者による査読を行う。当号で査読に当たった者の一覧は公開するが、個々の論文における査読者の氏名は執筆者に公開しない。

【投稿の資格】

投稿の資格には制限はない。

非会員でも投稿できるが、採用が決定した場合には、会員にならなければならない。

複数名で投稿する際は、以下の1）、2）を満たすこと。

1）筆頭執筆者は会員であること。

2）執筆者全体の50パーセント以上が会員であること。

【投稿論文に関する条件】

日本語学と日本語教育の相互交流に資する論考を特に求める。

論文は未発表のものに限る。他誌に同時に投稿していることがわかった場合は不採用とする。ただし、未公刊の修士論文、博士論文の一部、科研費などの報告書に掲載されたものは投稿できる。

【投稿の時期など】

投稿は随時受け付けるが、翌年5月発行の研究会誌に掲載されるものの締め切りは毎年11月30日とする。

投稿を希望する者（特に大学院生の場合）は、年1回行われる大会において口頭発表し、その後修正を加えたものを投稿することが望ましい。

執筆の際には執筆要項にしたがって執筆すること。

【論文の著作権など】

研究会誌『日本語／日本語教育研究』に掲載された論文は雑誌発刊の1年半後以降インターネット上で公開する。

論文の著作権は執筆者に帰属する。

【掲載料など】

論文の掲載が決定した場合、執筆者は掲載料として5,000円を支払うこととする。なお、抜き刷りは発行しない。

執筆者には、掲載号の研究会誌2冊を頒布する。

【投稿要領】

投稿者は以下の自動登録システムを用いて投稿すること。

自動登録システム
http://www.cocopb.sakura.ne.jp/gakkai/toukou.cgi

［提出締切］2017年11月30日（木）22時必着
　＊不採用の場合、会員限定で査読結果にコメントがつく。

原稿執筆にあたって
・原稿の本文は日本語とする。
・原稿は横書きとする。
・原稿は、A4用紙に35字×30行の書式で執筆する。
・原稿のポイントは、10.5ポイントとする。
・投稿論文は、A論文とB論文の二種類とする。両者は分量が異なるだけで内容に区別はない。
・原稿の分量は、次のとおり。投稿時の分量超過は認めない。
　　　論文A―16ページ以内（投稿時、タイトルページ1ページと本文14ページ。
　　　　修正稿の段階で0.5ページの追加を認める）
　　　論文B―8ページ以内（投稿時、タイトルページ1ページと本文6ページ。修
　　　　正稿の段階で0.5ページの追加を認める）
・名前等の個人情報は、タイトルページと本文のいずれにも記載しないこと。
・タイトルページには、タイトル、要旨（300字程度）、キーワード（5つ程度）を記す。本文には、図表、注、参考文献を含む。
・採用決定後には、英文タイトルと英文要旨（120語程度）、英文キーワード（5つ程度）を提出すること。
・注、および、参考文献は稿末に置くこと。脚注にはしない。
・注、および、参考文献のポイントは、本文と同じ10.5ポイントとする。
・図表の文字の大きさは8ポイントまでとする。極端に文字を小さくしないこと。
・謝辞は、投稿時には記載しないこと。ただし、謝辞を含む最終原稿の分量が16ページを超えてはいけない。
・句読点は、「、。」とする。
・見出しは、ポイントシステムとする。
　ex）1　学習者主体の日本語教育
　　　　1.1　「学習者主体」の先行研究
　　　　1.1.1　「学習者主体」の定義
・本文と例文の間は1行アキとする。例文が連続する場合は、例文と例文の間にアキは不要。
原稿フォーマット（docファイル）を当研究会のホームページよりダウンロードできるので、参照されたい。
〈http://www.cocopb.com/NichiNichi/shippitsuyoko_files/format.doc〉
参考文献や図表のキャプションの表記方法は、執筆要項にしたがうこと。執筆要項は、当研究会のホームページよりダウンロードできる。
〈http://www.cocopb.com/NichiNichi/shippitsuyoko_files/shippitsuyoko.pdf〉

高橋美奈子（たかはし みなこ）
　　四天王寺大学人文社会学部准教授

建石 始（たていし はじめ）
　　神戸女学院大学文学部准教授

田中祐輔（たなか ゆうすけ）
　　東洋大学交際教育センター准教授

俵山雄司（たわらやま ゆうじ）
　　名古屋大学国際言語センター准教授

中石ゆうこ（なかいし ゆうこ）
　　県立広島大学総合教育センター助教

中俣尚己（なかまた なおき）
　　京都教育大学教育学部准教授

早川杏子（はやかわ きょうこ）
　　関西学院大学日本語教育センター常勤講師

星野祐子（ほしの ゆうこ）
　　十文字学園女子大学人間生活学部准教授

前田直子（まえだ なおこ）
　　学習院大学文学部教授

松田真希子（まつだ まきこ）
　　金沢大学留学生センター准教授

森 篤嗣（もり あつし）
　　京都外国語大学日本語学科教授

栁田直美（やなぎだ なおみ）
　　一橋大学国際教育センター准教授

劉 志偉（りゅう しい）
　　埼玉大学大学院人文社会科学研究科准教授

編集後記

　『日本語／日本語教育研究』第8号をお届けいたします。この第8号は、2016年10月に行われた第8回研究大会での発表論文を中心に構成されています。第8回研究大会では応募数23件（口頭発表12件、ポスター発表11件）のうち21件（口頭発表2件、ポスター発表19件）が採用され、当日は90名の方々がご参加くださいました。また、この第8号には、巻頭論文も含めて47本の論文が投稿され、14本が採用されました。多くの投稿をいただけたことを関係者一同、嬉しく思っています。

　今号の巻頭論文はいつも研究大会の開催や査読でお世話になっている学習院女子大学の佐藤琢三先生にご執筆いただきました。佐藤論文は、日本語教育文法とは銘打っていないものの、日本語教育において重要な問題を取り上げてくださっています。この論文は、私がともに編集に携わった『文法・談話研究と日本語教育の接点』（阿部二郎・庵功雄・佐藤琢三編　くろしお出版）所収の「補助動詞テオク」と並んで、今後日本語教育のための文法研究を考える上で、必読の文献になるものと考えています。

　今号には、そのほかにも興味深い論考が数多く寄せられました。中でも、薛論文やチョーハン論文のように、非母語話者の方の手による母語と日本語の優れた対照研究の成果が投稿され、採用されたことは本誌にとってもうれしい限りです。

　ただ、その一方で、例年よりも採択率が下がったのも事実です。この背景にはいくつかの原因が考えられますが、中でも大きな問題は、投稿される論文の内容と本誌が求めている内容にずれがあるという点です。この点を踏まえ、今号には「日日研が求めているもの」と題した拙稿を掲載しています。今後の研究の方向性や、本誌への投稿の参考にしていただければ幸いです。

　さて、第9回となる次回の研究大会は2017年10月1日（日）開催に開催します。今回は、本研究会にとって初めての関西（大阪大学）での開催となります。発表応募の締め切りは7月21日（金）です。今回の研究大会においても「ポスター発表」を受け付けます。「ポスター発表」は、本研究会の趣旨に合う内容であれば応募者全員に発表をしていただく予定です。1人でも多くの方のご応募とご参加を心よりお待ちしています。

（庵 功雄）

日本語／日本語教育研究［8］　2017

2017年7月31日　初版第1刷発行

［編者］日本語／日本語教育研究会
［発行者］吉峰晃一朗・田中哲哉
［発行所］株式会社ココ出版
　　　　　〒162-0828
　　　　　東京都新宿区袋町25-30-107
　　　　　電話　03-3269-5438
　　　　　ファックス　03-3269-5438
［装丁・組版設計］長田年伸
［印刷・製本］株式会社シナノパブリッシングプレス

ISBN 978-4-904595-92-3
© Association of Japanese Language and Japanese Language Teaching
Printed in Japan

「やさしい日本語」
は何を目指すか

多文化共生社会を実現するために

庵功雄・イ ヨンスク・森篤嗣 編

「やさしい日本語」の最前線がわかる1冊。「やさしい日本語」の持つ3つの側面（補償教育の対象／地域社会における共通言語／地域型初級の対象）を軸に議論を展開しつつ、「外国人」だけでなく、「視覚／聴覚障がい者」へも対象を広げ、その可能性をさぐる。日本語母語話者がごく自然に「やさしい日本語」を話し、非母語話者の日本語がごく自然に受け入れられるような、成熟した多文化共生社会の到来を願って。

ISBN 978-4-904595-38-1
定価2,400円＋税　A5判　352頁
2013年　ココ出版

世界の日本語研究と日本語教育
ビジネス日本語教育の
展開と課題

前田直子 編

本書は、プロジェクト「日本語研究者／教育者支援アジア・ネットワーク形成の試み」の成果をまとめたものである。ビジネス日本語教育をめぐる論考を中心に、日本語教育研究／日本語研究／日本研究などの14論文を収録。世界各地におけるビジネス日本語教育の取り組みがわかる。

ISBN 978-4-904595-66-4
定価3,600円＋税　A5判　278頁
2015年　ココ出版

日本語と韓国語における可能表現

可能形式を文末述語とする表現を中心に

高恩淑 著

本書は、日本語と韓国語の可能表現について、幅広い視点から詳細な分析を行ったものである。まず、日本語の可能表現研究に残された課題である「動詞の意志性」と可能形式との関わりについて考察し、可能動詞を文末述語とする可能表現の意味・構文的な類型を明らかにする。続いて、これまでの韓国語研究においては明示されていなかった韓国語の可能表現について考察し、大きく形態的／語彙的な形式に分けたうえで、両者の意味特徴と用法について詳細に記述している。最後に、日本語と韓国語の可能表現における述語形式を対照し、両言語の「ずれ」を示すことで、日韓対照言語学に新たな知見を提示する。

ISBN 978-4-904595-55-8
定価3,600円＋税　A5判　244頁
2015年　ココ出版

接触場面における母語話者のコミュニケーション方略

情報やりとり方略の学習に着目して

栁田直美 著

母語話者と非母語話者のコミュニケーション場面は、「接触場面」と呼ばれ、さまざまな言語的調節が行われる。これまでも「接触場面」に関する研究は行われてきたが、多くは非母語話者の日本語習得に主眼が置かれたものであった。本書は、母語話者側の言語的調節に焦点を当て、その実態を明らかにしたものである。さらに、非母語話者との情報やりとりに使用される母語話者の言語的調節の学習モデルを構築し、母語話者に対する非母語話者とのコミュニケーション支援のあり方を提示している。

ISBN 978-4-904595-58-9
定価3,600円＋税　A5判　224頁
2015年　ココ出版

ココが面白い！
日本語学

岡﨑友子・堤良一・松丸真大・岩田美穂 編

（ほぼ）若手研究者たちによる新しいタイプの日本語学の教科書。歴史、方言、現代語をバランスよく収録し、日本語学で必要なトピックを、面白く解説する。全15章の構成で、各章にタスクが付いているので、半期または1年の講義のテキストに最適！「学生がなかなか興味を持ってくれない……」とお悩みの方にオススメ！

ISBN 978-4-904595-90-9
定価1,600円＋税　A5判　234頁
2017年　ココ出版

接触場面の言語学
母語話者・非母語話者から多言語話者へ

村岡英裕 サウクエン・ファン 高民定 編

J.V.ネウストプニーによって始められた接触場面研究は、社会言語学や日本語教育の分野において広範に進められてきた。本書では、その接触場面研究のアーカイブとして役立つよう、幅広い研究の成果を収録。接触場面研究の全体像を概観しつつ、今後の展望を示す。接触場面を研究する者にとって必読の書。

ISBN 978-4-904595-84-8
定価3,600円＋税　A5判　388頁
2016年　ココ出版